BKC 강해 주석 29
베드로전·후서
요한일·이·삼서
유다서

The Bible Knowledge Commentary

Copyright © 1985 by SP Publications, Inc.
Originally published in English under the title: *Bible Knowledge Commentary OT and NT*
David C. Cook, 4050 Lee Vance View, Colorado Springs, Colorado 80918 U.S.A.
All rights reserved.

This Korean edition copyright © 1988, 2016 by Duranno Ministry
38, Seobinggo-ro 65-gil, Yongsan-gu, Seoul, Republic of Korea

This edition is published by arrangement with David C. Cook.

본 저작물의 한국어판 저작권은 David C. Cook과 독점 계약한 두란노서원이 소유합니다.
신 저작권법에 의거하여 한국 내에서 보호받는 저작물이므로 무단 전재와 무단 복제를 금합니다.

BKC 강해 주석 29

베드로전·후서, 요한일·이·삼서, 유다서

지은이 | 로저 레이머 외 3인   옮긴이 | 양용의
개정2판 1쇄 발행 | 2016. 8. 22

등록번호 | 제1988-000080호
등록된 곳 | 서울특별시 용산구 서빙고로 65길 38
발행처 | 사단법인 두란노서원
영업부 | 2078-3333 FAX 080-749-3705
출판부 | 2078-3332

▌책값은 뒤표지에 있습니다.
ISBN 978-89-531-2608-4 04230
(set) 978-89-531-2540-7 04230

▌독자의 의견을 기다립니다.
tpress@duranno.com   http://www.Duranno.com

▌이 책의 성경 본문은 개역개정판을 사용했습니다.

두란노서원은 바울 사도가 3차 전도여행 때 에베소에서 성령 받은 제자들을 따로 세워 하나님의 말씀으로 양육하던 장소입니다. 사도행전 19장 8~20절의 정신에 따라 첫째 사역자를 돕는 사역과 평신도를 훈련시키는 사역, 둘째 세계선교(TIM)와 문서선교(단행본·잡지) 사역, 셋째 예수문화 및 경배와 찬양 사역, 그리고 가정·상담 사역 등을 감당하고 있습니다. 1980년 12월 22일에 창립된 두란노서원은 주님 오실 때까지 이 사역들을 계속할 것입니다.

BKC 강해 주석 29

베드로전·후서
요한일·이·삼서
유다서

로저 레이머 외 3인 지음 | 양용의 옮김

두란노

CONTENTS

베드로전서

서론 ··· 16
개요 ··· 24
주해 ··· 28

I. 문안(1:1~2)

    A. 저자(1:1상) ··· 28
    B. 수신자들(1:1하~2) ·· 29

II. 새로운 출생(거듭남)을 위해 선택됨(1:3~2:10)

    A. 새로운 출생(거듭남)으로 인한 산 소망(1:3~12) ········· 32
    B. 새로운 출생(거듭남)으로 인한 거룩(1:13~2:10) ········ 39

III. 새로운 행동이 요구됨(2:11~3:7)

    A. 세상에서의 새로운 행동(2:11~25) ······················· 51
    B. 가정에서의 새로운 행동(3:1~7) ··························· 58

Ⅳ. 새로운 박해에 대해 경고 받음(3:8~4:19)
  A. 불의를 극복함(3:8~22) ·· 62
  B. 고난을 견딤(4장) ··· 71

Ⅴ. 새로운 책임을 부여받음(5:1~11)
  A. 장로들은 양을 쳐야 한다(5:1~4) ································ 82
  B. 젊은이들은 복종해야 한다(5:5~7) ······························ 84
  C. 모든 사람이 확고히 서 있어야 한다(5:8~11) ··············· 86

Ⅵ. 결론(5:12~14)

  참고문헌 ········ 90

• 베드로전서 주석 집필: Roger M. Raymer

베드로후서

서론	94
개요	106
주해	112

I. 서론(1:1~2)
　　A. 문안(1:1) ··· 112
　　B. 축도(1:2) ··· 115

II. 그리스도인의 본질: 하나님의 작품(1:3~11)
　　A. 하나님의 성품의 진상(1:3~4) ················· 117
　　B. 하나님의 성품의 기능(1:5~9) ················· 120
　　C. 하나님의 성품의 궁극성(1:10~11) ············ 125

III. 그리스도인의 양식: 하나님의 말씀(1:12~21)
　　A. 하나님의 말씀을 기억함(1:12~15) ············ 127
　　B. 하나님의 말씀의 존엄성(1:16~18) ············ 129
　　C. 하나님의 말씀의 의미(1:19~21) ··············· 131

Ⅳ. 그리스도인의 전투: 거짓 선생들의 공격(2장)

    A. 거짓 선생들로부터 벗어남(2:1~9) ································ 134

    B. 거짓 선생들이 묘사됨(2:10~16) ································· 141

    C. 거짓 선생들의 파괴 행위(2:17~22) ···························· 146

Ⅴ. 그리스도인의 소망: 주의 강림(3:1~16)

    A. 신자들은 주의 강림을 기억함(3:1~2) ························· 151

    B. 조롱하는 자들은 주의 강림을 비웃음(3:3~7) ············· 153

    C. 하나님은 주의 강림을 보증해 주심(3:8~9) ················ 156

    D. 베드로가 주의 강림을 기술함(3:10~13) ····················· 158

    E. 신자들의 행동이 주의 강림에 의해 변화를 받음(3:14~16) ······ 160

Ⅵ. 결론(3:17~18)

    참고문헌 ········ 166

• 베드로후서 주석 집필: Kenneth O. Gangel

요한일서

서론	170
개요	176
주해	180

I. 서언(1:1~4)

II. 서론: 기본적인 원리들(1:5~2:11)

    A. 사귐의 기본적인 원리들(1:5~2:2) ········· 184
    B. 하나님을 아는 지식의 기본적인 원리들(2:3~11) ········· 194

III. 서신의 목적(2:12~27)

    A. 독자들의 영적 상태에 비추어(2:12~14) ········· 202
    B. 세상의 유혹들에 비추어(2:15~17) ········· 204
    C. 마지막 때 현혹하는 것들에 비추어(2:18~23) ········· 206
    D. 아들과 아버지 안에 거하여야 하는 독자들의 의무에 비추어(2:24~27) ··· 209

Ⅳ. 서신의 본론(2:28~4:19)

    A. 주제가 제시됨(2:28) ······································ 211
    B. 하나님의 자녀들을 분별하는 법(2:29~3:10상) ················ 212
    C. 형제에 대한 사랑을 분별하는 법(3:10하~23) ··················· 220
    D. 내주하시는 하나님을 분별하는 법(3:24~4:16) ················· 227
    E. 주제가 실현됨(4:17~19) ·································· 234

Ⅴ. 결론(4:20~5:17)

    A. 사랑이 규명됨(4:20~5:3상) ································ 236
    B. 사랑의 능력(5:3하~15) ···································· 238
    C. 사랑이 실천됨(5:16~17) ··································· 242

Ⅵ. 결어(5:18~21)

요한이서

서론 ··· 250
개요 ··· 253
주해 ··· 256

Ⅰ. 머리말(1~3절)

Ⅱ. 본문(4~11절)

    A. 진리가 실천됨(4~6절) ··· 259
    B. 진리가 수호됨(7~11절) ·· 261

Ⅲ. 인사(12~13절)

요한삼서

서론 ··· 270
개요 ··· 273
주해 ··· 276

Ⅰ. 문안(1~4절)

Ⅱ. 본문(5~12절)

    A. 가이오를 칭찬함(5~8절) ································ 278
    B. 디오드레베를 정죄함(9~11절) ·························· 280
    C. 데메드리오를 추천함(12절) ···························· 284

Ⅲ. 인사(13~15절)

    참고문헌 ····· 286

• 요한서신 주석 집필: Zane C. Hodges

| 유다서 |

서론	290
개요	296
주해	300

I. 문안(1~2절)

II. 배교자들에 대한 경고(3~4절)

III. 배교의 위험에 대한 경고(5~16절)

    A. 과거 배교자들의 실례들(5~7절) ········· 305
    B. 현재 배교자들의 행위들(8~16절) ········· 307

Ⅳ. 배교를 피하기 위한 지침들(17~23절)

    A. 사도들의 가르침을 기억함(17~19절) ····························· 313

    B. 자기 자신들을 양육함(20~21절) ································· 314

    C. 다른 사람들을 긍휼히 여김(22~23절) ··························· 315

Ⅴ. 배교에 대한 승리(24~25절)

    참고문헌····· 318

• 유다서 주석 집필: Edward C. Pentecost

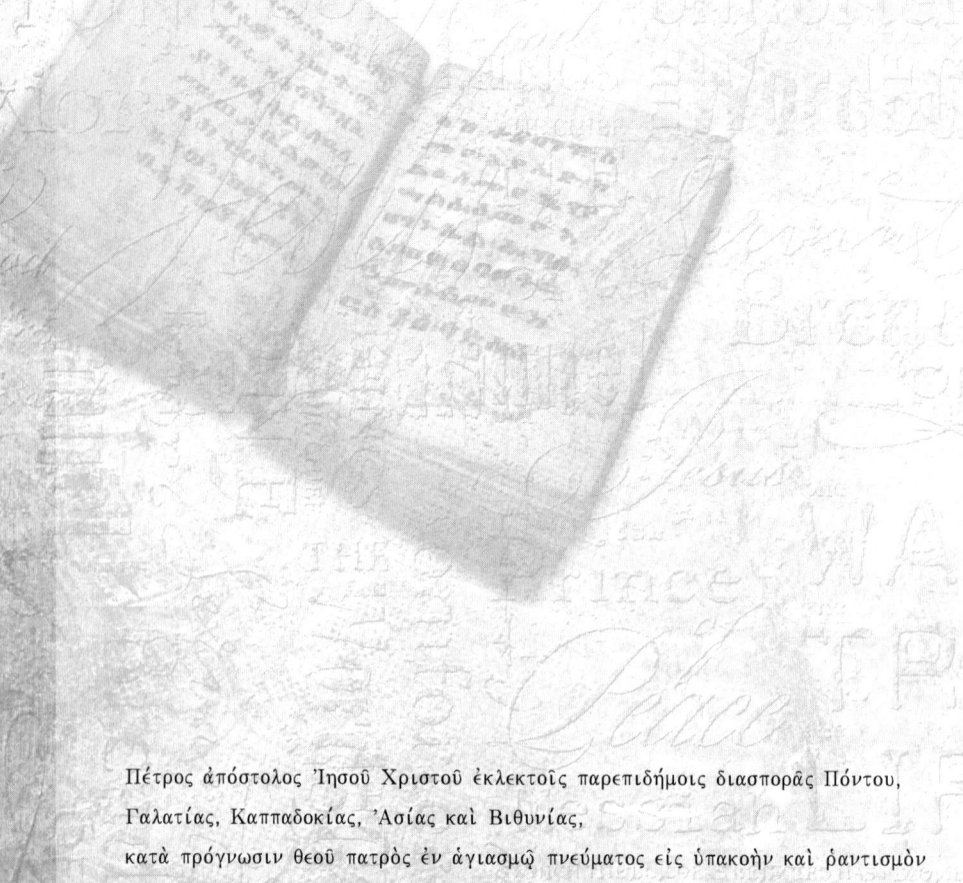

Πέτρος ἀπόστολος Ἰησοῦ Χριστοῦ ἐκλεκτοῖς παρεπιδήμοις διασπορᾶς Πόντου, Γαλατίας, Καππαδοκίας, Ἀσίας καὶ Βιθυνίας,
κατὰ πρόγνωσιν θεοῦ πατρὸς ἐν ἁγιασμῷ πνεύματος εἰς ὑπακοὴν καὶ ῥαντισμὸν αἵματος Ἰησοῦ Χριστοῦ, χάρις ὑμῖν καὶ εἰρήνη πληθυνθείη.

The Bible Knowledge Commentary 29

1 Peter
서론

서론

베드로전서는 여러 가지 형태의 박해를 당하고 있던 그리스도인들, 즉 이교도 사회에서 예수님을 믿기 때문에 소외당하여 외인이 된 남자들과 여자들에게 쓰였다. 베드로는 이들 그리스도인에게 흔들림 없이 인내하고 모범적인 행동을 하도록 권고한다. 베드로전서는 실제적인 교훈을 곁들인 온화한 표현들로 세상 문화와 투쟁하며 살아가야 하는 신자들 모두를 북돋워 주는 뛰어난 용기의 원천이 되었다.

저자

베드로전서 1장 1절은 본 서신의 저자가 '예수 그리스도의 사도 베드로'라고 분명하게 규정하고 있다. 그의 본래 이름은 시몬이었다. 그런데 예수님이 그를 보고 "장차 게바라 하리라"(요 1:42)라고 말씀하셨다. 아람어 게바(Cephas)를 헬라어로 번역하면 페트로스(πέτρος)가 되는데, 돌 혹은 바위라는 뜻이다. 장차 드러날 시몬의 강한 성품에 대한 예수님의 묘사가 그의 이름이 되었다. 흥미롭게도 그는 신약성경에서 '베드로'로 불리는 유일한 인물이다.

근세에 이르기까지 사도 저작권(apostolic authorship)에 대한 본 서

신의 주장의 신빙성은 거의 문제시되지 않았다. 그런데 최근 몇몇 학자들이 베드로가 유대 종교 지도자들에 의해 학문 없는 범인(행 4:13)으로 간주되었다는 사실에 주목했다. 베드로전서의 뛰어난 문체와 정교한 어휘 사용 등은 저자가 헬라어에 정통한 인물임에 틀림없음을 보여 준다. 베드로의 저작권을 부인하는 사람들은 그와 같이 문학성이 뛰어난 헬라어 저작이 한낱 갈릴리 어부의 손에서 흘러나왔을 리 없다고 주장한다.

물론 베드로가 학문 없는 자로 불리웠고 헬라어가 그의 모국어가 아니긴 했지만, 그는 결코 평범한 사람이 아니었다. 유대교 지도자들이 그를 무교육자로 본 것은 단순히 그가 랍비적 전통에서 교육을 받지 않았기 때문이지 문맹자여서가 아니다. 누가는 이들 동일한 지도자들이 베드로의 확신 넘치는 담대함과 성령의 인도하심을 입은 인품의 위력에 놀랐다고 기록했다(행 4:13). 30년이 넘는 사역 기간 동안 베드로는 예루살렘에서 로마로 옮겨 가 살았다. 그는 여러 나라 말이 쓰이는 세상에 살면서 설교했다. 30년이라는 세월 동안 베드로가 자신이 섬기는 성도들 대부분이 쓰던 언어를 충분히 배우고 익혔을 것으로 믿는 것은 타당하다.

베드로전서에서 사용되고 있는 수사학적 문체와 비유들은 문필 활동에 종사하는 학자들뿐 아니라 대중 설교가로서 오랫동안 종사해 온 사람들도 충분히 구사할 수 있다. 베드로는 복음을 헬라어로 훌륭하게 전달할 수 있는 능력을 갖출 만한 시간과 재능이 충분했음이 분명하다.

문체를 근거로 베드로의 저작권에 의문을 제기하는 그 어떤 주장도 베드로가 실라(실루아노)를 비서로 채용했던 사실에 의해 반박될 수 있다(벧전 5:12). 실라는 예루살렘 그리스도인이긴 했지만 로마 시민이었기 때문에(행 16:36~37) 헬라어에 능통했을 것이다. 그러나 실라가 헬라어의 문법적인 미묘한 문제들에 대해 베드로에게 도움을 주었든지 주지 않았든지 간에, 본 서신의 내용은 그의 사적 권위가 부여된 베드로의 개인적 메시지로 그대로 남는다.

본 서신과 사도행전에 기록된 베드로의 설교 사이에서 발견되는 평행 구절들은 중요한 의미를 갖는다(참조, 벧전 1:20과 행 2:23; 벧전 4:5과 행 10:42). 두드러진 예들 중 하나는 베드로전서 2장 7~8절과 사도행전 4장 10~11절에서 발견된다. 각 구절에서 시편 118편 22절이 인용되어 그리스도에게 적용되고 있다. 예수님 자신이 유대교 지도자들로부터 배척당할 일에 대해 언급하면서 시편 118편 22절을 인용하실 때 베드로가 그곳에 있었다는 사실은 흥미로운 점이다(마 21:42).

베드로의 저작권을 강력하게 지지해 주는 것으로 예수님의 사역과 관련된 또 한 가지 언급은 베드로전서 5장 2절에서 나타나는 "목자가 되라"는 내용의 장로들을 향한 명령이다. 신약성경 전체를 통해 이 말씀이 명령으로 사용된 다른 곳은 오직 요한복음 21장 16절뿐인데, 예수님이 베드로에게 동일한 내용을 명령하셨다. 몇몇 다른 구절들에서 저자는 자기 자신을 그리스도의 지상 사역의 증인으로 언급하고 있다(벧전 1:8; 2:23; 5:1).

본 서신은 초대교회 저술들에 지대한 영향력을 행사했다. 그중 몇 가지 예로, 폴리캅, 클레멘트, 이레니우스 등의 편지들은 초대교회가 베드로전서의 베드로 저작권을 의심할 여지없이 받아들였다는 사실을 보여 준다. 베드로 저작권에 대한 합리적 의심을 뛰어넘어, 본 서신의 내용과 교회사적 증거는 1절에서 확언하고 있는 사실을 지지한다. 본 서신은 실제로 '예수 그리스도의 사도 베드로'로부터 온 것이다.

저작 연대

베드로는 본 서신을 AD 64년 네로 황제의 교회 박해가 시작되기 직전이나 직후에 썼던 것이 분명하다. 베드로가 정부를 아직 정상적인 기능을 발휘하는 곳으로 언급하고 있기 때문에(즉, 악행하는 자를 징벌하고 선행하는 자를 포상하는 기관; 2:13~14), 어떤 이들은 교회가 아직 로마제국으로부터 조직적인 박해를 받지 않은 때였다고 믿는다. 특별히 그리스도인들을 상대로 한 박해령들이 포고되지 않았던 것은 분명하다. 베드로의 독자들에게는 '왕을 존대하는'(2:17) 것이 아직 가능하였다. 베드로가 언급했던 박해와 고난은 사법적인 것보다는 주로 사회적이고 종교적인 것이었다. 적대적인 이교도 사회는 그리스도를 믿는 믿음으로 자신들의 생활양식을 급격하게 바꾼 자들을 중상하거나 조롱하거나 차별했을 것이며, 심지어 육체적 상해까지 입혔을 것이다.

하지만 베드로는 보다 큰 박해가 임박해 있음을 암시하고 있다. 그는 그의 독자들에게 "그들이 여러 가지 시험으로 말미암아 잠깐 근심하게 되지 않을 수 없으나 그런 중에도 기뻐할 수 있을 것"이라고 보증하고 있다(1:6). 베드로는 준비하고 근신할 것을 권고하며(1:13) 더 나아가 그리스도인으로서 하나님의 뜻에 따라 고난받을 것도 권고한다(4:19). 어쩌면 네로의 혹심한 박해가 로마에서 이미 시작되어 베드로가 쓰고 있는 본 서신이 전해질 지역들로 퍼져 나가고 있었는지도 모른다. 이러한 추정은 본 서신의 저작 연대를 AD 64년 말 혹은 65년 초로 규정해 준다.

박해가 로마에서 이미 시작되었으리라는 암시는 베드로가 왜 자신의 거처를 '바벨론'이라고 애매하게 밝혔는지를 설명해 준다(5:13). 베드로는 그의 생애 마지막 10여 년을 로마에서 보냈다. 순교 연대는 AD 67년으로 추정된다. 베드로전서를 저작할 당시 그는 로마 관리들의 감시하에 있지 않았으며, 따라서 자신의 진짜 거주지를 감추려 했을 것이 분명하다(하지만 다른 학자들은 문자 그대로, 베드로가 당시 유대인 공동체가 번창하고 있던 바벨론 시에 있었다고 생각한다).

수신자

베드로전서는 소아시아 반도의 로마령 5개 지역에 퍼져 있던 그리스도인들에게 보내졌다. 그 지역은 오늘날 북부 터키이며, 그 지역의 교회들은 유대인들과 이방인들이 함께 섞여 구성되었다. 본 서신은 구약성경에 대한 언급과 인용을 많이 하고 있다. 유대인 그리스도인들은 문안(1:1)에서 '흩어진'으로 번역된 디아스포라스($\delta\iota\alpha\sigma\pi o\rho\hat{\alpha}\varsigma$)라는 단어에서 특별한 의미를 발견했을 것이다. 예루살렘 밖에서 살았던 유대인들은 '디아스포라'로 불렸기 때문이다.

이방인 독자들은 거룩한 삶에 대한 베드로의 권면을 하나님의 말씀에 완전히 무지한 상태에서 그들 자신의 배경에 비추어 주목하였을 것이다(1:14). 이방인 그리스도인들은 자신들이 그와 같이 무지하였지만 이제는 '하나님의 백성'(2:10)으로 간주된다는 사실에 큰 용기를 얻었을 것이다. 베드로는 소아시아 교회들에 보내는 자신의 격려 편지에 유대인과 이방인 그리스도인들 모두를 신중하게 포함시켰음이 분명하다.

저작 목적

본 서신은 적대적인 낯선 나라에 파송된 그리스도의 대사들을 위해 쓰인 지침서라고 볼 수 있다. 박해가 일어나리라는 사실을 알았던 저자는 그들이 대변하고 있는 하나님께 영광을 돌릴 수 있는 행위들을 조심스럽게 제시했다. 베드로전서의 저작 목적은 그리스도인들에게 박해를 잘 견디도록 격려함으로써 예수 그리스도의 진정한 은혜가 그들 가운데 증거되도록 하기 위함이다(5: 12).

본 서신은 신자들의 일상생활에 필요한 실제적인 권면과 위안의 신학을 제공해 준다. 베드로는 교리와 실천을 구체적으로 연결시켰다. '거듭남'은 박해를 당하고 있는 자들에게 산 소망을 준다. 그리스도가 부당한 고난을 당하셨기 때문에 '새로운 행위'가 제시되고, 믿지 않는 적대적인 세상에 하나님의 은혜를 증거해 보이기 위해 '새로운 행실'이 요청된다. 그리스도의 몸을 이루는 구성원들과 그 지도자들은 밀어닥치는 박해의 물결에 대항하여 산 돌로서 함께 서야 하기 때문에 '새로운 책임'을 부여받는다.

베드로전서를 읽는 독자들은 현재의 문제와 시련들로부터 눈을 들어 영원한 안목에 의해 제시되는 앞으로의 전망을 바라보도록 격려받는다. 비록 신자들이 잠시 동안 시련 중에 슬픔을 맛볼지 몰라도, 그들은 궁극적으로 결코 멸망하거나 상하거나 없어지지 않을 유업을 기다리고 있기 때문이다.

개요

I. 문안(1:1~2)

A. 저자(1:1상)

B. 수신자들(1:1하~2)

II. 새로운 출생(거듭남)을 위해 선택됨(1:3~2:10)

A. 새로운 출생(거듭남)으로 인한 산 소망(1:3~12)
  1. 미래의 유업(1:3~5)
  2. 현재의 기쁨(1:6~9)
  3. 과거의 계시(1:10~12)

B. 새로운 출생(거듭남)으로 인한 거룩(1:13~2:10)
  1. 준비(1:13~16)
  2. 대가(1:17~21)
  3. 성결(1:22~2:3)
  4. 실천(2:4~10)

III. 새로운 행동이 요구됨(2:11~3:7)

A. 세상에서의 새로운 행동(2:11~25)
  1. 증인으로서의 그리스도인의 행위(2:11~12)
  2. 시민으로서의 그리스도인의 행위(2:13~17)
  3. 사환으로서의 그리스도인의 행위(2:18~25)

　　B. 가정에서의 새로운 행동(3:1~7)
　　　　1. 아내로서의 그리스도인의 행위(3:1~6)
　　　　2. 남편으로서의 그리스도인의 행위(3:7)

Ⅳ. 새로운 박해에 대해 경고 받음(3:8~4:19)

　　A. 불의를 극복함(3:8~22)
　　　　1. 자비로운 행위(3:8~12)
　　　　2. 깨끗한 양심(3:13~22)
　　B. 고난을 견딤(4장)
　　　　1. 그리스도와 같은 자세(4:1~6)
　　　　2. 그리스도와 같은 봉사(4:7~11)
　　　　3. 그리스도와 같은 믿음(4:12~19)

Ⅴ. 새로운 책임을 부여받음(5:1~11)

　　A. 장로들은 양을 쳐야 한다(5:1~4)
　　B. 젊은이들은 복종해야 한다(5:5~7)
　　C. 모든 사람이 확고히 서 있어야 한다(5:8~11)

Ⅵ. 결론(5:12~14)

Πέτρος ἀπόστολος Ἰησοῦ Χριστοῦ ἐκλεκτοῖς παρεπιδήμοις διασπορᾶς Πόντου,
Γαλατίας, Καππαδοκίας, Ἀσίας καὶ Βιθυνίας,
κατὰ πρόγνωσιν θεοῦ πατρὸς ἐν ἁγιασμῷ πνεύματος εἰς ὑπακοὴν καὶ ῥαντισμὸν
αἵματος Ἰησοῦ Χριστοῦ, χάρις ὑμῖν καὶ εἰρήνη πληθυνθείη.

The Bible Knowledge Commentary 29

1 Peter 주해

주해

I. 문안(1:1~2)

도입 인사말은 1세기 서신에서 사용되던 통상적인 문안 형태이다. 바울의 편지들도 보통 같은 방식으로 시작된다. 즉 저자와 그 편지를 받을 사람들을 모두 규정한다.

A. 저자(1:1상)

1:1상 베드로는 예수님이 시몬을 제자로 불렀을 때 그에게 주셨던 아람어 이름을 헬라어로 번역한 것이다(요 1:42). 신약성경 인물 중 예수 그리스도의 사도 베드로와 같은 자는 아무도 없다. 사도적 권위에 대한 이같은 담대한 언급은 본 서신에 나타나는 내적 증거에 의해, 그리고 본 서신이 일찍부터 정경의 한 부분으로 보편적인 인정을 받았다는 사실에 의해 지지를 얻는다.

B. 수신자들(1:1하~2)

1:1하~2 베드로는 곧이어 어휘들을 주의 깊게 선택하며 그의 독자들을 위로하고 격려하기 시작한다. 그리스도인들은 우연이나 인간의 계획이 아닌 하나님의 존귀한 무조건적 선택에 의해 하나님의 택하심을 입은 자들이 되었다. 한때는 이스라엘만이 이 호칭을 주장할 수 있었다.

하나님께 선택받은 자들이 세상에서 '나그네'(파레피데모이스 [παρεπιδήμοις]: 외국 국적과 일시적인 거주의 의미를 모두 강조한다. 참조, 2:11)로 보이는 것은 놀라운 일이 아니다. 자신들의 '시민권이 하늘에 있는'(참조, 빌 3:20) 그리스도인들은 이교도 사회에서 국외자와 떠돌이로 살아가며, 자신들의 생각을 진정한 고향을 향해야 하는 난민들로서 살아간다.

독자들은 본도, 갈라디아, 갑바도기아, 아시아와 비두니아에 흩어져 있었다. 그들은 마치 소금처럼 소아시아의 로마령 5개 지방에 걸쳐 뿌려져 있었다. 본 서신은 이 지역에 있던 교회들 사이에 돌려 읽히도록 쓰였음에 분명하다. '흩어진'(디아스포라스[διασπορᾶς])이라는 단어는 이 지역 교회들에 속해 있던 유대 그리스도인들에게는 특별한 의미가 있었다. 디아스포라는 고향으로부터 떠나 있던 유대인들을 지칭한다. 베드로는 이처럼 이전에 이스라엘을 지칭하는 데 사용되었던 단어를 채택함으로써 초대교회의 상황을 강조하고 있다.

베드로는 하나님의 미리 아심을 따라 선택된 '택하심을 입은 자'(에클렉토이스[ἐκλεκτοῖς]. 참조, 2:9)라는 기술적 용어를 자세히 설명한다. 하나님의 선택은 그의 예정된 계획의 일부이며 택하심을 입은 자들의 공로에 의거하지 않고 창세전부터 그들에게 나타내신 하나님의 은혜와 사랑에만 의거하고 있다.

윌리엄스(Williams) 번역본이 번역하고 있듯이 하나님의 선택은 그의 미리 아심에 '부합되도록'(in accordance with, 카타[κατά]) 혹은 그의 미리 아심과 '일치하여'(in keeping with) 된 것이다. 이러한 번역은 선택이 예지력을 따르거나 예지력에 근거했다는 견해보다 더 낫다. 더욱이 '미리 아심'(프로그노신[πρόγνωσιν])은 수동적인 예측 이상의 의미를 갖는다. 이 단어는 '관심을 갖다' 혹은 '주의를 집중시키다'라는 개념을 포함한다(참조, Kenneth S. Wuest, *First Peter in the Greek New Testament for the English Reader*. p. 15). 동일한 단어가 1장 20절에서 창세전부터 하나님 아버지께 택함을 받았던 그리스도에 사용되고 있다. 성부는 자기 아들을 단순히 앞서 아는 것 이상의 관심을 갖고 계셨다. 이와 같이 하나님은 자신의 관심을 집중시켰던 모든 자들을(그들의 공로 때문이 아니라 자신의 은혜로) 선택하셨다.

성령의 거룩하게 하심은 선택된 자들이 봉사할 수 있도록 구별시켜 줌으로써, 하나님의 선택과 목적이 효력을 발휘하도록 해 준다. 성령 사역의 결과는 순종과 그리스도의 피 뿌림이다. '순종'(휘파코엔[ὑπακοήν]; 휘파쿠오[ὑπακούω: 귀를 기울이다]로부터 유래한 단어)은 하나님의 말씀에 따라야 하는 인간의 책임이다(참조, 출 24:7; 롬 1:5; 15:18; 16:26). 순종하는 삶을 사는 자는 그리스도의 피로 끊임없이 씻김을 받게 되며, 그렇게 함으로써 세상으로부터 구별된다(참조, 요일 1:7, 9). 피 뿌림은 구약시대에 성막에서 제사장이 행하던 일을 상기시키는데(레 7:14; 14:7, 16, 51; 16:14~15; 참조, 히 9:13; 12:24), 그 일은 드리는 사람 편에서의 순종을 요구한다. 하지만 사람들이 피 뿌림을 받았던 유일한 때는 모세 언약이 제정될 때였다(출 24:8).

본 구절(벧전 1:2)에서 베드로는 격려 서신으로서의 신학적 기초를 마련하고 있다. '아버지' 하나님이 은혜로 그들을 선택하셨고, '성령' 하나님이 '성자' 하나님인 예수 그리스도의 속죄 피를 통해 그들을 성결케 하셨다(삼위일체의 삼위가 모두 이 한 절에 언급되고 있다). 이와 같이 베드로는 그의 독자들이 하나님의 은혜(카리스[χάρις])와 평강(에이레네[εἰρήνη]: 히브리어의 샬롬에 해당. 참조 5:14)을 더욱 넘치게 경험하기를 기도하는 마음으로 문안했다. "은혜와 평강이 너희에게 더욱 많을지어다"로 직역되는 본 절 마지막 부분은 베드로후서 1장 2절에서도 쓰였다. 하나님의 은혜는 베드로가 즐겨 사용하는 표현으로 본 서신에서 10회나 사용되었다(벧전 1:2, 10, 13; 2:19~20[이 구절에서는 '아름다운'(commendable)으로 번역됨]; 3:7; 4:10; 5:5, 10, 12).

II. 새로운 출생(거듭남)을 위해 선택됨(1:3~2:10)

베드로는 박해당하는 성도들을 격려하는 신학적 근거를 계속 제시해 나간다. 이 부분 전체를 통해 강조되고 있는 점은 신자들을 향한 하나님의 은혜인데, 이 은혜는 구원하시기 위해 부르시는 하나님의 주권과 신자의 삶에서 나타나는 결과들에 의해 증거된다. 온갖 시련 중에 한 인간의 거듭남은 살아 있는 소망과 거룩한 삶의 근원이 된다.

A. 새로운 출생(거듭남)으로 인한 산 소망(1:3~12)

베드로는 하나님을 찬양하는 짧은 찬가에서 그의 독자들에게 거듭남이 썩지 않을 미래의 유업에 대한 산 소망을 가져다 준다는 사실을 되새겨 줌으로써 그들을 격려했다. 그 유업은 확실히 받게 될 터인데, 신자들은 그것이 실체로 나타나기까지 하나님의 능력으로 보호하심을 받기 때문이다. 결과적으로 그리스도인들은 온갖 시련을 만난다할지라도 기뻐할 수 있다. 시련은 그들 신앙의 진정성을 증명해 줄 것이며, 그리스도께 더욱 큰 영광을 돌리게 될 것이기 때문이다. 결론적으로 거듭남의 소망은 미래의 유업과 현재의 축복에 근거를 두고 있을 뿐 아니라 기록된 하나님의 말씀에도 그 근거를 두고 있다.

1. 미래의 유업(1:3~5)

1:3 하나님의 은혜를 깊이 상고한 베드로는 구원을 주시는 분이요 소망의 근원되시는 하나님을 찬양하지 않을 수 없었다. "우리 주 예수 그리스도의 아버지 하나님을 찬송하리로다"는 고린도후서 1장 3절과 동일하다. '그의 많으신 긍휼대로'는 소망 없는 상태에 있는 죄인들을 향한 하나님의 무조건적인 호의를 나타낸다. '우리를 거듭나게 하사'는 사람은 그와 같은 선물을 받을 만한 공로를 세울 수 없다는 뜻이다. '거듭나게 하사'로 번역된 헬라어 '아낭게네사스'($ἀναγεννήσας$)는 '다시 낳다' 혹은 '거듭남을 유발시키다'라는 동사로부터 유래했다. 이 단어는 신약성경 전체를 통해 오직 2회만 사용되었는데, 모두 베드로전서에서 쓰였다(1:3, 23). 베드로는 예수님이 니고데모와 나누신 대화를 회상하고 있었는지도 모른다(요 3:1~21). 예수 그리스도를 죽은 자 가운데서 부활하게 하심으로 말미암아 우리를 거듭나게 하사 산 소망이 있게 되었다. '산 소망'은 부활하여 살아계신 그리스도에 그 기초를 둔다(참조, 벧전 1:21). 그리스도 안에서 그리스도인이 갖는 확신은 그리스도가 살아계시다는 사실만큼이나 분명하고 확실하다. 베드로는 '살아 있는'이라는 단어를 6회에 걸쳐 사용하였다(1:3, 23; 2:4~5; 4:5~6). 여기서 '살아 있는'이란 말은 신자들이 갖는 소망이 세상이 주는 기만적이고 공허하며 거짓된 소망에 반대되는 확실하고 분명하여 실제적인 소망이라는 사실을 의미한다.

1:4 그 분명한 소망은 미래의 유업(클레로노미안[$κληρονομίαν$])에 대한 소망이다. 동일한 단어가 70인역에서는 이스라엘에게 약속되었던 땅의 소유를 지칭하는 데 사용되었다(민 26:54, 56; 34:2; 수 11:23). 그 땅은 이스

라엘에게 하나님의 선물로 주어졌던 이스라엘의 소유물이었다. 그리스도인의 기업은 적대 세력에 의해 파괴될 수 없으며 너무 익은 과일처럼 상하거나 색깔이 변하는 법이 없다. 베드로는 동일한 철자로 시작하고 동일한 어미로 끝나는 세 단어를 사용함으로써 이 기업의 영원성을 점층적 방법으로 묘사하고 있다: "썩지 않고(아프다르톤[ἄφθαρτον]) 더럽지 않고(아미안톤[ἀμίαντον]) 쇠하지 아니하는"(아마란톤[ἀμάραντον])이 바로 그 단어들이다. 이 유업은 하나님의 말씀이 결코 파괴될 수 없는 것과 마찬가지로 파괴될 수 없다(참조, 벧전 1:23. 이 구절에서도 베드로는 아프다르톤[ἄφθαρτον]을 사용했다). 각 그리스도인이 받는 영생의 유업은 하늘에 간직하신 것 혹은 하나님이 주시하시는 것이므로 그 궁극적인 소유가 확보되어 있는 것이다(참조, 갈 5:5).

1:5 유업만 보호하는 것이 아니라 유업을 받기 위해 태어난 상속자들도 하나님의 능력으로 보호하심을 입는다. '보호하심을 받다'(프루루메누스[φρουρουμένους])는 군사 용어로 한 도시 안에 있는 요새를 지칭하는 데 사용된다(빌립보서 4장 7절도 동일한 헬라어 단어를 사용하고 있다). 박해를 견뎌 나가는 자들에게, 하나님의 능력이 그들을 안으로부터 지킴으로써 그들이 하나님 앞에 섰을 때 그들에게 온전히 나타내실 구원의 기업을 위해 그들을 보전하고 계시다는 사실을 아는 지식보다 더 큰 소망이 어디 있겠는가? 신자들은 지금 구원을 소유하고 있다(현재 시제). 그러나 그 온전한 의미는 말세에 그리스도가 다시 오실 때에야 비로소 깨달을 것이다. 궁극적 완성으로서의 믿음의 결국, 곧 영혼의 구원(벧전 1:9)은 예수 그리스도께서 나타나실 때에(베드로는 이 구절을 2회 사용하고 있다: 7, 13절) 가서야 이루어질 것이다.

2. 현재의 기쁨(1:6~9)

1:6 '산 소망'은 현재의 기쁨으로 그 결과가 나타난다. '그러므로'는 3~5절에서 언급된 진리들과 관련되어 있는 것으로 보인다. 베드로는 독자들에게 그들의 지식을 실천에 옮기라고 격려하였다. 지금까지 가르친 놀라운 신학적 진리들에 대한 그들의 반응은 크게 기뻐하는 것이어야 할 것이다. 지식만으로는 박해에 직면한 두려움으로부터 자유를 누리는 안전함의 큰 기쁨의 체험을 만들어 내지 못한다. 하나님의 전능하신 주권은 인간의 의무가 수반되어야 한다. 그리스도인은 믿음으로 반응할 의무를 갖는다. 믿음은 건전한 교리를 건전한 행실로 연결시켜 준다. 믿음은 신학의 내용을 따라 행동하며 그 내용에 부합하는 행실을 만들어 낸다. 믿음은 신학적 안전함을 체험적 안전함으로 만들어 준다. 사도 요한이 말했다: "세상을 이기는 승리는 이것이니 우리의 믿음이니라"(요일 5:4). 이러한 믿음, 즉 산 소망은 신자들로 하여금 여러 가지 시험으로 말미암아 잠깐 근심하게 되지 않을 수 없으나 그러한 가운데서도 기뻐할 수 있도록 해 준다.

베드로는 그리스도인의 기쁨은 그 처한 상황들과 상관이 없다고 강조했다. 야고보도 동일한 두 헬라어 단어를 사용했다(포이킬로이스 페이라스모이스[ποικίλος πειρασμοῖς]: 여기서는 '여러 가지 시험'으로 번역되었다). 시험은 그 자체로 기쁨을 위한 기회로써 이해되고 있다(약 1:2). 비록 시련들이 일시적인 근심을 초래할지 몰라도, 그러나 그것들이 그리스도 예수 안에 있는 산 소망에 뿌리내린 깊고도 변치 않는 기쁨을 감소시킬 수는 없다.

1:7 인생의 평범한 문제들이라기보다 박해로 불릴만한 여러 가지 시험들

은 두 가지 결과를 가져 온다: (a) 시험들은 불로 연단 받음으로써 불순물이 제거되는 금과 같이 신자의 믿음을 순결하게 해 준다. (b) 시험들은 신자의 믿음의 실체를 증명해 준다. 외부로부터의 압박은 그리스도인의 믿음을 깊게 해 주고 강화시켜 주며, 믿음의 실체를 드러내 보이도록 해 준다. NIV에서 '진정성이 입증된'(proved genuine, 개역개정에서는 번역되지 않음-역자 주)으로 번역된 단어 도키마조메누(δοκιμαζομένου)는 '승인하기 위해 시험하다'라는 의미를 갖는다(7절과 야고보서 1장 3절의 시험/시련[도키미온, δοκίμιον]과 야고보서 1장 12절의 시험[도키몬, δοκιμον]을 참조하라. / 7절의 시험이 흠정역에서는 '너희 믿음의 시련'으로 번역되었다).

믿음을 금과 비교하는 것에 덧붙여, 베드로는 정화된 믿음을 연단된 금과 대조시킨다. 믿음은 금보다 더 귀하여 더 값어치 있다. 정련된 금이라 해도, 비록 그것이 오랜 세월 동안 변치 않고 남아 있기는 하지만, 결국에 가서는 없어지고 만다(참조, 벧전 1:18; 약 5:3). 아무리 잘 정련된 금이라 해도 영원의 시장에서는 아무런 가치가 없을 것이다. 그러나 믿음은 결코 없어질 수 없는 유업을 획득한다.

진정한 믿음은 그 믿음을 소유한 자에게 무한한 가치가 있을 뿐만 아니라 그리스도가 그리스도인들을 자신의 소유로 주장하기 위해 다시 오실 때(나타나실 때. 참조, 5:1), 그분께 칭찬과 영광과 존귀를 돌리게 될 것이다. 왜냐하면 모든 그리스도인은 자신의 믿음을 통해 그리스도의 이름을 드러내기 때문이다. '나타나다'는 아포칼립세이(ἀποκαλύψει)를 번역한 것인데, 이 단어로부터 영어의 apocalypse(종말)에서 유래되었다(참조, 1:5, 12, 13의 주해).

1:8 여기에 믿음의 결과로서 나타나는 체험적 기쁨의 절정이 있다. 하나님은 자기 아들 예수 그리스도의 사역을 통해 구원을 이루셨다. 따라서 신자의 믿음의 초점은 추상적인 지식에 맞춰져 있는 것이 아니라 그리스도의 인격에 맞추어져 있다. 사도 베드로의 따스한 마음은, 자신과 달리 예수님이 지상에 계실 때 그를 만나 보지 못했던 자들이 갖는 그리스도에 대한 사랑과 신앙에 대해 이야기할 때 넘쳐흐른다. 베드로는 아마도 예수님의 말씀을 마음속에 간직하고 있었던 듯하다: "보지 못하고 믿는 자들은 복되도다"(요 20:29). 그리스도인들은 예수님을 이제도 보지 못하나 그들도 베드로처럼 주님을 사랑하고 믿고 말할 수 없는 영광스러운 즐거움으로 기뻐한다. 아갈리아스데(ἀγαλλιασθε: 즐거움으로 기뻐하다)라는 동사는 베드로전서 1장 6절에서도 사용된 바 있으며(크게 기뻐하는도다), 4장 13절에서는 아갈리오메노이(ἀγαλλιώμενοι)가 사용되었다.

1:9 그리스도인들이 기뻐할 수 있는 이유는 그들이 약속받았던 믿음의 결국(또는 절정. 텔로스[τέλος]), 곧 영혼의 구원을 받음(코미조메노이[κομιζόμενοι: 보상으로 받다], 현재 시제)이기 때문이다. 예수 그리스도를 사랑하고 믿는 자들에게 구원은 과거요(우리를 거듭나게 하사, 3절), 현재이며(믿음으로 말미암아 하나님의 능력으로 보호하심을 받았느니라, 5절), 미래이다(그들의 유업으로서[4절], 말세에 나타내기로 되어 있는[5절], 믿음의 결국이다[9절]). 하루하루가 지나감에 따라 신자들은 마지막 날에 점점 더 가까이 가게 되기 때문에, 지금 구원을 받는 것이다. 신자의 믿음을 깊게 해 주고 그 실체를 나타내 보여 주는 결과를 가져오는 박해에도 불구하고, 이러한 모든 사실은 분명히 '말할 수 없는 영광스러운 즐거움'의 원인이 되는 것이다(8절).

3. 과거의 계시(1:10~12)

1:10~12 거듭남의 산 소망은 신자들의 미래의 유업과 현재의 체험뿐 아니라 하나님의 기록된 말씀에 대한 그들의 믿음에서도 솟아나온다(11절). 베드로는 믿음이란 사람의 미미한 글이 아닌 하나님의 말씀에 기초한 것이라는 사실을 반복해서 말한다. 이 구원에 대하여는(참조, 5, 9절의 '구원') 선지자들이 연구하고 부지런히 살펴서 성령의 인도하심을 받은 자신들의 책들에 기록했다. 그들은 이 구원과 앞으로 올 은혜의 때에 동참하기를 바랐으며 자기 속에 계신 그리스도의 영이 어떠한 때를 지시하시는지 발견하고자 했다. 그들은 영광스러운 메시아가 어떻게 고난에 참여할 수 있는지를 깊이 생각했다. 베드로는 또다시 그리스도의 가르침을 그대로 따라하고 있다(참조, 마 13:17).

베드로전서 1장 10~12절에서 사도 베드로는 성경 영감 교리의 실용적인 측면을 설명하는데, 이것은 베드로후서 1장 20~21절에서 더욱 분명하게 선언된다. 선지자들은 성령이 그들을 통해 말씀하신 모든 사실을 온전히 이해하지는 못했다. 그 받으실 고난(사 53장)과 후에 받으실 영광(사 11장)을 예언하신 분은 성령이었다. 베드로의 독자들은 그리스도의 고난 후에 영광이 뒤따랐다는 사실에 대한 이 같은 언급에 격려를 받았을 것이다. 그들 역시 그들이 받은 고난 이후에 영광을 경험하게 될 것이기 때문이다(참조, 벧전 5:10).

베드로는 선지자들이 자기 자신을 위해서가 아니라 후대 사람들, 즉 성령(참조, 11절의 '그리스도의 영')에 의해 전파되는 복음을 들음으로써 그리스도를 따르게 될 사람들을 위해서 글을 쓴다는 사실을 이해하고 있었다는 사실을 언급함으로써 더 큰 격려를 보낸다(1:12). 신자들의 구원의 최종 단계에서 그들은 고난이 아닌 영광을 경험하게 될 것이다. 히브리서 저자도 이 최종적 구원에 대해 언급했다(히 1:14; 2:3). 그리스도인의 산 소망은 실제로 하늘의 천사 무리들로부터 경외심을 받은 것이다. 선지자들과 천사들은 임할 은혜(10절) 가운데 이루어지는 이 구원에 대해 모두 놀랐다.

B. 새로운 출생(거듭남)으로 인한 거룩(1:13~2:10)

거듭남에 기초한 신자들의 산 소망은 거룩한 삶으로 발전되어야 한다. 거듭남을 위해 선택된 자들은 또한 거룩해지도록 부름 받은 것이다. 베드로는 그의 독자들에게 새로운 마음가짐을 가짐으로써 순종의 도전을 맞이할 준비를 하도록 권고하였다. 신자의 구원을 위해 지불된 대가는 경외와 순종을 요구한다. 순종은 자신을 정결케 하고 거룩한 삶을 실천하는 동시에, 왕 같은 제사장으로서 영적 제사를 드리는 것이다.

1. 준비(1:13~16)

1:13~16 베드로는 이제 다섯 가지 명백한 훈계를 제시한다: "너희 마음의 허리를 동이고", "근신하여", "은혜를 바랄지어다", "사욕을 본받지 말고", "거룩한 자가 되라". 실제로 헬라어에서는 첫째, 둘째, 넷째 훈계는 분사 구문으로 되어 있으며, 따라서 다른 두 명령에 종속된다: "은혜를 바랄지어다"와 "거룩한 자가 되라". 분사 구문들은 이들 두 명령을 지지해 주

거나(즉, 너희 마음의 허리를 동이고 근신하여 은혜를 바랄지어다, 사욕을 본받지 말고 거룩한 자가 되라) 아니면 NIV에서처럼 이들 분사 구문들도 다른 두 명령들과 같이 명령의 역할을 한다(개역개정은 전자를 따랐다-역자 주).

(1) "너희 마음의 허리를 동이고"(13절). 순종은 의지의 의식적 행동이다. 투쟁 중에 있는 그리스도인은 즉각 행동에 옮길 수 있는 실천적인 거룩함을 필요로 한다.

(2) "근신하여"(13절. 참조, 4:7; 5:8; 살전 5:6, 8). 이는 네포(νήφω: 제정신이 들다)라는 동사로부터 온 네폰테스(νήφοντες)를 번역한 것으로 신약성경에서는 비유적으로만 사용된다. 이 단어는 모든 형태의 정신적, 영적 술 취함 혹은 무절제로부터의 자유를 의미한다. 신자들은 외부적 상황들에 의해 지배받기보다 자기 자신의 내부로부터 지시를 받아야 한다.

(3) "은혜를 온전히 바랄지어다"(13절). 거룩한 삶은 확고한 결단을 필요로 한다. 신자의 소망은 완전하게(텔레이오스[τελείως]: 전적으로 혹은 불변으로) 그리고 무조건적으로 은혜를 향해야 하는데(참조, 10절), 이 은혜는 "예수 그리스도께서 나타나실 때에"(문자적으로는 '예수 그리스도의 계시[아포칼립세이, ἀποκύψει] 안에 있는', 7절의 동일한 구절 참조; 아울러 5절의 동사 나타내다[아포칼리프데나이, ἀποκαλυφθῆναι]도 참조하라) 주어진다. 베드로는 구세주의 돌아오심과 그에 수반하는 구원의 최종 단계에 대해 벌써 네 번이나 언급하였다(5, 7, 9, 13절).

13절의 세 가지 권면을 제안하고 있는 분투적인 정신적 준비는 그리스도인들이 하나님을 몰랐을 때(참조, 엡 4:18) 저질렀던 자신들의 과거 죄악된 삶에 대한(참조, 엡 2:3) (4) 사욕을 본받지(시쉐마티조메노이 [συσχηματιζόμενοι]: 로마서 12장 1절에서도 사용됨) 않기 위해서(벧전 1:14) 필요하다. 오히려 순종하는 자식처럼(문자적으로는 '순종의 자식') 그들은 자신들의 성품을 다듬어 자신들이 행하는 모든 행실에 있어서 (5) 거룩한 자가 되어야 한다(벧전 1:15). 그들의 생활양식은 과거의 알지 못함(아그노이아[ἄγνοία])을 반영해서는 안 되며, 그들로 하여금 거듭나게 하고 그들을 불러(참조, 벧후 1:3의 '부르신') 자신의 소유로 삼으신 하늘 아버지의 거룩한(하기오이[ἅγιοι]) 본성을 반영해야 한다. 베드로전서 1장 15~16절은 법적 요구 사항들을 언급하고 있는 것이 아니라 그리스도인의 내적 삶과 외적 행실에 있어서 갖추어야 할 그리스도인의 책임을 되새겨 주고 있는 것이다. 비록 완벽한 거룩함이란 이생에서 결코 성취될 수 없는 것이지만, 모든 삶의 영역이 하나님의 완전하고 거룩하신 뜻에 온전히 일치되어 가는 과정 속에 들어 있어야 한다. 16절의 인용 구절은 구약을 알던 모든 이들에게 친숙한 구절이다(레 11:44~45; 19:2; 20:7).

2. 대가(1:17~21)

구원을 위한 엄청난 대가인 사랑하시는 아들의 고귀한 피는 신자들에게 하나님 앞에서 경외하는 삶을 살도록 요구한다. 거룩한 삶은 그와 같이 엄청난 대가를 지불한 것을 경홀히 여기지 않는, 하나님을 두려워하는 믿음에 의해 동기가 부여된다.

1:17~19 순종하는 자녀는 외모로 보시지 않는 그분의 거룩한 본성과 공정한 성품을 안다. 하나님을 아버지로 부르는 그들의 특권은 경건한 두려움으로 하나님께 순종하도록 이끈다. 따라서 그들은 하나님의 절대적인 기준에 따라, 세상의 변화하는 상황 윤리에 대해서는 나그네로(참조, 2장 11절의 '나그네') 살아가야 한다. 두려움은 올바른 양심과 유혹에 대한 경각심과 하나님을 기쁘게 하지 못할 일들을 피하는 자세로 증명된다. 순종하는 자식은 그들의 조상이 물려 준 헛된 행실(참조, 14절)에 대해 나그네가 되어야 한다. 왜냐하면 그들은 보배로운(참조, 2:4, 6~7) 그리스도의 피로(참조, 1:2) 대속함을 받았기(엘리트로데테[ἐλυτρώθητε]; 루트로오[λυτρόω: 몸값을 치르다]로부터 유래함) 때문이다. 그 대속은 죄의 시장으로부터 없어질 은이나 금(참조, 7절)이 오가는 몸값이 아니라 완전한 어린양의 대단히 귀중한 핏값을 주고 산 것이다. 흠 없는 속죄양처럼 그리스도는 세상 죄를 지고 가는 하나님의 어린양(요 1:29. 참조, 히 9:14)으로서의 특별한 자격을 갖춘 죄가 없으신 분이었다.

1:20~21 죄에 대한 이 같은 보상은 창세전부터 미리 계획되었으며, 사람들을 위하여 예수 그리스도의 성육신을 통해 나타내신 바 되었다(현시대는 이 말세[20절: 헬라어 원문상 복수형]인데 반해 장차 올 시대는 말세[5절: 헬라어 원문상 단수형]임). 사람들이 하나님을 알고 또한 믿게 되는 것은, 아버지 하나님이 다시 살리고(참조, 3절), 하늘로 올리울 때 영화롭게 하셨던(요 17:5; 히 1:3) 그리스도를 통해서이다. 하나님의 영원하신 계획과 죄에 대한 엄청난 대가 지불의 결과로서, 믿음과 소망이 하나님에게 있게 되었다(참조, 베드로전서 1장 5, 7, 9절의 '믿음'과, 3, 13절의 '소망').

3. 성결(1:22~2:3)

거듭남의 결과로 생겨나야 하는 거룩한 삶의 반응이 이제 세 가지 영역에 걸쳐 적용된다. 진리에 대한 복종은 신자를 성결케 함으로써 (a) 형제를 향한 진정한 사랑(1:22~25), (b) 죄의 회개(2:1) 그리고 (c) 영적 성장을 사모하는 마음(2:2)이 생겨나게 해 준다.

1:22 거룩한 삶은 성결을 필요로 한다. 진리를 순종함의 긍정적 결과 중 하나는 성결한 삶이다(참조, 2절하). "청년이 무엇으로 그의 행실을 깨끗하게 하리이까 주의 말씀만 지킬 따름이니이다"(시 119:9). 시련이 믿음을 연단시키는 것과 마찬가지로 하나님의 말씀에 대한 순종은 성품을 연단시킨다. 하나님의 말씀에 따라 살아감으로써 자기 자신을 성결하게 한 자는 순종의 기쁨을 발견하게 된다.

변화된 삶은 하나님의 자녀들과의 변화된 관계에 의해서도 증명되어야 한다. 성결한 삶은 동일한 믿음을 가진 자들을 순수하게 사랑할 수 있도록 해 준다. 진실된(sincere)이란 뜻의 아니포크리톤(ἀνυπόκριτον)은 '거짓이 없이'로 번역되었다. 그리스도 안에 있는 형제자매들과 관련된 모든 사악한 생각과 감정은 제거되어야 한다. 왜냐하면 그리스도를 따르는 자들은 마음으로 뜨겁게 사랑해야 하기 때문이다. 이러한 종류의 사랑함(아가페사테[ἀγαπήσατε]; 아가페[ἀγάπη]의 동사형)은 변화된 마음, 즉 순수한 동기를 가지며 취하기보다 오히려 주고자 하는 자로부터만 올 수 있다. 이러한 사랑은 얄팍하게 표현되는 것이 아니라 깊게(엑테노스[ἐκτενῶς]: 전력을 기울여 혹은 엄청난 중압감을 가지고 전면적으로, 개역개정은 '뜨겁게'로 번역했다-역자 주. 참조, 베드로전서 4장 8절의 엑테네[ἐκτενη])

표현되어야 한다.

1:23~25 베드로는 그의 독자들이 거듭남을 경험하였음을 다시 한 번 되새겨 준다(참조. 3절): "너희가 거듭난 것". 이 초자연적 사건이 그들로 하여금 진리에 순종하고 자기 자신을 성결하게 하며 형제들을 사랑할 수 있도록 해 주었다. 그들의 삶에서 이러한 변화는 소멸하지 않을 것이다. 왜냐하면 그러한 변화는 썩지 아니할(아프다르투[ἀφθάρτου]: 4절에서는 신자의 받을 유업을 묘사하는 데 사용되었다) 살아 있고 항상 있는 하나님의 말씀을 통해 일어났기 때문이다. 베드로는 자신의 권면(22절)을 이사야 40장 6~8절을 인용함으로써 입증한다(벧전 1:24~25). 썩어질 씨로부터 생겨난 모든 것은 시들어 떨어지지만, 하나님의 말씀은 세세토록 있다. 썩지 아니할 말씀은 곧 베드로의 설교 내용이었다(참조, 12절). 그의 독자들은 2장 1~3절에서 지적되고 있는 바와 같이 그 삶을 변화시키는 능력에 영향을 받아야 한다.

2:1 회개가 요구되고 있다: '그러므로', '버리고'. 베드로는 신자들 사이를 이간질하는 태도와 말로부터 기인된 다섯 가지 죄악을 열거한다. 악독(카키안[κακίαν])은 사악한 악감정이다. 기만(돌론[δόλον])은 고의적인 부정직이다. 외식(히포크리세이스[ὑποκρίσεις])은 가식적인 경건과 사랑이다. 시기(프도누스[φθόνους])는 분개에 찬 불만이다. 비방하는 말(카타랄리아스[καταλαλιάς])은 험담하는 거짓말이다. 이 중 어떤 것도 거듭난 사람들에게서 발견되어서는 안 된다. 신자들은 말씀에 순종하는 가운데 과거와 완전히 단절해야 한다.

2:2 베드로는 그의 독자들에게 갓난아기들이 젖을 사모하는 것같이 말씀을 사모할 것을 바란다. 신자들은 불순한 욕망과 동기들을 내던져 버린 후(1절), 영적 성장을 가져오는 건전한 신령한 양식을 섭취할 필요가 있다(순전한[아돌론, ἄδολον]은 1절의 기만[돌론, δολον]과 의도적으로 대조되게 쓰였다. 하나님의 말씀은 속이지 않는다. 마찬가지로 하나님의 자녀들도 속여서는 안 된다). 그리스도인들은 영적 성장에 대한 열렬한 기대와 바람 속에 깨끗한 마음과 정신으로(1절) 말씀에 접근해 가야 한다. "너희로 구원에 이르도록"이라는 구절은 1장 5, 7, 9, 13절에서 언급된 바 있는 구원의 최종적 성취를 상기시킨다.

2:3 베드로는 시편 34편 8절을 인용하면서, 베드로전서 2장 2절의 젖 먹는 비유를 계속하여 그들이 현재 소유한 그리스도에 대한 지식을 맛보기에 견준다. 그들은 자신의 거듭남에서 하나님의 은혜를 경험함으로써 주의 인자하심을 진실로 깨달았던 것이다.

4. 실천(2:4~10)

베드로는 이제 거룩한 삶에 대한 권면에 있어서 새로운 비유를 사용한다. 독자들은 스스로를 성결케 했기 때문에 거룩함의 실천이나 사역에 준비된 자들이었다. 그들은 더 이상 갓난아기들이 아니며 '왕 같은 제사장들'로서 영적 제사를 드릴 수 있을 만큼 자라났다.

2:4 "예수께 나아가"는 구원받기 위해 그리스도에게 나아오는 죄인의 첫 반응을 나타낸 것이 아니다. '나아가'라는 분사의 시제와 태는 이것이 인

격적이며 습관적인 접근임을 시사한다. 이는 신자들과 주님 사이에 이루어지는 교통과 교제의 밀접한 관계를 의미하는 것이다.

거룩함을 실천하는 첫 번째 단계는 '산 돌이신' 예수 그리스도와의 교제다. 여기서 베드로는 독특한 상징적 언어를 사용하고 있다. 그는 그리스도를 1장 3절에서 산 소망으로, 1장 23절에서는 살아있는 말씀으로, 2장 4절에서는 산 돌로 지칭한다. 베드로는 이후 구절에서 돌에 관한 비유를 발전시켜 나가며 설명한다. 본 절에서 그는 이 돌을 살아 있다고 말한다. 사람들은 이 산 돌과 인격적이며 필수 불가결한 관계에 들어가게 된다. 그리스도는 "사람에게는 버린 바가 되었으나 하나님께는 택하심을"(참조, 1:20) 입고, 보배롭게 되셨다(참조, 1:19; 2:4, 7). 세상에서 버림받은 그리스도인들은 그들 자신이 하나님에게 선택받은 자들이요(1:1), 고귀한 자들이라는(1:18) 지식을 붙들고 낙심치 말아야 한다.

2:5 신자들은 그리스도와 동일시되고 있다. 왜냐하면 그리스도가 산 돌이신 것처럼 그들도 산 돌 같기 때문이다. 또한 그들이 그리스도를 더욱 닮아 갈 때, 즉 주님의 형상에 더욱 가까워져 갈 때 그들은 신령한 집으로 세워진다. 예수님이 베드로에게 말씀하셨다: "내가 이 반석 위에 내 교회를 세우리니"(마 16:18). 이제 베드로는 (2:4~5) 그리스도를 주님의 교회가 세워질 반석으로 알기 쉽게 설명해 준다. 바울은 교회를 성전(고전 3:16; 엡 2:21) 혹은 처소(엡 2:22)로 불렀다. 신자들은 교회를 구성할 뿐 아니라 그 가운데서 거룩한 제사장으로 일하고 신령한 제사를 드림으로써 봉사한다. 신자들은 모두 제사장이다(참조, 벧전 2:9; 히 4:16; 계 1:6). 그들은 하나님에게 직접 나아가기 위해 예수 그리스도 이외에 어떤 다른 중재자도 필요로 하지 않는다. 그와 같은 제사장적 봉사는 거룩함을 요구한다

(참조, 벧전 1:16, 22). 하나님에게 돌리는 찬송과 다른 사람들에 대한 선행은 하나님을 기쁘게 해 드리는 영적 제사다(참조, 히 13:15). 하지만 산 돌들은 또한 자기 자신을 예수 그리스도로 말미암아 하나님이 기쁘게 받으실 산 제물(롬 12:1)로 드려야 한다.

2:6 6~8절에서 베드로는 세 구절을 인용함으로써, 이 돌에 대한 구약성경의 지지를 열거해 나간다. 그의 첫 번째 자료는 이사야 28장 16절로써, 여기서 그리스도는 하나님이 택한 보배로운(참조, 벧전 1:19; 2:4, 7의 '보배로운') 모퉁잇돌이다. 모퉁잇돌은 힘과 안정성 면에서 건물의 나머지 부분들이 의지하는 가시적인 버팀대다. 건물이 모퉁잇돌에 의지하듯 신자들은 그리스도를 신뢰한다. "그를 믿는 자는 부끄러움을 당하지 아니하리라". 여기서 가정법으로 쓰인 헬라어의 이중 부정 '우 메'(οὐ μή)는 미래를 지칭하는 단호한 부정 판단을 나타낸다. 그들은 실제로 결코 부끄러움을 당하지 아니할 것이다. 그래서 베드로는 그리스도를 신뢰하는 자들에게 보장된 궁극적 승리에 대한 분명한 성경의 약속을 확인시켜 줌으로써 그의 독자들을 격려하고 있다.

2:7~8 이 두 절은 믿는 자들과 믿지 않는 자들을 날카롭게 대조시켜 준다. 믿는 자들에게는 그리스도가 지극히 가치 있는 보배로운 분이 되신다. 그러나 그리스도를 믿지 아니하는 자들에게는 그 돌이(베드로의 두 번째 인용 구절은 시편 118편 22절이다) 그들의 불순종으로 말미암아 부딪치는 것이 된다. 예수님이 시편 118편 22절을 인용하여 언급하셨을 때 이러한 일이 대제사장들과 바리새인들에게 일어났다(마 21:42. 참조, 마 21:43~46).

베드로의 세 번째 인용 구절은 이사야서 8장 14절로부터 온 것이다. 예수 그리스도를 믿지 아니하는 것은 치명적이며, 하나님의 말씀을 순종하지 아니하는 것과 관련되어 있다(벧전 2:8하). 말씀에 순종하지 아니하는 것은 곧 믿지 않는 것이요(참조, 4:17), 순종하는 것은 곧 믿는 것이다(참조, 1장 14, 22절의 순종, 사도행전 6장 7절의 '이 도에 복종하니라'). 그리스도를 구세주로 영접하지 않는 자들은 언젠가 그를 심판자로 만나게 될 것이다. 죄 때문에 불순종한 모든 불신자들은 부딪치도록 정하신 것이며, 그 부딪침은 영원한 정죄로 이어질 것이다.

2:9~10 베드로는 격려 편지의 이 부분을 그의 독자들에게 주는 거룩을 실천하라는 감동적인 권면으로 마무리 짓는다. 그는 파멸에 이르도록 정하심을 받은 불순종의 무리들과 대조적으로 그의 독자들은 '택하신(에클렉톤[ἐκλεκτόν]; 1장 1절의 '택하심을 입은 자들'[에클렉토이스, ἐκλεκτοῖς]; 개역개정에서는 번역되지 않음-역자 주)을 참조하라) 족속'이라는 사실을 상기시켜 준다. 베드로는 또 다시 구약성경, 특히 이사야 43장 20절을 상기시킨다. 이스라엘 민족에게만 적용되었던 택하신 족속이라는 말이 이제 유대인과 이방인 신자들에게도 공히 사용된다. 한때는 이스라엘 민족에게만 위임되었던 책임이 이제 은혜의 시대에 들어와서는 교회에게 주어지게 되었다. 시내 산에서 하나님은 모세에게 다음 사실을 그의 백성들에게 말하도록 명하셨다: "너희가 내게 대하여 제사장 나라가 되며 거룩한 백성이 되리라"(출 19:6). 이제 교회 시대에 사는 신자들은 왕 같은 제사장들이요 거룩한 나라요 그의 소유가 된 백성으로 불린다. 베드로는 그리스도인들을 거룩한 제사장(벧전 2:5)이요 왕 같은 제사장이라고 부른다(2:9. 참조, 계 1:6). '그의 소유가 된'이라는 구절은 '에이스 페리포이

에신'(εἰς περιποίησιν)을 의역한 것으로서, 직역하면 '획득한 바 된, 혹은 보존한 바 된'이다(히브리서 10장 39절에서도 쓰였는데, 거기서는 '구원함에 이르는'으로 번역되었다). 그리스도인들은 특별한 족속이다. 왜냐하면 하나님이 그들을 하나님 자신을 위해 보존하셨기 때문이다. 교회에 대한 이 같은 기술들은 구약성경에서 이스라엘을 묘사할 때 사용되던 기술들과 유사하기는 하지만, 그렇다고 해서 이러한 유사성이 교회가 이스라엘을 대체한다거나 이스라엘에게 약속되었던 민족적 축복을 그대로 이어받을 것이라는(그리고 이러한 약속은 천년왕국에서 성취되리라는) 일부 주장을 지지해 주는 것은 결코 아니다. 베드로는 단지 유사한 진리를 유사한 용어들을 사용해서 지적해 주었을 뿐이다. 즉, 이스라엘이 택하신 족속이요 왕 같은 제사장들이요 거룩한 나라요 그의 소유가 된 백성이었던 것 같이, 오늘날 신자들도 택함을 받았고 제사장들이며 거룩하고 하나님께 속해 있다는 것이다. 유사성이 곧 동일성을 의미하는 것은 아니다.

하나님이 자신을 위해 신자들을 택하신 목적은 그들이 다른 사람들 앞에서 그의 아름다운 덕을 선포하게 하려 함이다. '덕'으로 번역된 단어는 '뛰어난 성품', '고귀하심' 혹은 '칭송'(아레토스[ἀρετός]: 신약성경에서 네 번밖에 사용되지 않았다, 빌 4:8; 벧전 2:9; 벧후 1:3, 5) 등으로 번역될 수 있다. 신자 즉 제사장들은 그들의 삶 가운데서 자신들의 하늘 아버지의 성품들이 분명하게 나타나도록 살아가야 한다. 그들은 자신들을 어두운 데서 불러 내어 그의 기이한 빛에 들어가게 하신 하나님의 영광과 은혜에 대한 증거자로서 봉사해야 한다. 베드로는 이러한 모습을 호세아 2장 23절을 인용함으로써 설명해 나간다(벧전 2:10). '어두움'은 그의 독자들이 이교도로서 하나님의 구원의 섭리를 알지 못하였을 때(참조, 골 1:13) 즉 그들이 백성이 아니었고 긍휼을 얻지 못하였을 때를 지칭한다. 그의 기이

한 빛은 이제 하나님의 백성을 조명해 준다. 왜냐하면 그들이 긍휼을 얻었기 때문이다. 하나님의 백성이 신령한 제사를 드리고 그의 존귀를 칭송하는 거룩하고 왕 같은 제사장으로 봉사하는 가운데 나타나는 거룩함의 실천은 그들이 얻은 긍휼(참조, 벧전 1:3)에 대한 적절한 반응이다.

III. 새로운 행동이 요구됨(2:11~3:7)

하나님에게 속한 백성으로서 그리스도인이 다른 사람들 앞에서 하나님의 아름다운 덕을 어떻게 선포할 수 있을까? 이 부분에서 베드로는 그리스도인들이 세상에서 시민으로서, 사환으로서 그리고 아내와 남편으로서 각각 다르게 행동하는 구체적인 방법들을 제안함으로써 이 질문에 대답하고 있다. 비슷한 상황이라 할지라도 그들의 행동은 자신의 신분에 따라 달라져야 한다는 것이다.

A. 세상에서의 새로운 행동(2:11~25)

베드로가 염두에 두고 있던 세상이란 그의 독자들이 매일매일 증인과 시민과 사환으로서 대하여야만 했던 사람들을 지칭한다. 베드로는 그리스도인들에게 죄에 대항하고 합법적인 권위에 복종하며 학대하는 주인들의 처사를 길이 참으라고 촉구하였다. 이러한 행위는 다른 사람들을 신앙으로 이끌어 주고, 어리석은 자들의 혀를 잠재우며, 하나님으로부터 칭찬을 받게 될 것이다.

1. 증인으로서의 그리스도인의 행위(2:11~12)

2:11 베드로는 그의 독자들을 '사랑하는 자들아'(아가페토이[ἀγαπητοί])라고 다정하게 부른다. 하나님으로부터 사랑을 받는 자들은 세상에서 거

류민(파로이쿠스[παροίκους]: 자신들의 집이 아닌 곳에서 사는 자들, 하늘에 진정한 고향이 있는 그리스도인들에 대해 비유적으로 사용되었다)과 나그네(참조, 1장 1절의 '나그네'에 대한 주석)로서 살아갈 것을 촉구받는다. 자신들이 갖고 있는 그리스도인의 가치관과 신념들이 세상에 의해 받아들여지지 않는 것과 꼭 마찬가지로, 그들은 그들을 에워싸고 있는 부도덕함과 육체의 정욕으로부터 구별된 삶을 살아야 한다. '제어하다'(아페케스다이[απέχεσθαι])는 문자적으로 '자신을 계속해서 억제하다'라는 의미를 갖는다. 그리스도인들은 자신의 영혼을 거슬러 싸우는(참조, 약 4:1) 세상 정욕의 죄를 짓도록 하는 경향에 저항해야 한다. 이러한 실제적인 영적 전쟁에 있어서 마귀의 전략은 신자들의 가장 약한 점들을 공격하는 것이다.

2:12 그리스도인들이 죄악의 정욕을 제어해야 하는 이유는 그들 자신의 영적 축복을 위해서뿐 아니라 불신자들 앞에서의 효과적인 증거를 위해서이기도 하다. 11절의 부정적 권면에 이어 이제 긍정적인 교훈이 제시된다. 그리스도인의 적극적인 생활양식은 세상에 그 죄악을 깨닫게 해 주는 강력한 수단이 된다(참조, 마 5:16). 베드로는 그리스도인들의 행실과 그들의 일을 규정하기 위해 본 절에서 '선한'(칼로스[καλός])이라는 단어를 두 번 사용하였다. 선한 삶은 선한 일로 이루어진다(참조, 마 5:16; 엡 2:10; 딛 3:8; 약 2:18). 비방하는 사람들의 비판적인 시선과 그릇된 비난 속에서 행한 신자들의 선한 일들은 하나님께 영광을 돌리게(참조, 마 5:16; 롬 15:6; 고전 6:20) 하고 또한 다른 사람들을 믿음으로 이끌 수 있다. '오시는 날에'의 문자적 의미는 '(그의) 방문하시는 날에'(엔 헤메라 에피스코페스[ἐν ἡμέρα ἐπισκοπῆς]. 참조, 눅 19:44)이다. 어떤 이들은 이 구

절이 심판 때 하나님의 방문하심 혹은 사악한 자들을 대면하심을 지칭한다고 말한다. 그러나 이 구절은 그들이 구원받은 날(즉, 하나님이 긍휼로써 그들을 굽어살피시사 개종하도록 해 주셨던 때)을 지칭하는 것으로 보인다(참조, 사도행전 15장 14절의 에페스케프사토 [ἐπεσκέφατο]).

2. 시민으로서의 그리스도인의 행위(2:13~17)

2:13~15 그리스도인들은 법에 순복할 책임이 있다(참조, 롬 13:1~7; 딛 3:1~2). 베드로는 그의 독자들에게 정부가 선포한 법률들을 준수하고 인간의(안드로피네[ἀνθρωπίνῃ]: 인간에 의해 만들어진) 모든 제도(크티세이 [κτίσει]: 문자적으로는 창조물, 여기서는 제도나 법률)에 순종하라고 권면하였다. 순종의 동기는 형벌을 피하기 위해서가 아니라 주를 위하여이다. 인간의 정부를 지정하신 하나님을 존귀케 하기 위해서, 그리스도인들은 인간이 만들어 놓은 법률들을, 그것들이 성경의 가르침과 분명하게 상충되지 않는 이상 주의해서 지켜야 한다(참조, 행 4:19). 합법적 제도의 일반적인 목적은 악행하는 자를 징벌하고 선행하는 자를 포상하는 것이다. 그리스도인들은 분명히 중상을 받고 그릇된 비난을 받아 왔다. 왜냐하면 베드로가 그리스도인들이 선행으로 어리석은 사람들의 무식한 말을 막는(피문[φιμοῦν]: 문자적으로는 '제갈을 물리다') 것이 하나님의 뜻(텔레마 [θέλημα]: 어떤 목적이나 욕망의 결과를 표현하는 용어. 참조, 벧전 3:17; 4:2, 19)이라고 강조했기 때문이다. '어리석은 사람들의 무식한 말'이라고 번역된 세 개의 헬라어 단어는 모두 '알파'(α)로 시작되고 있는데, 1장 4절에서 '썩지 않고 더럽지 않고 쇠하지 아니하는'으로 번역된 세 헬라어 단어 역시 모두 '알파'로 시작된 바 있다. 베드로는 두운법(頭韻法)을 즐겨 사용

했던 것이 분명하다. 베드로의 이러한 주장은 많은 사람들에게 로마제국의 압제적 법률들을 통한 조직적인 박해가 아직 발발되지 않았거나, 소아시아 지방에까지 미치지 않았을 것이라는 사실을 믿도록 해 준다. 당시 그리스도인들은 고문이나 죽임을 당하지는 않았으며, 단지 거짓말과 욕설의 고초만을 당했던 것으로 보인다. 그리스도인들은 법을 준수하는 자들을 포상해 주던 법 체제의 보호 혜택을 아직 누리고 있었던 것이다. 따라서 비방적인 비판에 대한 신자의 최고 방어 수단은 선한 행동이었다.

2:16 합법적인 제도에 순종하는 것은 그리스도인의 자유를 부정하는 것이 아니다(참조, 갈 5:1, 18). 민사법은 처벌에 대한 두려움 때문이 아니라 그렇게 하는 것이 하나님의 뜻이기 때문에 자유로이 준수되어야 한다. 그리스도인의 자유는 언제나 그리스도인의 책임에 의해 전제되어야 하며(참조, 갈 5:13), 결코 악을 가리는 데(에피칼림마[ἐπικάλυμμα] 문자적으로는 '베일을 씌우다') 써서는 안 된다. 그리스도인들은 하나님에게 순종하고 하나님의 종(둘로이[δοῦλοι]: 문자적으로는 '노예'. 참조, 롬 6:22)으로서 살아갈 때 진정한 자유를 누린다. 그들은 자유가 있으나 또한 하나님의 종으로서 살아가야 한다.

2:17 베드로는 그리스도인의 시민권의 네 가지 점을 요약함으로써 이 부분을 결론짓고 있다. 첫째, 그리스도인은 뭇사람을 공경해야 한다(티메사테[τιμήσατε]: 존경하다, 높이 평가하다. 3장 7절의 티멘[τιμήν]: 존경, 명예. 참조, 롬 12:10; 13:7). 신자들은 각 사람이 하나님의 형상을 따라 독특하게 창조되었다는 사실을 인식하고 있어야 한다. 둘째, 그리스도인은 형제를 사랑해야 한다. 즉 그리스도 안에서의 형제자매들을 사랑해야 한

다. 하나님의 가족을 이루는 구성원들은 서로서로 사랑해야 한다. 셋째, 그리스도인은 하나님을 두려워해야 한다. 여기서 '두려워하다'(포베이스데[φοβεῖσθε])라는 동사는 공포에 사로잡혀 있는 상태를 의미하는 것이 아니라 순종으로 이끌어 주는 경외심과 존경심을 의미한다(참조, 베드로전서 1장 17절의 포보[φόβῳ], 3장 16절의 포부[φόβου], 그리고 고린도후서 7장 11절의 포본[φοβον]). 사람은 하나님을 존경하게 되기 전까지는 다른 사람을 진정으로 존경하지 못한다. 넷째, 신자들은 왕을 존대해야 한다. '존대하다'는 티마오(τιμάω)를 번역한 것으로, 이 동사는 본 절 첫 부분에서 사용된 바 있다. 존경 혹은 존대는 하나님이 그 권위를 부여하신 자들에게 특별히 돌려져야 한다(참조, 베드로전서 2장 13절의 왕과 14절의 총독. 참조, 롬 13:1).

3. 사환으로서의 그리스도인의 행위(2:18~25)

사환들에 대한 베드로의 교훈은 그들이 개인적인 불의를 왜 오래 참아야 되는지에 대한 두 가지 이유를 포함하고 있다. 첫째, 그와 같이 참는 행위는 하나님으로부터 칭찬을 받으며, 둘째, 그것은 예수 그리스도의 모본을 충실하게 따르는 것이 된다.

2:18 사환들로 번역된 헬라어 단어는 노예를 지칭할 때 일반적으로 사용되는 단어인 둘로이(δοῦλοι)(참조, 16절)가 아니라 집안일을 하는 종들을 지칭하는 오이케타이(οἰκέται)이다(참조, 눅 16:13; 롬 14:4). 순종하다로 번역된 히포타소메노이(ὑποτασσόμενοι)는 주격 분사로서 베드로전서 2장 13절에서 부정 과거 명령형 히포타게테(ὑποταγητε)를 통해 표현된 복종의

개념을 계속 이어받는다. 이와 같은 권고의 말은 방대한 수에 달하였을 베드로의 첫 번째 독자들에게 적절한 것이었다. 사환들과 노예들은 초대 교회 구성원들 중 높은 비율을 차지하고 있었으며, 아랫사람들에게는 온당치 못한 형벌과 고난이 다반사였다. 물론 몇몇 선하고 관용적인 주인들이 있었을 것이 분명하다. 그리스도인 주인들은 이러한 부류에 속하였을 것 또한 분명하다. 하지만 베드로는 심지어 까다로운 자들에게도 순종하고 존경할 것을 요구하는 새로운 행동을 그리스도인 사환들에게 촉구하였다. '까다로운'은 헬라어 스콜리오스(σκολιός: 문자적 의미는 '구부러진', '똑바르지 못한')를 번역한 것이다. 척추 측만증을 지칭하는 의학 용어 '스콜리오시스'(σχολιοσις)가 바로 이 단어로부터 유래하였다.

2:19~20 베드로는 이제 부당한 고통이 일어나는 어떤 상황에서도 적용될 수 있는 원칙을 제시한다. 부당하게 고난을 받아도 인내하는 아름다운 (문자적으로는 '이는 은혜라') 동기는 하나님의 임재하심에 대한 신자의 의식적인 자각이다. 죄가 있어 매를 맞고 참으면 아무런 칭찬도 있을 수 없다. 하나님께 칭찬을 받는 것은 부당한 고난에도 존경하는 마음을 가지고 복종하는 것이다. 왜냐하면 그와 같은 행동은 하나님의 은혜를 드러내 보이는 것이기 때문이다.

2:21~22 베드로는 부당한 고통을 견디신 그리스도의 모본(模本)을 인용함으로써 사환들에 대한 자신의 권면을 강력하게 입증해 보이고 있다. 윌리엄즈 번역본은 본 절의 도입구를 "너희가 이 목적을 위하여 부름을 받았나니"(For you have been called for this purpose)로 번역함으로써, 이 목적이 선을 행하기 위하여 고난당하는 것임을 분명히 밝혀 준다. 그리스도

인은 그리스도를 따르고 그의 성품과 행위를 본받도록 부르심을 받았다 (에클레데테[ἐκλήθητε]. 참조, 1:15; 2:9). 왜냐하면 그리스도가 그들을 위하여 고난을 당하셨기 때문이다. 신약성경 전체를 통해 본 절에서만 나타나는 본(本)으로 번역된 히포그람몬[ὑπογραμμόν]: 문자적 의미는 '보증')은 학생이 재생해 내는 글씨나 그림을 의미한다. 베드로는 22절에서 이사야 53장 9절을 인용함으로써 그리스도의 모본을 묘사한다. 예수님은 그의 고난 이전이나 혹은 고난 중에도 죄를 범하지 아니하셨다(참조, 고후 5:21; 히 4:15; 요일 3:5). 그는 말과 행동에 있어서 완전히 결백하셨다: "그 입에 거짓(돌로스[δόλος]. 참조, 벧전 2:1)도 없으시며".

2:23~25 그리스도는 부당한 고통에 인내함으로 복종한 완전한 모본이셨다. 그는 "맞대어 욕하지 아니하시고 … 위협하지도 아니하셨다"(참조, 롬 12:19~20). 인간적으로 말해서, 그리스도가 잡히고 재판 받고 십자가에 처형당하셨을 때 맞대어 욕하도록 유도하는 충동이 극에 달했었다. 그렇지만 그는 자기 자신을 하나님께 맡긴 채 묵묵히 고난을 당하셨다. 베드로는 말씀 한 마디로 자신의 대적들을 완전히 파멸시킬 수 있었던 분이 왜 십자가의 고통과 수치를 끈기 있게 참으셨는지를 설명해 준다(벧전 2:24). 하나님은 그의 아들이 담당하신 우리 죄를 공정히 심판하셨다(참조, 고후 5:21). 헬라어 본문에서 우리 죄라는 구절이 본 절의 첫 부분에서 나타나며, 이렇게 함으로써 강조의 효과를 얻고 있다. 한편 '친히'는 그리스도의 개인적인 개입을 강조해 준다. 그의 죽음은 신자들로 하여금 죄의 형벌과 힘으로부터 자유하도록 해 주며, 또한 그를 위해 살도록 해 준다: "이는 우리로 죄에 대하여 죽고 의에 대하여 살게 하려 하심이라"(참조, 롬 6:2, 13). 그리스도가 고난을 당하셨다. 따라서 그리스도인들도 고난당

하는 일과 의롭게 사는 일에 있어서 그의 모본을 따라가는 것이 가능해진 것이다. 베드로는 구원에 관한 일반적인 언급을 하고 있다: "그가 채찍에 맞으므로 우리는 나음을 받았도다"(사 53:5). 이는 육체적 치유를 지칭하는 것이 아니다. 왜냐하면 동사의 과거 시제는 완결된 행위를 가리키며, 따라서 나음은 이미 성취된 사실이기 때문이다. 본 인용구가 지칭하는 것은 구원에 관련된 것이다. 그리스도의 고난(문자적으로는 '상처'; 몰로피[μώλωπι]: 채찍 맞은 자국. 예수님의 채찍질 당한 사건을 지칭했다)과 죽음은 나음, 즉 그를 자신의 구세주로 신뢰하는 모든 개개인의 구원을 다 이루셨다.

그리스도는 모본을 세웠고 구원을 제공해 줄 뿐 아니라(그릇 행하는 양 같이) 주님으로부터 멀어져 갔으나 그 후 "영혼의 목자와 감독(에피스코폰[ἐπίσκοπον]) 되신 이에게"로(돌아왔다기보다) 방향을 바꾼 자에게 인도하심과 보호하심을 베풀어 주시기도 하는 것이다. 목자와 감독은 그의 돌보심에 의탁하는 자들에 대한 그리스도의 비길 데 없는 인도하심과 관리하심을 강조한다(참조, 겔 34:11~16).

B. 가정에서의 새로운 행동(3:1~7)

베드로는 권위에 대한 존경과 복종의 원리들을 세상에서의 그리스도인의 행동으로부터 가정에서의 그리스도인의 행동으로 확장시켜 나갔다. 그는 독자들에게 복종적인 아내와 사려 깊은 남편으로서의 새로운 행위를 영위해 나가도록 촉구하였다.

1. 아내로서의 그리스도인의 행위(3:1~6)

3:1~4 '순종하라'로 번역된 분사 히포타소메나이($ὑποτασσόμεναι$: 문자적 의미는 '권위하에 있는')는 명령의 효력을 수반한다(참조, 2:18). 이 명령은 그들 자신의 남편에게 복종하라고 하는, 아내들에게 주어진 것이다(참조, 엡 5:22; 골 3:18). 이 명령은 여인들이 일반적으로 남자들에게 종속되어야 할 것을 요구한 것이 아니라 가정 내에서의 질서 기능상 자신의 남편에게 종속될 것을 요구한 것이다. 아내는 가정 내에서 하나님이 가족의 머리로 지정하신 자기 남편의 지도력하에 종속되는 자신의 위치를 받아들여야 한다. 아내는 남편이 불신자일지라도 그에게 복종해야 한다. 그렇게 함으로써 남편이 그 아내의 행실로 말미암아 구원을 받게 될지도 모르기 때문이다. 경건한 여인의 정결한 삶의 모습은 돌같이 굳은 남자의 마음도 말 한마디 하지 않고 녹일 수 있다(참조, 딛 2:5).

이러한 형태의 승리를 얻는 여인은 매력적인 사랑스러움을 소유하고 있는데, 그 사랑스러움은 외모의 치장으로부터 오는 것이 아니라 온유하고 안정한 심령의 썩지 아니할 것으로부터 온다(참조, 딤전 2:9~11). 이러한 심령의 치장은 하나님 앞에 값진 것이다. 세상은 값비싼 옷과 귀금속을 높이 평가하는 데 반해, 하나님은 온유하고 평온한 심령으로 치장한 여인을 귀하게 여기신다. 여기서 베드로는 여인들이 귀금속이나 좋은 옷을 입어서는 안 된다고 말한 것이 아니라 그리스도인 아내들은 겉치장을 진정한 아름다움의 원천으로 생각해서는 안 된다고 말한 것이다.

3:5~6 구약성경에 나타난 거룩한 부녀들의 본보기들이 베드로의 권면을 지지해 준다. 정결한 행실(2절)과 순종하는 심령(5절)은 경건한 여인의

영원히 변치 않는 아름다움과 매력의 근원이다. 사라는 자기 남편에게 순종했던 여인의 특별한 본보기로 선택되었다. 그녀는 아브라함을 주라 칭하여 순종했다. 다시 말해서 그녀는 자기 남편을 집안의 지도자요 머리로 간주했다(창 18:12). 과거 다른 거룩한 여인들과 마찬가지로 사라는 자신의 소망을 하나님께 두었다. 이러한 종류의 삶을 사는 여인들은 사라의 영적 유산이 물려지게 된다: "너희는 선을 행하고 아무 두려운(프토에신 [πτόησιν]: 공포, 신약성경에서는 여기서만 유일하게 사용되었다) 일에도 놀라지 아니하면 그의 딸이 된 것이니라."(아마도 남편의 불순종 때문에) 두려움이 있는 아내는 하나님을 신뢰하지 않는다.

2. 남편으로서의 그리스도인의 행위(3:7)

베드로는 그리스도인 남편들에게 권고하여 그들 아내들에게 두 가지 사랑의 선물을 베풀라고 한다. 즉 이해심과 귀하게 여김이다.

3:7 '지식을 따라'라고 번역된 구절 카타 그노신(κατὰ γνῶσιν: 문자적으로 '이해함으로')은 남편들이 자기 아내의 영적, 감정적, 육체적 필요들을 잘 이해하여 생각해 주어야 한다는 사실을 지적한다. 바울도 자기 아내를 보호하고 돌볼 남편의 의무에 대해 "그리스도께서 교회에게 함과 같이"라는 말로 규정해 주었다(엡 5:28~30).

남편들은 또한 자기 아내를 연약한 그릇으로 알아 귀히 여겨야 한다. 연약한(아스데네스테로[ἀσθενεστέρῳ])은 육체적 혹은 감정적 연약성을 지칭하는 것이지 지적 열등함을 뜻하는 것이 아니다. 아내들은 또한 하나님의 생명의 은혜를 함께 이어받을 자들이다. 만일 베드로가 여기서 그리스도인 아내를 가진 그리스도인 남편들을 대상으로 말한 것이라면, 생명의 은혜는 구원을 지칭하는 것일 수 있다(참조, 롬 8:17; 엡 3:6). 하지만 만일 이 권고가 구원받지 못한 아내를 가진 그리스도인 남편들에게 하는 것이라면(베드로전서 3장 1~2절이 구원받지 못한 남편과 함께 사는 아내들에게 쓰였던 것처럼) 생명의 은혜는 육체적 생명의 은혜를 함께 나누는 것을 의미할 것이다. 자기 아내에게 관심을 가지고 귀히(티멘[τιμήν]: 존대. 참조, 2:17) 여기지 않는 남편들은 그들의 기도가 응답될 것을 기대할 수 없다는 사실을 부언했다.

Ⅳ. 새로운 박해에 대한 경고 받음(3:8~4:19)

처음 두 장에서 베드로는 여러 가지 시험(1:6), 악행에 대한 비난(2:12), 어리석은 자들의 무식한 말(2:15), 그리고 부당하게 고난 받는 것(2:19) 등에 대해 언급했다. 이러한 모든 박해들은 예수 그리스도에게 신실하게 순종하는 그리스도인들에 대한 이교도 사회의 당연한 반발들로부터 초래한 것으로 보인다.

이제 베드로는 더욱 혹심한 박해와 고난의 때가 가까웠다는 사실을 경고하였다. 그는 그리스도인들에게 불의를 만날 때 깨끗한 양심을 지킬 것과 필연적으로 다가올 고난을 그리스도와 같은 용기를 가지고 견디어 나갈 것을 주의시켰다.

A. 불의를 극복함(3:8~22)

베드로는 박해가 일어날 때 불의에 대한 올바른 반응은 축복을 가져온다는 원칙을 구체적으로 설명해 보이기 위해 그리스도와 노아의 경우를 들었다.

1. 자비로운 행위(3:8~12)

3:8~12 마지막으로는 앞부분의 특정 집단들에 대한 권고들의 요약이라기보다 새로운 단원을 도입시켜 주는 말이다(참조, 빌립보서 3장 1절과 데

살로니가전서 4장 1절의 '끝으로/그러므로'). 베드로는 이제 그의 모든 독자들(너희가 다)에게 말하고 있으며, 적대적인 이교도 문화 가운데서 평화롭게 살아가는 데 필요한 실제적인 원칙들을 제시한다. 베드로전서 3장 8~9절은 뒤이어 인용될 시편 34편 12~16절에 대한 베드로의 해설이다(벧전 3:10~12). 베드로는 자신의 사상을 시편에 있는 세 가지 권고들과 관련지어 세워 간다.

첫째, 생명을 사랑하는 자는 …(먼저) 혀를 금하여 악한 말을 그쳐야 한다(3:10). 8절은 혀를 금하여 악한 말을 그친 그리스도인의 특성들을 열거한 것이다. '마음을 같이함'(호모프로네스 [ὁμόφρονες])은 '조화를 이룸'으로 번역할 수 있다. 그리스도인들은 동정하며(심파데이스[συμπαθεῖς]), 형제를 사랑하며(필라델포이[φιλάδελφοι]), 불쌍히 여기며(유스플랑크노이[εὔσπλαγχοι]. 참조, 빌립보서 2장 2절과 빌레몬서 1장 7, 20절의 스플랑크나[σπλάγχνα]), 겸손(타페이노프로네스[ταπεινόφρονες])할 것을 촉구하고 있다. 베드로전서 3장 8절에 나열되어 있는 이들 다섯 가지 특성들 중 불쌍히 여기며를 제외한 나머지 네 단어가 모두 신약성경 전체를 통해 단 한 번밖에 사용되지 않았다. 그런데 불쌍히 여기며도 두 번밖에 사용되지 않는다(본 절과 엡 4:32). 이 독특한 단어군은 거짓(돌론[δόλον]. 참조, 벧전 2:1, 22)을 말하지 않는 그리스도인의 이와 같은 성품들의 중요성을 강조해 준다.

시편 34편 14절로부터 인용된 두 번째 권고는 '악을 악으로 갚지 말라'고 한 베드로전서 3장 9절에 의해 예시되고 있다(참조, 롬 12:17). '악에서 떠나는 것'(벧전 3:11)은 그릇된 처우에 대해 되갚는 일이 없어야 가능한 일이다. 예수님도 이와 동일한 사랑의 법을 가르치셨다: "누구든지 네 오른편 뺨을 치거든 왼편도 돌려 대며"(마 5:39).

셋째, 그리스도인은 악을 되돌려 갚기보다는 화평(에이레넨[εἰρήνην]. 참조, 벧전 1:2; 5:14)을 구하며 따라야(시 34:14) 한다. 화평은 모욕을 당하였을 때 축복을 빌어 줌으로써(벧전 3:9) 얻어진다. 여기서 복(율로군테스[εὐλογοῦντες])은 어떤 사람에 대해 좋은 말을 해 주는 것을 의미한다. 이는 14절의 '복 있는'(마카리오이[μακάριοι]: 행운의. 참조, 4:14; 마 5:3~11)이라는 단어와 다르다. 예수님은 "너희를 박해하는 자를 위하여 기도하라"(마 5:44)고 말씀하셨고, 바울은 "모욕을 당한즉 축복하고"(고전 4:12)라고 말했다. 이는 그리스도인이 화평을 추구해야 하는 자비로운 방법이다. 결과적으로 신자들은 복을 이어받게 된다(벧전 3:9. 참조, 1:4; 3:7). 왜냐하면 주의 눈은 의인을 향하시고 그의 귀는 의인의 간구에 귀 기울이시기 때문이다(12절). 주의 눈과 귀는 비유적 표현으로 인간의 육체적 특성들을 하나님께 돌리는 일종의 의인법이다. 여기서 동원된 비유들은 하나님의 빈틈없으신 감시 감독과 그의 백성의 필요에 대한 주의 깊은 관심을 강조한다.

2. 깨끗한 양심(3:13~22)

하지만 신자들의 평화롭게 살고자 하는 갈망과 선행을 하고자 하는 열심에도 불구하고 박해가 일어났다. 베드로는 무고한 고난에 대한 올바른 반응은 축복을 가져온다는 사실을 지적함으로써 그의 독자들을 격려해 주었다. 13~17절에서 이 원칙을 제시한 후 18~22절에서는 그 실례들을 제시한다.

3:13~14 "누가 너희를 해하리요?" 문맥상 베드로의 질문은 거의 수

사에 가깝다. 비록 대적들이 육체적 고통과 물질적 어려움을 통하여 열심으로(젤로타이[ηλωταί]: 문자적으로 '열심당') 선을 행하려 하는 자들을 괴롭힌다 할지라도, 그리스도에게 속한 자들에게는 실질적으로 아무런 해도 끼치지 못한다. 따라서 비록 고난이 생긴다 할지라도 그리스도인들은 복 있으며, 따라서 두려워하지 말아야 한다. 여기서 '복 있는'으로 번역된 마카리오이(μακάριοι. 참조, 4:14)는 예수님에 의해 사용되었다(마 5:3~11). 문맥상 '복 있다'는 '기쁨을 누리다'라는 뜻이 아니라 '대단한 특권을 누리다'라는 뜻이다. 그리스도인들은 사람들이 그들에게 행할 수 있는 것들을 두려워해서는 안 된다(참조, 마 10:28). 문맥상 베드로전서 3장 14절은 사람보다는 하나님을 두려워하라는 권고의 일부인 이사야 8장 12절을 인용함으로써 그 결론을 내린다.

3:15 그리스도인들은 자신의 마음에 그리스도를 주로 삼아야 한다. 알렉산더 메클레런(Alexander Maclaren)은 다음과 같이 기록하였다: "'주께서 나의 생명의 힘이시오'라고 말할 수 있는 자만이 '내가 누구를 두려워하리요?'라는 말을 할 수 있다"(*Expositions of Holy Scriptures*, 16:42). 그리스도인은 그리스도를 주(퀴리온[κύριoμν])로 삼아 거룩하게(하기아사테[ἁγιάσατε]: 다른 사람들로부터 분리시키다) 하여 두려움을 극복해야 한다. 그 결과 그리스도인은 그리스도를 향한 자신의 소망에 관한 이유(아폴로기안[ἀπολογίαν]: 판사 앞에서 피고인이 벌이는 변호. 참조, 행 22:1; 25:16)를 … 항상 준비(헤토이모이[ἕτοιμοι]: 준비된. 참조, 1:5)해야 한다. 그와 같은 구두변론은 자신들의 구별된 행동과 일치를 이루어야 한다.

3:16 신자의 증언은 거만한 태도로 행해져서는 안 되며 온유와 두려움(포보스[φόβος]: 여기서는 공포의 의미로 사용. 반면에 7절의 '아내를 귀히 여기다'에서는 티메[τιμη: 존경하다]로 번역되었다)으로 행해져야 한다. 박해에 직면해서도 두려워하지 않는 그리스도인들은 그리스도에 대한 자신들의 신앙을 공손히 증거할 수 있다. 그러고서 그들은 선한(아가덴[ἀγαθήν]: NIV는 깨끗한(clear)으로 번역했다) 양심(시네이데신[συνείδησιν]. 참조, 2:19; 3:21)을 지켜야 한다. 베드로는 아마도 그 자신이 두려움 때문에 온유하지도 않고 경의를 표하지도 못하는 말로 그리스도를 부인했던 일을 은연중에 의식하고 있는 듯하다.

부당하게 고난을 받아도 선한 양심을 지키는 그리스도인들은 "그리스도 안에 있는 너희의 선행을 욕하는 자들로" 부끄러움을 당하게 한다. 다시 한 번 베드로는 부당한 형벌과 박해에 대항하는 그들의 최상의 변론이 선한 행실이라는 사실을 지적함으로써 독자들을 격려하였다.

3:17 하지만 베드로는 선을 행함으로 고난 받는 것이(참조, 1:6; 2:15; 4:16, 19) 그들에 대한 하나님의 뜻(델레마[θέλημα]. 참조, 2:15; 4:2, 19)일지도 모른다는 사실을 지적한다. 그가 앞에서 말한 바와 같이, 이는 하나님 앞에 아름다우니(2:20) 따라서 악을 행함으로(받을 만한) 고난을 받는 것보다 낫다(참조, 2:14). 베드로전서 3장 17절은 2장 15, 19~20절의 효과적인 요약이다.

3:18 18~22절에서 베드로는 13~17절에서 제시한 원칙들을 상세히 설명해 나간다. 그리스도가 다시 한 번 완전한 모본을 제공해 주신다. 그는 올바른 일을 함으로써 고난을 받으셨다(2:14). 그의 죄 없는 삶은 사악한 자

들의 불의한 적개심을 불러일으켰다. 하지만 그는 사람들을 두려워하지 않았고 대신에 자기 자신을 하나님에게 의탁하셨다. 그리스도는 자신의 목적을 분명히 언명하였으며 행동 방침에 따라 실행에 옮기셨다. 그는 인류를 대신하여 죽었고 그의 양심을 깨끗하게 지키셨다(참조, 2:23). 그 결과 주님은 부활과 승천을 통해 엄청난 축복과 보상을 받으셨다.

J. M. E. 로스(J. M. E. Ross)는 다음과 같이 기록했다: "18절은 신약성경에서 제시된 예수님의 십자가의 의미에 대한 가장 짧고 간략한, 그러면서도 가장 풍부한 요약들 중의 하나다"("The First Epistle of Peter", in *A Devotional Commentary*. London: Religious Tract Society, n, d., p. 151-52). 그리스도가 죄를 위하여 죽으셨다(참조, 2:21, 24). 죄를 위하여(페리 하마르티온[περὶ ἁμαρτιῶν])라는 구절은 70인역에서 속죄제와 관련하여 사용되었다. 그러나 단번에(참조, 롬 6:10; 히 9:26, 28; 10:10)는 구약성경의 매년 속죄일마다 드리는 제사와 대조되고 있는 것이 분명하며, 그리스도의 죽음의 완전한 효력을 선포해 준다. 그리스도의 죽음의 대속적 성격은 의인으로서 불의한 자를 대신하셨으니(디카이오스 히페르 아디콘[δίκαιος ὑπὲρ ἀδίκων])라는 구절에 의해 시사되고 있다. 의인(디카이오스 [δίκαιος])이신 그리스도는 불의한 자(아디콘[ἀδίκων])를 위한(히페르[ὑπέρ]: ~을 위해, ~을 대신해서 혹은 ~대신해) 대속물이다. 그리스도의 희생 제물의 죽음에 대한 하나님의 목적은 백성을 하나님 앞으로 인도하려 하심, 즉 인간과의 화목이었다.

베드로는 그리스도의 부활을 언급함으로써 구원 사역에 대한 요약을 마쳤다. 비록 그리스도가 육체(사르키[σαρκί])로는 죽임을 당하였으나 영으로는 살리심을 받으셨다. '영으로는'으로 번역된 프뉴마티(πεύματι)는 그리스도의 부활의 대리자로서 삼위일체의 제3위 성령을 지칭하는 것일 수 있다. 아니면 그것은 그리스도의 인간적 육체에 대조되는 그의 인간적 영을 지칭하는 것일 수 있다(참조, 벧전 4:6).

3:19~20 "그가 또한 영으로 가서 옥에 있는 영들에게 선포하시니라"라는 말씀은 많은 해석들을 유발시켜 왔다. 어떤 이들은 베드로가 여기서 언급하는 것은, 그리스도의 죽으심과 부활 사건 중간에 홍수 이전에 살았던 자들에게 두 번째 구원의 기회를 주기 위해 그리스도의 영이 하데스로 내려가신 사건이라고 믿는다. 하지만 이러한 해석은 아무런 성경적 지지를 얻지 못한다.

다른 사람들은 이 구절이 그리스도가 십자가에 달린 후 베드로후서 2장 4~5절에서 언급된 옥에 갇힌 타락한 천사들에게 자신의 승리를 선포하기 위해 지옥으로 내려가신 사건을 지칭한다고 말한다. 그들은 그 타락한 천사들을 모세가 기록하였던 '하나님의 아들들'(창 6:1~2)과 동일시한다. 많은 사람들이 이 견해를 가능한 해석으로 인정하지만, 문맥상 천사들보다는 인간들에 관한 언급으로 보인다.

영들(프뉴마신[πνεύμασιν]): 보통은 초자연적 존재들에 적용되지만 최소한 한 번은 인간의 영들을 지칭하는 데에도 사용되었다. 참조, 히 12:23)은 베드로전서 3장 20절에서 노아가 방주 짓기를 다 마칠 때까지 '하나님이 오래 참고 기다리실 때에 복종하지 아니하던 자들'로 묘사되고 있다. 그들은 방주가 지어지던 120년 동안 하나님의 메시지에 대항하여 반역했다. 하나님은 사람들의 사악함을 영원히 묵과하지 않을 것이라고 선언했지만, 인내심으로 120년 이상을 연장하셨던 것이다(창 6:3). 노아를 제외한 전 인류가 사악했기 때문에(창 6:5~9), 하나님은 "내가 창조한 사람을 내가 지면에서 쓸어버리겠다"고 결정하셨다. 베드로전서 3장 20절에서 언급되고 있는 '영들'은 아마도 노아 시대 때 존재했던 사악한 인류의 영들일 것이다. 그 '영들'이 이제 말세에 하나님의 마지막 심판을 기다리며 옥에 갇혀 있는 것이다.

그러나 그리스도가 언제 이 영들에게 전파하셨는지에 관련된 문제가 남아 있다. 그리스도의 부활에 대한 베드로의 설명(3:18)은 성육신 이전의 그리스도가 노아 안에 실제로 임재해 있었으며, 그를 통해 성령으로 사역하셨다는 사실을 영으로 되새겨 주었다. 베드로(1:11)는 구약시대 선지자들 가운데 있었던 그리스도의 영에 대해 언급했었다. 후에 그는 노아를 오직 의를 전파하는 자로 묘사했다(벧후 2:5). 베드로가 이 편지를 쓸 당시에는 마지막 심판을 기다리며 옥에 있는 영들, 즉 경건치 못했던 인간들에게 그리스도의 영이 노아를 통해 말씀하셨던 것이다.

이러한 해석은 이 부분(벧전 3:13~22)의 일반적인 주제와도 잘 들어맞는 것으로 보인다. 즉 부당하게 박해를 당해도 선한 양심을 지키는 것이다. 노아는 하나님 앞에서 깨끗한 양심을 지키기 위하여 행동 방침에 헌신함으로써 혹심한 조롱거리가 되는 수모를 감수했던 자의 모본으로 제시되고 있다. 노아는 사람을 두려워하지 않았고, 하나님께 순종하였으며, 하나님의 메시지를 선포하였다. 부당하게 고난을 받으면서도 깨끗한 양심을 가진 노아에 대한 보상은 자기 자신과 그의 가족의 구원이었다. 그들은 홍수로부터 안전하게 구출을 받았으니, 즉 "물로 말미암아 구원을 얻었다."

3:21 이(호[ὁ]: 관계대명사—여기서는 '물'이 선행사이다) "물은 예수 그리스도께서 부활하심으로 말미암아 이제 너희를 구원하는 표니 곧 세례라"(밥티스마[βάπτισμα]). 세례는 한 사람의 과거 생활과의 완전한 단절을 뜻

한다. 홍수가 죄된 옛 세상을 쓸어버렸듯이, 세례도 한 사람이 자신의 죄된 과거 삶에서 벗어나 그리스도 안에서의 새로운 삶으로 들어가는 것을 의미한다. 베드로는 그 자신이 13~17절에서 제시하였고, 18~20절에서 예를 들어 설명했던 원칙을 이제 그의 독자들에게 적용하고 있다. 그는 그들에게 세례를 통하여 공중 앞에서 그리스도에 대한 입장을 밝힘으로써 사태의 추이에 그들 자신을 맡기는 용기를 가지라고 권면하였다. 공적인 세례 의식은 박해를 모면하기 위해서 선한 양심을 저버리려는 유혹으로부터 그들을 구원해 줄 것이다. 1세기 그리스도인에게 세례는 결과에 상관없이 그리스도에게 헌신함으로써 주님만을 따를 것이라는 사실을 의미했다.

세례는 죄로부터가 아니라 더러운 양심으로부터 구원시켜 준다. 베드로는 세례라는 것이 단순히 육체적으로 정결케 하는 의식 행위에 불과한 것이 아니요(알라[ἀλλά]: 강력한 대조를 이루게 해 주는 접속사) 하나님을 향한 선한 양심(시네이데세오스[συνειδήσεως]. 참조, 16절)의 간구(에페로테마[ἐπερώτημα]: 선언 혹은 호소라고도 번역될 수 있음. 참조, NIV와 NASB)라고 말한다. 세례는 그리스도를 구세주로 신뢰한 자의 마음과 삶에서 이미 일어나고 있는 일에 대한 표징이다(참조, 롬 6:3~5; 갈 3:27; 골 2:12). 구원의 원천을 완전히 분명하게 하기 위하여 베드로는 예수 그리스도께서 부활하심으로 말미암아라는 구절을 더하고 있다(참조, 벧전 1:3).

3:22 그리스도의 부활에 대한 언급은 베드로의 생각을 그가 처음에 들었던 모본으로 돌아가게 해 주었다. 그래서 그는 본제로부터 벗어난 논제를 결말짓고 그의 첫 번째 모본을 통한 설명을 그리스도가 받은 보상과 복에 대한 언급과 더불어 완결짓는다. 베드로는 그리스도의 육체적 승

천 사건을 목격했기 때문에(참조, 막 16:19; 눅 24:51; 행 1:6~11), 그는 자신 있게 그리스도가 하늘에 오르셨다고 기록했다. 그리스도의 신실하심에 대한 보상은 그가 만유 위에 높임을 받으신 사건에서 나타난다. 그는 하나님 우편에(참조, 시 110:1; 히 1:13; 8:1; 10:12; 12:2), 즉 최고로 존귀한 자리에 좌정하고 있으며, 모든 창조물을 지배하고 통치하신다(참조, 골 1:15~16; 2:14~15).

B. 고난을 견딤(4장)

4장은 오래 참으라는 베드로의 격려의 심장부를 구성한다. 여기에는 고난을 겪으신 그리스도의 모본에 기초한 실천적 교훈들이 제시되고 있다. 고난을 견디기 위하여 그리스도인들은 자기 자신을 그리스도와 같은 용기로 무장하고, 그리스도와 같은 봉사함으로 서로 섬기며, 그리스도와 같은 믿음으로 자기 자신을 하나님께 맡겨야 한다.

1. 그리스도와 같은 자세(4:1~6)

고난 중에도 적절한 행동을 유지해 나가기 위해서는, 그리스도인들은 자신이 하나님 앞에서 영원히 살리라는 사실을 앎으로써 현재의 삶을 하나님의 뜻에 따라 살아가는 그리스도와 같은 자세를 유지해 나가는 것이 필요하다.

4:1 그러므로(운[οὖν]: 추론 접속사) 베드로는 3장 18절의 그리스도의 고난에 대한 언급으로 돌아가 부당하게 받은 고난 중에도 오래 참는 원칙들을 독자들이 당면한 상황에 적용시켰다. 그는 신자들에게 그리스도가 고난당할 때 보여 주셨던 것과 같은 용기 있는 마음가짐과 자세로 갑옷을 삼을 것을 촉구했다. 갑옷을 삼으라(호플리사스데[ὁπλίσασθε]: 신약성경에서는 여기서만 사용되고 있다)는 갑옷을 입은 군인(참조, 엡 6:13)을 지칭한다. 그리스도인들은 군인이 자기 갑옷을 입을 때와 동일한 주의력과 관심을 가지고, 박해를 맞이하기 위해 그리스도의 마음(엔노이안 [ἔννοιαν]: 문자적 의미는 '생각'; 히브리서 4장 12절에서만 다시 한 번 사용되었을 뿐이다), 즉 하나님의 뜻을 수행하리라는 확고한 결심을 갖추어야 한다.

그리스도와 같은 마음(혹은 자세)으로 갑옷을 삼는, 즉 그리스도와의 동일시는 또한 그리스도의 고난과 죽으심에도 동참하는 것을 의미한다. 그리스도께서 이미 육체의 고난을 받으셨으니 신자도 육체의 고난을 받는다. 이와 같은 방법으로 고난을 당한 사람은 죄를 그쳤음이니, 다시 말해서 그가 그리스도와 동일시되었다는 사실은(세례가 그렇게 하는 것과 마찬가지로) 죄악 된 세상과의 결별을 나타내 보여 준다. 그리스도의 죽음 때문에 "다시는 우리가 죄에게 종 노릇 하지 아니하려 함이니 이는 죽은 자가 죄에서 벗어나 의롭다 하심을 얻었음이라"(롬 6:6~7).

4:2 그 후로 그리스도의 마음가짐을 이어받은 그리스도인들은 자기 자신을 죄에 대해 죽은 것으로 간주하였다. 그들은 사람의 정욕을 따르지 않고 하나님의 뜻을 따라 인생의 남은 때를 산다(참조, 2:15; 3:17; 4:19).

4:3 그리스도인들은 하나님의 뜻 안에서 현재를 위해 살도록 권고받았다. 왜냐하면 옛 습성들은 지나간 때의 일이기 때문이다. 베드로는 무뚝뚝한 어조로 그리스도인들은 이방인의 뜻을 따라 행한 것(불레마 톤 에드논[βούλημα τῶν ἐθνῶν]: 문자적으로는 '이방인들의 열망'), 즉 음란과 정욕과 술취함과 방탕과 향락과 무법한 우상 숭배(참조, 갈 5:19~21)를 하면서 허비한 세월들로부터 단호히 결별해야 한다는 사실을 강조하였다. 이 권고는 아마도 추악한 죄 중에 살았던 이방인 그리스도인들에게 큰 충격을 주었을 것이다.

4:4 그리스도인들은 과거에 친했던 자들이 이제는 박해자가 되었기 때문에, 하나님을 위하여 현재를 살아야 한다. 하나님을 믿지 않던 자들은 한 때 그들과 같았던 자들의 변화된 삶에 진정으로 놀란다. '저희는 그것을 이상히 여긴다'(크세니존타이[ξενίζονται]; 크세노스[ξένος: 낯선 자]로부터 온 단어. 참조, 12절). 이와 같이 변화된 삶은 복음을 거부하는 자들에게서 적개심을 불러일으킨다. 결국 그들은 신자들을 비방한다(블라스페문테스[βλασφημοῦντες]: 문자적으로는 '모독하다').

4:5 자신들의 삶을 방탕과 우상숭배에 허비한 자들은 언젠가 사실대로 고할(아포도수신 로곤[ἀποδώσουσιν λόγον]: 문자적으로는 '말을 되돌려 주다'. 참조, 마 12:36; 눅 16:2; 행 19:40; 히 13:17) 것이다. 베드로는 이러한 자들이 언젠가는 심판하기로 예비하신(즉, 원하시는) 자를 직접 대면해야 된다는 점을 경고하였다. 그리스도가 산 자(존타스[ζῶντας])와 죽은 자(네크루스[νεκρούς])를 심판하러 오실 때, 그 누구도 자신이 지상에서 살면서 행했던 말과 행동에 대한 마지막 심판을 면하지 못할 것이다(참

조, 행 10:42; 롬 14:9; 살전 4:15; 딤후 4:1).

4:6 이를 위하여(왜냐하면 각 사람마다 하나님께 사실대로 고해야 하기 때문에) 죽은 자들에게도 복음이 전파되었다. 이 죽은 자들이 어떤 자들을 지칭하는가와 관련해서 다음 세 가지 해석이 제안되어 왔다: (a) 영적으로 '죄 가운데서 죽은' 자들 (b) 복음을 듣고 믿었으나 그 이후 죽은 자들 (c) 복음을 듣거나 믿은 적이 없이 죽은 자들. 바클레이(Barclay)는 3장 19절이 그리스도의 죽은 자들에 대한 설교를 지칭하는 것으로 가정하여 세 번째 해석을 택했다. 결국 그는 여기에 복음을 듣는 두 번째 기회에 대한 깜짝 놀랄 만한 일견이 있었다고 믿었다. 하지만 이러한 해석은 성경에서 말하는 증거도 갖지 못할뿐더러 정통 기독교 신조와도 상반된다(참조, 5절).

5절과 대조적으로 6절에서 베드로는 예수 그리스도의 복음을 듣고서 믿은 자들은 그들의 죄에 대한 심판을 직면하기보다 오히려 전혀 다른 미래를 맞이했다는 사실을 지적해 줌으로써 그의 독자들을 격려하고 있다. 그들의 죄에 대한 형벌은 십자가상에서 그리스도에 의해 지불되었기 때문이다. 죄가 마지막으로 지상에서 끼치는 영향력은 육체적 죽음이다. 신자들은 아직까지도 육체적으로 죽는다. 그들은 육체로는 심판을 받으나(1절의 이생에서 '육체의 고난을 받는다'는 언급을 참조하라) 그리스도인들에게는 육체적 죽음이 심판으로 이어지는 것이 아니라 영생으로 이어진다. 그들은 영으로는 사는 것이다. 그리스도와 같은 자세로 무장한 자들은 그리스도 앞에서 영원히 살 것이다.

2. 그리스도와 같은 봉사(4:7~11)

고난을 참도록 하는 격려는 신자의 미래에 대한 소망으로부터만이 아니라 그리스도의 몸 안에 있는 자들에 대한 그리스도적인 섬김으로부터도 나온다.

4:7 "만물의 마지막이 가까이 왔으니"(엥기켄[ἤγγικεν]: 이와 동일한 형태가 야고보서 5장 8절에서 재림을 지칭하는 데 사용되고 있다). 베드로는 죽은 그리스도인들에 대해 언급한 후(벧전 4:6) 교회를 위해 그리스도가 곧 다시 오시리라는 사실을 언급하고 있다. 남은 때가 얼마 되지 않는다는 사실은 예수 그리스도를 위해 살고 또한 그를 섬기는 데 좋은 자극제가 된다(2절). 그 결과 그리스도인들은 정신을 차리고(소프로네사테[σωφρονήσατε]: 문자적으로는 '건전한 정신을 갖추다'. 참조, 막 5:15) 근신하여야 하며(네프사테[νήψατε]: 문자적으로는 '술 취하지 않다'. 참조, 벧전 1:13; 5:8) 그러므로 기도할 수 있어야 한다(참조, 엡 6:18). 박해 중에 큰 비중을 차지하게 되는 이 기도는 하나님과의 사이에 분명하고 분별력 있으며 침착하게 나누는 대화여야 한다.

4:8~9 "뜨겁게 서로 사랑할지니"(아가펜 … 에콘테스[ἀγάπην … ἔχοντες]). 뜨겁게(엑테네[ἐκτενῆ]:팽팽하게 혹은 긴장하여)는 경주에 이기기 위해 긴장한 육상 선수의 긴장된 근육을 묘사하는 데 사용된다(참조, 1장 22절의 '엑테노스'[ἐκτενῶς]). 그리스도인의 다른 사람들에 대한 이타적 사랑과 관심은 다른 사람들의 복지를 위해 희생하면서까지 베풀 정도로 적극적이어야 한다. "사랑은 허다한 죄를 덮느니라"(칼리프테이

[καλύπτει]: 문자적으로 '숨기다'). 이러한 종류의 열심히 노력하는 사랑은 다른 사람들의 약점을 분별할 판단력을 상실해서가 아니라 오히려 약점들이 잘 보이지만 용인해 주는 것이다(참조, 잠 10:12; 고전 13:4~7). 그리스도인의 사랑은 여행하는 자들에게 음식과 잠자리를 거저 제공하고 대접하기를(필로크세노이[φιλόξενοι]: 문자적으로 '나그네들에게 친절함') 원망 없이 하는 것으로 표현될 수 있다. 대접은 박해로 인해 새로운 지방으로 여행하지 않을 수 없었던 그리스도인들에게는 특별히 고마운 일이었다.

4:10 신자들은 자신들의 영적 은사들을 부지런히 활용해야 한다. 각 은사(카리스마[χάρισμα])는 다른 사람들에게 봉사하는 데(참조, 디아코눈테스[διακονοῦντες]; 디아코노스[διάκονος: 집사]) 혹은 섬기는 데 사용되어야 한다. 선한 청지기 같이(호스 칼로이 오이코노모이[ὡς καλοί οἰκονόμοι])는 NIV에서 '충실하게 관리함으로써'(faithfully administering)로 번역되기도 했다. 청지기란 집안일을 맡아 관리하는 자로서 자신의 재산은 없지만 주인의 재산을 주인의 뜻과 지시에 따라 분배하는 일을 담당했다. 은사(카리스마)는 하나님의 은혜로부터 나온다. 하나님의 은혜는 신자들이 자신의 영적 은사들을 서로를 위한 봉사에 사용함으로써 하나님의 교회에 드러나게 된다. 하나님의 은혜는 여러 가지(포이킬레스[ποικίλες]: 베드로가 시련들이 폴로이킬로이스[ποικίλες], 즉 여러 가지라고 한 1장 6절을 참조하라. NASB는 'manifold'라고 번역했다)이다. 다시 말해서 하나님의 은사는 갖가지이며 다양한 종류로 이뤄져 있고 변화무쌍하다.

4:11 베드로는 그리스도인 봉사자들을 두 가지 일반 범주로 나누었다.

하나는 말하는 자(랄레이[λαλεῖ])이고 다른 하나는 봉사하는 자(디아코네이[διακονεῖ]. 참조, 10절)이다. 이것은 하나님을 섬기는 지도자들이 사역의 기능들을 나누었던 분류와 관련되어 있다(행 6:2~4). 이들 두 가지 일반 사역의 기능들은 자주 겹친다. 두 부류 모두 하나님의 은혜로운 예비하심에 의지해서 그 기능을 발휘한다. 하나님의 말씀(참조, 행 7:38; 롬 3:2; 히 5:12)과 힘(이쉬오스[ἰσχύος: 능력])에 의존하는 이유는 하나님이 예수 그리스도를 통하여 영광을 받으실 것이기 때문이다. 그리스도의 이름을 언급하면서 베드로는 하나의 축도로서 적절한 찬양의 말을 발하였다. "그에게 영광과 권능(크라토스[κράτος]: 힘)이 세세에 무궁하도록 있느니라 아멘"(참조, 베드로전서 5장 11절의 유사한 축도). 그리스도인의 사역에 대한 영광과 찬송은 그리스도께 돌려야 한다.

3. 그리스도와 같은 믿음(4:12~19)

소아시아에 있는 그리스도인들이 곧 직면하게 될 고난들을 내다보면서, 베드로는 그의 독자들에게 그리스도와 같은 믿음으로 고난을 견딤으로써 그들이 그리스도와 더욱더 일체감을 느끼게 되고 복을 받으며 하나님을 완전히 신뢰할 수 있도록 격려했다.

4:12 베드로는 그의 독자들에게 앞으로 닥쳐올 보다 격렬한 박해의 때에 대해 경고하였다. 그는 또다시 정신적 무장에 대해 강조하였다(참조, 1:13; 4:7): "너희를 연단하려고 오는 불 시험을 이상한 일 당하는 것 같이 여기지 말라"(크세니제스데[ξενίζεσθε: 아연하게 되다. 참조, 4절). NASB는 '너희를 연단하려고 오는 불 시험'을 '너희 중에 있는 불같은 호된 시련'으로

번역하고 있다. 문자적으로는 '너희 가운데 타는'으로 번역될 수 있다. 동사 피로세이(πύρωσει)는 퓨루([πυρόω]: 불타다)에서 파생된 단어이다. 그 의미는 문맥이 거의 유사한 1장 7절에서처럼 비유적일 것이다. 또한 네로의 박해라는 역사적 사건에 적용될 수 있는 가능성도 충분하다. 그리스도인들은 로마에 불을 질렀다는 비난을 받았다. 일부 그리스도인들은 아스팔트로 덮힌 뒤 밤에 산 채로 황제궁의 정원을 밝히는 횃불로 사용되었다. 베드로는 지방 관리들도 황제의 본을 따서 소아시아에 있는 그리스도인들을 화형에 처할지도 모른다고 믿었을 것이다. 그리스도인들은 그와 같은 박해를 이상한 일(크세누[ξένου]) 당하는 것 같이 이상히 여겨서는 안 된다.

4:13 "오히려 너희가 그리스도의 고난에 참여하는(코이노네이테[κοινωνεῖτε]: 코이노네오[κοινωνέω: 나누어 가지다]로부터 온 단어. 이와 관련된 명사들은 코이노니아[κοινωνία: 교제, 가까운 관계, 친교]와 코이노노스[κοινωνός: 참여할 자]이다. 참조, 5:1) 것으로 즐거워하라". 그리스도를 위한 고난은 즐거움을 가져온다. 왜냐하면 고난을 통해 그리스도인들은 그리스도와 더 깊은 일체감을 갖게 되기 때문이다. 그리스도의 고난에 참여하는 것은 (a) 그리스도와 함께 기뻐하고(1장 6절에서는 '크게 기뻐하다'로 번역되었다) (b) 그와 함께 교제를 나누며(빌 3:10) (c) 그와 함께 영화롭게 되고(롬 8:17) (d) 그와 함께 통치하는(딤후 2:12) 결과를 가져온다. 신약성경은 그리스도의 고난에 동참한 자들이 그의 영광을 나타내실 때(아포칼립세이[ἀποκαλύψει]) 그의 영광에도 동참하리라는 사실을 분명하게 제시해 주고 있다(참조, 벧전 1:7; 5:1). 베드로는 이 진리를 박해를 당하는 동안 가져야 할 미래의 소망과 현재의 기쁨의 이유로 제시하였다.

4:14 베드로는 예수님의 가르침(마 5:11)을 또다시 언급한다. 만일 그리스도인이 그리스도의 이름으로 치욕을 당하면(참조, 벧전 3:9), 그는 복 있는 자(마카리오이[μακάριοι]. 참조, 3:14)로 간주되어야 한다. 우리가 그리스도를 위해 당하는 고난은 모두 형벌이 아니라 특권이다. '영광의 영 곧 하나님의 영'(참조, 사 11:2; 마 3:16)은 그리스도의 이름으로 그 정체가 밝혀짐으로써 고난을 당하는(참조, 벧전 4:16) 모든 자들 안에 내주하시는 성령을 지칭한다.

4:15 베드로는 박해가 범법적 행위들에 대한 변명이 되지 못한다는 사실을 강조했다. 그리스도인들은 보복을 해서는 안 된다(3:9). 육체적 폭력을 살인 행위로 반응해서도 안 된다. 재산의 몰수가 도둑질로 보상되어서는 안 된다. 어떤 시련이 닥쳐온다 할지라도 그리스도인들은 그들을 범죄자로 처벌하려는 자들에게 구실을 내주어서는 안 된다(참조, 2:19; 3:17). 그들은 살인이나 도둑질이나 악행이나 남의 일을 간섭하는 자로 고난을 받아서는 안 된다. 남의 일을 방해하는 것조차도 그리스도인들에게는 허용되지 않는다(참조, 딤전 5:13).

4:16 만일 죄인으로서가 아니라 그리스도인으로서 고난을 받으면 부끄러워하지 말아야 한다. 오히려 '그 이름'은 하나님을 찬양할 원천이 되어야 한다. 왜냐하면 그 이름을 소유한 자를 구원의 축복을 소유한 자로 확인해 주기 때문이다(참조, 11절). '그리스도인'(크리스티아노스[χριστιανός])이라는 용어는 신약성경 전체를 통해 세 번밖에 사용되고 있지 않다(본 절과 행 11:26, 26:28). 이것은 비신자들에 의해 하나의 모욕으로서 사용되었던 것으로 보인다.

4:17~18 베드로는 박해와 고난을 하나님의 뜻에 따라 대처하기만 하면 (3:17) 신자의 믿음을 연단시키고 증명해 주는(1:6~7) 시련들로 언급했었다. 이제 그는 박해를 하나님의 집(혹은 가족)에 속한 자들의 삶을 성결하게 하는 훈련을 위한 심판으로도 허용하신다는 사실을 덧붙인다. 만일 신자들이 훈련을 위한 지상에서의 심판을 필요로 한다면('만일 우리에게 먼저 하면'은 전제의 사실성을 가정하는 최우선 조건이다), 하나님의 복음을 순종하지 아니하는(참조, 2:7) 경건하지 아니한 자와 죄인은 얼마나 더 많은 영벌의 심판이 있겠는가? 하나님의 자녀들에 대한 주님의 징계 요구를 강조하기 위하여 베드로는 잠언 11장 31절의 70인역 번역을 인용하여, '의인이 겨우 구원을 받으면'이라고 했다. 삶의 흥망성쇠는 하나님의 지속적인 돌보심의 한 부분이지만, 그러나 인간의 관점에서 볼 때 훈련은 언제나 고되다. 베드로는 구원이 개인적인 시련이나 행함을 통해 얻어진다는 것을 가르치는 것이 아니라 단지 구원함을 받은 자들이라도 죄의 당연한 결과들인 이생에서의 훈련을 위한 심판들을 면제받지는 못한다는 사실을 가르치고 있을 뿐이다. 히브리서 기자 역시 베드로의 이러한 가르침을 지지해 준다. "너희가 참음은 징계를 받기 위함이라 하나님이 아들과 같이 너희를 대우하시나니 어찌 아버지가 징계하지 않는 아들이 있으리요"(히 12:7).

4:19 신자들은 만일 그들이 아무런 죄도 저지르지 않았는데도 단지 그리스도의 이름을 소유했다는 이유로 고난을 받는다면, 그들이 하나님의 뜻대로 고난을 받는 것으로(참조, 2:15; 3:17; 4:2) 확신할 수 있다. 베드로는 고난을 당하는 성도들에게 그리스도와 같은 믿음을 실천함으로써 인내하라고 격려하고 있다. 그리스도가 자신을 공정히 심판하는 아버지에게 의탁하셨던 것과 같이(2:23), 신자들도 그 영혼을(프시카스 아우톤[ψυχὰ ς αυτῶν]: NIV는 그 자신들을) 미쁘신 창조주께 의탁(파라티데스도산 [παρατιθέσθωσαν]: 회계 용어로 맡기다 혹은 기탁하다. 참조, 2:15, 20)해야 한다.

V. 새로운 책임을 부여받음(5:1~11)

마지막 장에서 베드로는 어려운 때의 상황에 비추어 교회 내에서의 새로운 책임들을 강조하였다. 그는 장로들은 양을 치고, 젊은이들은 장로들에게 복종하며, 모든 사람들이 믿음에 확고히 설 것을 권면하였다.

A. 장로들은 양을 쳐야 한다(5:1~4)

베드로의 장로들에 대한 명령은 세 쌍의 부정-긍정 권고들로 나타난다. 그 권고들은 에스겔서 34장 1~16절을 반영하는데, 거기서는 거짓 목자들이 참 목자와 대조를 이룬다.

5:1 베드로는 장로들(프레스비테루스[πρεσβυτέρος]. 참조, 행 11:30; 20:17)이라는 호칭을 사용하면서 그 자신도 함께 장로된 자(심프레스비테로스[συμπρεσβυτέρος]: 동료 장로)로 신분을 밝힌다. 베드로는 장로로서의 경험에서의 우러나오는 말을 하고 있다. 그의 권위는 그가 사도요(벧전 1:1) 그리스도의 고난의 증인(마르티스[μάρτυς]. 참조, 행 3:15; 10:39)이라는 사실로부터 나온다. 또한 베드로는 자신을 나타날 영광에 참여할 자(코이노노스[κοινωνός]. 참조, 벧전 4:13)로 지칭하고 있다. 베드로는 그리스도의 고난에 동참한 자는 그의 영광에도 참여할 것이라는 것을 밝힌 바 있다(4:13). 베드로는 그리스도를 위한 자신의 고통에 대해 언급함으로써(행 5:40) 그 자신을 독자들과 더욱 동일시하였다.

5:2 '양 무리를 치라'는 명령은 예수님이 베드로에게 주셨던 명령이기도 하다(요 21:16). 포이마나테(ποιμάνατε)는 보살피라는 뜻이다. 이는 꼴을 먹이는 것 외에도, 돌봐 주고, 인도하고, 안내하고, 보호해 주는—즉, 목자가 그의 양 무리에 대해 갖는 모든 의무와 책임을 포함한다. '감독으로 봉사할 때'(에피스코푼테스[ἐπισκοποῦντες]; 개역개정에서는 번역되지 않음—역자 주)라는 분사는 감독(에피스코포스[ἐπίσκοπος]: 다른 곳에서 5회에 걸쳐 사용되었다. 빌 1:1; 딤전 3:1~2; 딛 1:7; 벧전 2:25)이라는 명사와 연관되어 있다. 감독은 장로와 서로 바꾸어 사용할 수 있는 단어로 보이며, 영적 육체적 보호권을 내포하고 있다('감독으로 봉사할 때'라는 구절이 어떤 헬라어 사본들에서는 나타나 있지 않다.)

베드로는 권고들을 대조시킴으로써 장로의 사역의 동기와 방법을 모두 제시해 준다. 장로의 동기는 자원함으로부터 나와야 하며 외부의 강요로부터 나와서는 안 된다: 억지로 하지 말고, 자원함으로 해야 한다. 사회적 혹은 경제적 압박이 하나님의 뜻을 행하고 하나님을 자유롭고 열성적으로 섬기고자 하는 순수한 동기를 대체해서는 안 된다. 더러운 이득을 위하여 하지 말고 기꺼이 해야 한다(참조, 딤전 3:8; 딛 1:7, 11). 그릇된 동기로 섬기는 목자들은 양 무리를 치되 그들 자신들을 위해 돌보며, 결국은 그들을 삼켜 버린다(겔 34:2~3).

5:3 '주장하는 자세'(카타키리유온테스[κατακυριεύοντες])로 번역된 단어에는 약한 자를 강한 자가 지배한다는 장악의 개념이 내포되어 있다(참조, 마 20:25; 막 10:42; 행 19:16). 에스겔은 거짓된 목자들에 대해 언급했다: "다만 포악으로 그것들을 다스렸도다 목자가 없으므로 그것들이 흩어지고 흩어져서 모든 들짐승의 밥이 되었도다"(겔 34:4~5). 베드로는 장로

들에게 본(티포이[τύποι]: 전형 혹은 모본)이 되어 사람들이 따를 모본으로서 봉사하라고 권고한다. 그들은 하나님의 백성을 몰아쳐서는 안 되며 성숙한 그리스도인의 성품에 대한 모본으로서 그들을 인도하여야 한다.

5:4 목자장(아르키포이메노스[ἀρχιπόιμενος])이신 그리스도는 참 목자이고(겔 34:11~16), 선한 목자이며(요 10:11, 14), 큰 목자이시다(히 13:20). 그리스도가 돌아오실 때 그의 신실한 수하 목자들은 그의 영광에(벧전 5:1) 동참할 것이며, 없어지지 않을 면류관(참조, 1:4)을 받게 될 것이다.

B. 젊은이들은 복종해야 한다(5:5~7)

이제 베드로는 그의 관심을 목자들로부터 양들에게 돌린다. 선한 지도자들은 선한 추종자들을 소유할 자격이 있다. 인도함을 받는 자들은 사람과 하나님에게 복종할 의무가 있다.

5:5 "젊은 자들아 이와 같이 장로들에게 순종(휘포타게테[ὑποτάγητε]. 참조, 3:1)하고." 교회 지도자들은 보통 나이가 든 교인들이다. 젊은 교인들은 지도자의 책임을 부여받은 자들의 권위에 기꺼이 자신을 굴복시켜야 한다. 베드로는 젊은이들과 나이 든 사람들에게 '서로 겸손으로 허리를 동이라'(엔콤보사스데[ἐγκομβώσασθε]: 옷 입으라 혹은 동이다; 엔콤보마[ἐγκόμβωμα]: 노예들이 두르던 앞치마)고 권고하고 있다. 참 겸손은 호감을 끄는 옷이다(참조, 3:8). 베드로는 아마도 그리스도가 몸소 수건을 두

르고 제자들에게, 겸손은 섬김의 선행 조건이며 섬김은 겸손의 실천이라고 가르치신 사실(요 13:4~15)을 시사하고 있는 듯하다.

베드로는 교만한 자와 겸손한 자에 대한 하나님의 다른 태도를 강조하기 위해 잠언 3장 34절을 인용하였다. 하나님은 교만한 자를 대적(문자적으로는 '대항하여 맞서다')하시되 겸손한 자들에게는 호의를 베풀며 영접하신다.

5:6~7 그리스도인들은 하나님의 태도를 알게 되면 다른 사람들에게 복종할 뿐 아니라 그들 자신을 하나님의 주권적 통치에 의도적으로 복종시키게 된다. '겸손하라'(타페이노데테[ταπεινώθετε])라는 명령은 '너희 자신을 겸손하도록 허락하라'로 번역될 수도 있다. 그리스도를 위하여 박해를 당하는 자들은 그들로 하여금 고난당하도록 허락하신, 그 동일한 능하신 손이 언젠가는 그들을 높이시리라(히프소세[ὑψώση]: 들어 올리다)는 사실에 의해 격려받을 수 있다(참조, 약 4:10).

그러고서 베드로는 산상수훈에 나타나는 그리스도의 고전적인 격려의 말씀을 언급하면서(마 6:25~32) 시편 55편 22절의 "네 짐을 여호와께 맡기라 그가 너를 붙드시고"라는 말씀을 적절히 인용했다. 신자의 모든 염려는 주께 맡겨 버릴 수 있다. 그리스도가 신자들을 권고하시기 때문에 또한 그들을 보전시켜 주신다. 그리스도인의 확신은 그리스도가 진정으로 그리스도인의 복지에 관심이 있으시다는 사실에 기초하고 있다.

C. 모든 사람이 확고히 서 있어야 한다(5:8-11)

비록 신자들이 자신들의 확신을 하나님께 두어야 한다 할지라도 부주의해서는 안 된다. 투쟁 중에 있는 그리스도인들은 깨어 있어야 하며 그리스도 자신의 도움을 얻어 강하고 변함없는 자세를 갖추어야 한다.

5:8 "근신하라"(네프사테[νήψατε]. 참조, 1:13; 4:7). "깨어라"(그레고레사테[γρηγορήσατε]. 참조, 살전 5:6, 10). 그리스도인들은 항상 깨어 있어야 한다. 왜냐하면 대적(안티디코스[ἀντίδικος]: 적대자) 마귀(디아볼로스[διάβολος]: 헐뜯는 자)가 언제나 사악한 공격을 하기 위한 기회를 열심히 찾고 있기 때문이다. 본 절은 사자들이 그리스도인들을 사납게 공격하여 집어삼켜 버렸던 로마 콜로세움에서의 네로 황제의 박해에 대한 공포를 비유적으로 표현한 것일 수 있다. 사탄은 그와 동일한 일을 영적인 차원에서 감행하여 신자들의 증거 활동을 제지하고자 하는 것이다.

5:9 마귀는 대적할 수 있으며 또한 대적해야 한다. 대적하라(안티스테테[ἀντίστητε])는 저항하다라는 의미로 야고보서 4장 7절에서도 사용된 바 있다(베드로전서 5장 8절의 안티디코스 [ἀντίδικος: 대적]를 참조하라). 이것은 공격보다는 방어와 관련된 용어다. 그리스도인들은 그들이 믿음을 굳건하게 하여(참조, 12절; 골 2:5) 그리스도에게만 전적으로 의지할 때라야 사탄에게 대항하여 굳게 설 수 있다. 베드로는 또한 그들이 자신들이 고난을 겪을 때 혼자가 아님을 상기시켜 줌으로써 그들을 격려해 주었

다. 다른 그리스도인들, 즉 세상에 있는 다른 형제들도 동일한 고난을 당하고 있다는 사실은 계속해서 굳건히 서 있으리라는 그들의 결심을 더욱 더 강화시켜 주었을 것이다.

5:10 베드로는 그의 독자들에게 하나님의 은혜가 그들의 삶에 나타날 수 있도록 고난을 견디라고 격려했었다. 이제 마지막 축복의 말 가운데서 그는 그들을 모든 은혜의 하나님께 부탁하고 있다(참조, 4:10). 축복의 내용은 베드로의 격려의 메시지를 간략하게 요약해 준다. 그리스도인들의 축복은 잠깐뿐인 데 반해, 그들이 부르심을 입은 그리스도의 영광은 영원할 것이다(참조, 롬 8:17~18; 고후 4:16~18).(이는 본 서신에서 베드로가 8번에 걸쳐서 사용하고 있는 '영광'의 마지막이다: 벧전 1:7, 11, 21, 24; 2:20; 4:14; 5:1, 10) 하나님 자신이 그들을 "온전하게 하시며 굳건하게(스테릭세이[στηρίξει]. 참조, 살후 2:17) 하시며 강하게(스데노세이[σθενώσει]: 신약성경에서는 여기서만 사용된 단어) 하시며 터를 견고하게(데멜리오세이[θεμελιώσει]: 확립된. 참조, 엡 3:17; 골 1:23) 하시리라".

5:11 "권능(크라토스[κράτος]: 힘)이 세세무궁하도록 그에게 있을지어다 아멘." 4장 11절의 축복과 비슷한 이 축복에서 베드로는 모든 권력을 언제나 소유하고 계시는 그리스도를 찬양하고 있다(참조, 롬 11:36; 딤전 6:16). 그리스도는 그의 백성이 박해를 당할 때 그들을 굳건히 해 줄 권능을 지니고 계시다.

VI. 결론(5:12~14)

5:12 바울이 그의 서신 결론부에서 자주 그러했듯이, 베드로는 마지막 몇 절들을 손수 기록했던 것으로 보인다. 실루아노는 베드로의 대필자로 봉사했으며("내가 신실한 형제로 아는 실루아노로 말미암아 너희에게 간단히 써서 권하고"), 아마도 1장 1절에 언급되어 있는 미리 정해진 경로를 따라 소아시아의 교회들에 편지를 몸소 전달했던 것 같다. 실루아노는 바울의 제2차 전도 여행에 바울과 동행했던 실라와 동일인인 것 같다(행 15:40). 권고하고(파라칼론[παρακαλῶν]: 권고하다, 호소하다. 참조, 벧전 5:1)와 증언하노니(에피마르티론[ἐπιμαρτυρῶν]: 증언을 하다) 같은 단어들을 통하여 베드로는 편지의 목적을 요약하고 있다. 그는 그리스도인들에게 박해를 견디고 굳게 서며 그렇게 함으로써 하나님의 참된 은혜(참조, 1:13; 4:10)가 믿지 않는 세상에 증거되도록 할 것을 격려하기 위해서 본 서신을 썼다. 그들은 하나님의 은혜에 굳게 서 있어야 했다(참조, 5:9).

5:13 어떤 학자들은 '바벨론'에 있는 '그녀'(개역개정은 '그녀'를 '교회'로 의역하였음—역자 주)가 베드로의 아내를 지칭한다고 제안한다(참조, 고전 9:5). 하지만 베드로가 교회들을 상대로 편지를 쓰고 있었고, 그녀가 '택하심을 함께 받았다'고 말한 점으로 미루어 볼 때, 그녀는 아마도 교회(헬라어로 여성형 명사 엑클레시아[ἐκκλησία]이다)를 지칭한 것으로 보인다. 만일 그렇다면 베드로는 바벨론에 있는 교회로부터 소아시아에 있는 교회들에게 문안을 보내고 있는 것이다. 역사적 증거들에 의하면, 베드로는 그의 생애의 마지막 기간을 로마에서 보냈다. 여기서 바벨론은 로마 교회와 베드로 자신을 네로 황제의 박해로부터 보호하기 위해 사용되었던, 로

마의 가칭일지도 모른다(하지만 다른 이들은 그가 문자 그대로 유브라데스 강 유역에 위치한 바벨론 시로부터 본 서신을 썼다고 주장한다). 베드로의 믿음 안에서의 아들 마가의 문안도 함께 보내졌다. 바울은(골 4:10) 이전에 요한 마가가 로마에 있었다고 기록하였다. 따라서 대부분의 사람들은 바나바의 사촌인 요한 마가가 베드로전서가 쓰였을 당시에 로마에 있었다는 주장에 대해 동의할 것이다. 이러한 추정은 바벨론이 로마를 지칭한다는 견해를 지지해 준다.

5:14 입맞춤에 대한 신약성경의 많은 언급들은 입맞춤이 친교와 그리스도인의 사랑의 공통적인 표현이었음을 시사해 준다(참조, 롬 16:16; 고전 16:20; 고후 13:12; 살전 5:26). 베드로는 그가 편지를 시작할 때처럼(벧전 1:2) 박해를 당할 때 평강의 왕이신 그리스도 안에 있는 모든 사람들에게 풍성하게 베풀어지는 평강(에이레네[εἰρήνη])을 위해 기도함으로써 그리스도인들을 격려하며 그의 편지를 끝맺는다.

참고문헌

- Barbieri, Louis A. *First and Second Peter*. Everyman's Bible Commentary. Chicago: Moody Press, 1977.
- Barclay, Willam. *The Letters of James and Peter*. The Daily Study Bible. Rev. ed. Philadelphia: Westminster Press, 1976.
- Bigg, Charles. *A Critical and Exegetical Commentary on the Epistles of St. Peter and St. Jude*. The International Critical Commentary. Edinburgh: T. & T. Clark, 1902.
- Blum, Edwin A. "1 Peter." In *The Expositor's Bible Commentary*, vol. 12. Grand Rapids: Zondervan Publishing Co., 1981.
- Cranfield, C.E.B. *The First Epistle of Peter*. London: S. C. M. Press, 1950.
- Johnstone, Robert. *The First Epistle of Peter: Revised Text, with Introduction and Commentary*. Edinburgh: T. & T. Clark, 1888. Reprint. Minneapolis: James Family Publishers, 1978.
- Lenski, R.C.H. *The Interpretation of the Epistles of St. Peter, St. John, and St. Jude*. Minneapolis: Augsburg Publishing House, 1966.

- Maclaren, Alexander. *Expositions of Holy Scripture*, vol. 16. Reprint. Grand Rapids: Baker Book House, 1975.
- Robertson, A.T. *Word Pictures in the New Testament*, vol. 6. Nashville: Broadman Press, 1933.
- Selwyn, E.G. *The First Epistle of Peter*. New York: Macmillan Co., 1964.
- Stibbs, Alan M. *The First Epistle General of Peter*. Grand Rapids: Wm. B. Eerdmans Publishing Co., 1959.
- Wiersbe, Warren W. *Be Hopeful*. Wheaton, Ⅲ.: Scripture Press Publications, Victor Books, 1982.
- Wuest, Kenneth S. *First Peter in the Greek New Testament for the English Reader*. Grand Rapids: Wm. B. Eerdmans Publishing Co., 1942.

Συμεὼν Πέτρος δοῦλος καὶ ἀπόστολος Ἰησοῦ Χριστοῦ τοῖς ἰσότιμον ἡμῖν λαχοῦσιν πίστιν ἐν δικαιοσύνῃ τοῦ θεοῦ ἡμῶν καὶ σωτῆρος Ἰησοῦ Χριστοῦ,
χάρις ὑμῖν καὶ εἰρήνη πληθυνθείη ἐν ἐπιγνώσει τοῦ θεοῦ καὶ Ἰησοῦ τοῦ κυρίου ἡμῶν.

The Bible Knowledge Commentary 29

2 Peter
서론

서론

본 서신은 '마지막 때에 처한 신자의 투쟁'이라는 제목을 붙일 수 있을 것이다. 사도는 베드로후서를 승리라는 주제로 시작했고, 그 주제로 끝냈다. 그러나 서신에서 그는 마지막 때의 혼란과 문제들에 둘러싸일 때 어떻게 살아갈지를 우선적으로 초점을 맞추었다. 거짓 선생들, 범죄한 천사들, 불법한 행실, 멸시하는 자들 등으로 가득 찬 풍경화를 그린 후(2:1~3:10), 베드로는 그의 독자들에게 "거룩한 행실과 경건함으로 하나님의 날이 임하기를 바라보고 간절히 사모하라"(3:11~12)고 명령했다. 어려운 때에 신실하게 사는 삶, 그것은 베드로가 이 역동적인 편지를 통하여 신자들에게 가르치고자 했던 교훈이다.

저작권과 정경성

17세기가 넘는 기간 동안, 짧지만 신랄한 본 서신은 베드로 저작권에 대한 저자 자신의 주장의 진정성을 부인하는 회의적인 학자들의 맹공을 견뎌 왔다. 1장 1절은 야고보 및 요한과 더불어 그리스도의 변형 사건에 대해 구별된 증인이었던(1:17~18. 참조. 막 9:2~7) 시몬 베드로의 이름을 포함하고 있다. 베드로는 일찍이 베드로전서를 썼으며(벧전 1:1), 이제 그

동일한 독자들에게(벧후 3:1) 본 서신을 다시 쓰고 있다. 그는 열두 사도 중 한 명이었으며(1:1; 3:2), 사도 바울을 사랑하는 형제라고 불렀다(3:15). 베드로는 주님과 함께 갈릴리 해변을 따라 거닐 때 주님이 말씀하시는 자기 죽음의 방식에 대해 이미 들었다(1:14. 참조, 요 21:18). 그렇지만 이와 같은 내부 증거들에도 불구하고, 일찍이 3세기에 오리겐(253년경 사망)은 베드로후서 저자의 진짜 신원과 관련해 약간의 문제가 있음을 주목했다.

4세기의 교회 역사가 유세비우스(260?~340?)는 요한이·삼서 및 야고보서와 더불어 베드로후서를 정경성에 논란이 있는 책들의 목록인 〈안틸레고메나(antilegomena)〉에 포함시켰다. 유세비우스는 교회의 어떤 오랜 전승도 베드로후서의 정경성을 지지해 주지 않는다는 점을 주목했던 것이다.

제롬(346~420)은 베드로후서를 잘 알려진 그의 라틴어 불가타 번역본 성경에 포함시켰다. 비록 제롬이 본서의 정경성을 받아들이기는 했지만, 그는 많은 사람들이 베드로전·후서 사이의 두드러진 상이점 때문에 베드로 저작권에 의문을 던지고 있다고 언급했다.

수세기에 걸쳐 학자들은 이들 초기 주장들에 편승하여 자신들의 의견을 보냈다. 어떤 이들은 베드로후서를 사도 저작권을 주장하는 묵시문학 혹은 위작들과 동일시하려 했다(즉, 베드로묵시서, 베드로복음, 베드로행전). 베드로후서와 유다서 사이의 강한 유사성은 몇몇 사람들로 하여금 본서의 베드로 저작권을 의심하도록 만들었다.

다른 이들은 바울의 편지들에 대한 언급(3:16)과 거짓 선생들(특히 주님의 재림의 늦어짐에 대해, 3:4)에 의해 제기된 문제들이 본 서신의 후대 저작설, 즉 베드로가 죽은 지 한참 후인 2세기경에 쓰였을 것이라는 추정을 지지해 준다는 점을 지적해 왔다. 이러한 주장들 및 그와 관련된 주장들의 결과, 대부분의 비보수적 학자들은 베드로후서의 사도 저작권을 부인한다.

그러나 비록 오늘날의 견해가 전통적인 입장을 받아들이는 것을 거슬러 나가고 있을지 몰라도 이러한 문제점들 중 어느 것 하나라도 극복될 수 없는 것은 없으며, 이러한 주장들 중 어느 것 하나라도 반박될 수 없는 것도 없다.

외적 증거

2세기의 교회 문학은 베드로후서에 대한 직접적인 언급을 전혀 하지 않고 있다. 그 결과 비평학자들은 베드로후서가 신약성경의 다른 책들에 비해 외적 증거가 빈약하다고 언급해 왔다. 하지만 침묵 자체는 베드로후서의 베드로 저작권을 변증해 주지도 반증해 주지도 않는다. 본 서신은 짧으며, 그래서 아마도 널리 돌려 읽히지는 않았던 것 같다. 본 서신이 정경으로 받아들여진 것이 늦어졌던 것은 초대교회가 사도의 이름들을 저자로 내세우는 편지들에 대해 가지고 있던 일단의 의혹 때문이었던 것 같다. 초기에 그와 같은 위조 행위의 심각성은 모종의 거짓 서신들에 대해 경각심을 가지라는 바울의 충고에 의해 강조되었다(살후 2:2). 또한 베드로후서가 저자의 죽음 얼마 전에 쓰인 것이기 때문에 그가 본 서신의 진정성을 오랜 기간에 걸쳐 입증해 주지 못했을 것이다. 여하튼 2세기 저자들의 침묵 자체는 베드로후서가 교회에 의해 받아들여지지 않았음을 시사해 주지 않는다.

3세기에는 세 명이 베드로후서의 베드로 저작권을 직접 언급했다. 디오클레티아누스 박해 때 순교한 올림푸스의 메도디우스는 〈부활에 관하여〉(De Resurrectione)라는 저술에서 자신의 주장을 입증하기 위해 베드로후서 3장 8절을 인용했다. 카파도키아 가이사랴의 주교였던 피르밀리아누스가 거짓 선생들에 대한 사도 베드로의 공격을 언급했다. 베드로전서는 거짓 선생들에 대해 언급하고 있지 않은 데 반해, 베드로후서는 한 장 전체를 이 주제에 할애하고 있다. 그래서 피르밀리아누스가 베드로후서의 베드로 저작권을 인정하였던 것으로 보인다. 마지막으로 오리겐은 당시 퍼져 있던 의혹의 경향을 지적하고는 있지만, 그의 다른 저작들의 내용과 잦은 인용들로 미루어 볼 때 베드로후서를 진정한 서신으로 받아들였던 것으로 보인다. 비록 베드로 저작권에 의문을 제기한 첫 번째 언급이 3세기에 나타나기는 했지만, 메도디우스와 피르밀리아누스 모두 베드로후서를 진정한 서신으로 확증하였으며 오리겐도 역시 그러했을 가능성이 짙다.

4세기에 들어서면서 베드로후서의 베드로 저작권은 강력하게 확증되었다. 초대교회의 두 위대한 신학자 아타나시우스와 어거스틴이 베드로후서를 정경으로 간주했다. 라오디게아 회의(AD 372년)는 본 서신을 성경의 정경에 포함시켰다. 제롬은 베드로후서를 라틴어 불가타 번역본 성경(AD 404년경)에 포함시켰다. 또 제3차 카르타고 교회 회의(AD 397년)도 베드로후서의 고유한 권위와 가치를 인정했으며, 이 서신이 사도 베드로에 의해 저작되었음을 공식적으로 확정지었다.

비록 베드로후서가 신약성경 내에서 가장 적게 증언되고 있는 책이지만, 그 외적 지지도는 성경의 다른 책들을 훨씬 능가한다. 베드로후서를 지지해 주는 초대교회 전통의 부재는 심한 박해 기간 동안 그리스도인들 사이에 있을 수밖에 없었던 의사소통의 결핍 그리고 본 서신의 간략함에 기인했을 수 있다. 따라서 2세기의 침묵과 3세기의 신중함은 4세기에 정경을 확정 짓는 교회 회의들에 모인 신중한 학자들이 극복할 수 없는 문제를 제기하지는 못했다.

내적 증거

베드로전서와 베드로후서 사이에 문체상의 상이점에 관한 질문은 제롬이 4세기에 그 문제점을 처음 기록한 이래 계속적으로 논의되어 왔다. 제롬 자신은 두 서신 사이의 문체상 상이점이, 베드로가 그의 첫 번째 편지를 쓸 때 그를 도왔던 실루아노를 대필자로 활용했을 가능성이 높다는 점에 의해 쉽게 해결될 수 있다고 설명했다(벧전 5:12). 만일 제롬이 옳다면, 문체상의 상이점은 그 주제와 저작 목적이 서로 다르다는 사실로 미루어 볼 때 혹자들이 기대해 왔던 바처럼 그렇게 심각한 문제가 아니다.

두 책 사이의 문체상의 유사성 또한 상이점들 못지않게 두드러진다. 두 책 모두가 신약성경에서 단 한 번밖에 나타나고 있지 않은 단어들(하팍스 레고메나[ἅπας λεγόμενα])로 가득 차 있다. 신약성경 전체를 통해 나타나는 686개의 '하팍스 레고메나' 중 베드로전서가 62개, 베드로후서가 54개를 포함하고 있는데, 이는 책들의 크기로 볼 때 어떤 다른 신약성경보다 비율상 많은 '하팍스 레고메나'를 포함하고 있다(참조, Homer

K. Ebright, *The Peterine Epistles*, Cincinnati: Methodist Book Concern, 1917, p. 70-5, 121-3; Charles Bigg, *A Critical and Exegetical Commentary on the Epistles of St. Peter and St. Jude*, p. 224-5). 에브라이트는 두 서신의 두드러진 상이점은 그 둘 사이보다 오히려 두 서신과 신약성경의 나머지 책들 사이에서 나타난다고 말했다. 두 책에서 두드러지게 나타나는 '하팍스 레고메나'는 풍부한 어휘력을 가졌으며 공중 설교가로서 번뜩이며 신선한 창조적 표현력을 갖춘 동일한 저자에 의해 두 책이 쓰였음을 시사해 준다.

그렇다면 많은 단어와 어구들이 이들 두 서신에서만 발견된다는 사실을 그렇게 대단한 것으로 여겨서는 안 될 것이다. 두 책은 모두 색다른 인사말을 사용한다: "은혜와 평강이 너희에게 더욱 많을지어다"(벧전 1:2; 벧후 1:2). 베드로전서 2장 9절의 아레타스(ἀρετάς: 아름다운 덕)와 베드로후서 1장 3절의 아레테(ἀρετη: 덕)는 동일한 독특한 단어의 변형들로서 하나님의 도덕적 탁월성과 선하심을 지칭한다. 아포데시스(ἀπόθεσις)라는 단어는 신약성경 전체를 통해 베드로전서 3장 21절과 베드로후서 1장 14절에서만 사용되는데, 각각 '제하여 버림'과 '벗어나다'로 번역되어 있다. '아모무 카이 아스필루'(ἀμόμου καὶ ἀσπίλου)라는 생생한 표현은 베드로전서 1장 19절에서 흠 없고 점 없는 분으로서의 그리스도의 죄 없으심을 지칭하는 데 사용되었는데, 베드로후서 2장 13절에서는 '스필로이 카이 모모이'(σπίλοι καὶ μῶμοι: 점과 흠)라고 기교적으로 재표현되어 거짓 선생들의 특성을 지칭하고 있다. 이 표현은 베드로후서 3장 14절에서 '아스필로이 카이 아모메토이'(ἀσπιλοι καὶ ἀμώμητοι: 점도 없고 흠도 없이)로 나타나며, 그리스도인들이 그리스도의 강림에 대비하여 도덕적으로 뛰어난 삶을 살 것을 촉구하는 데 사용되었다. 이러한 표현들뿐 아니라 이들 두 서신에서 나타나는 다른 독특한 단어들과 어구들은 두 서신이 동일한 저자에 의해 쓰였다는 사실에 대한 강력한 증거를 제공해 준다.

베드로후서는 또한 사도행전에 기록된 베드로의 설교들에 나타난 독특한 어휘들을 반영하고 있다. 가장 좋은 예들 중 하나는 사도행전 4장 21절에서만 발견되는 '콜라손타이'(κολάσωνται: 벌하다)라는 동사와 베드로후서 2장 9절에 나타나는 '콜라조메누스'(κολαζομένους: 형벌)이다. 다른 유사성들이 베드로후서 1장 3절과 사도행전 3장 12절(권능과 경건) 그리고 베드로후서 2장 13, 15절(미스돈 아디키아스[μισθὸν ἀδικίας]: 문자적으로 '사악함의 대가')과 사도행전 1장 18절(미스두 테스 아디키아스 [μισθοῦ τῆς ἀδικίας]: 문자적으로 '사악함의 응보', 개역개정성경에는 '불의의 값'으로 번역됨) 등에서 주목될 수 있을 것이다.

비록 베드로전·후서 사이에 문체상의 상이점들이 있기는 하지만, '하팍스 레고메나'의 잦은 사용이라든지 두 책이 모두 독특한 어휘들을 사용하고 있다는 점 그리고 베드로후서에 나타난 단어들과 사도행전에 기록된 베드로의 설교들에서 나타난 단어들 사이의 강력한 유사성 등이 모두 본 서신의 베드로 저작권을 강력하게 뒷받침해 준다.

베드로의 이름을 사칭하고 있는 다른 묵시문학이나 위작들의 문제가 몇몇 학자들로 하여금 베드로후서의 정경성을 부인하도록 해 왔다. 사실상 이미 언급한 바와 같이, 초대교회는 가짜 편지들의 통용 때문에 베드로후서에 대해 무조건적인 정경성을 부여하는 데 다소 늦었다. 어떤 이들은 위작 행위가 2세기에 널리 용인되던 문학 방식이었다고 주장하려고 해 왔다(예를 들어, James Moffatt, *The General Epistles James, Peter, and Judas*, p. 173-5, 그리고 Montague Rhodes James, *The Second Epistle General of Peter and the General Epistle of Jude*, p. xxxii-iv). 하지만 베드로후서는 마침내 받아들여졌고, 베드로묵시서와 베드로복음 및 베드로행전은 위작들로 배척당했다는 사실은 위작 행위가 용납되지 않았음을 분명히 밝혀 준다. 초대교회는 단지 베드로의 사상을 복제하고 그것을 후대 유대교 및 희랍 사상들과 혼합한 후 거기에 그리스도의 성품과 관련해서 두드러지게 가현설적인 견해(즉, 그리스도는 단지 인간의 몸을 입으신 것처럼 '보였다'는 견해)를 첨가시켰던 저질의 저작들과 대조적인 베드로후서의 뛰어난 특성과 권위를 인지하였다.

이러한 외적 내적 증거는 대단히 중대한 공격을 받아 왔지만, 시험의 때를 잘 견뎌 왔다. 베드로 저작권을 부인하는 주장은 어떤 것도 결정적이지 못하며, 어떤 새로운 증거도 서신 자체의 사도 저작권 주장을 성공적으로 논박하지 못했다.

유다서와의 관계

베드로후서 2장과 유다서 4~18절은 대충 한 번 읽어 봐도 그들 사이에 놀랄 만한 유사성이 있음을 발견하게 된다. 하지만 두 서신이 서로에게 갖는 상관성의 정확한 속성과 정경성과 정통성에의 의존 효과는 많은 논란의 주제가 되어 왔다. 초대교회 학자들은 베드로후서가 맨처음 쓰였으며 유다서가 베드로후서를 인용했다고 생각했다. 독일 고등비평(higher criticism)의 결론들은 오늘날 학자들로 하여금 그 반대 견해를 따르도록 몰아갔다. 어떤 이들은 베드로후서와 유다서의 저자들이 공통적으로 제3의 자료를 사용했다고 가정했다. 이들 세 입장 모두 심각한 난점에 직면한다.

만일 유다서가 먼저 쓰였다면 베드로와 같은 지위에 있는 사도가 자신보다 덜 알려진 저자의 글에서 그와 같이 많은 부분을 인용했을지가 의문으로 남는다. 하지만 베드로는 아마도 거짓 선생들에 대한 유다의 경고를 자신의 사도적 권위를 활용하여 재강조하고 보강할 충분한 가치가 있는 중요한 것으로 여겼을지도 모른다. 따라서 유다서가 전통적으로 받아들여져 온 베드로의 순교 연도인 AD 68년 이후에 쓰였다고 주장하지 않는 이상, 유다서의 우선 저작설 자체가 본서의 베드로 저작권에 대해 문제를 제기하지는 못한다. 그런데 유다서 자체는 그 저작 연대에 대해 결정적인 증거를 제공해 주지 못한다.

만일 베드로후서에 우선권이 부여된다면, 왜 유다가 이미 읽히고 있던 내용을 새로운 자료를 거의 첨부하지 않은 채 단순히 반복하였을까 하는 문제가 제기된다. 하지만 유다는 베드로의 서신이나 혹은 우리에게 알려지지 않은 어떤 공통 자료를 간결하게 정리하고 또한 명료하게 밝힘으로써 이전에 쓰인 서신을 아직 읽지 못한 교회들의 특정한 필요를 충족시켜 주고자 유다서를 기록하였을 수도 있다(참조, Charles Bigg, *A Critical and Exegetical Commentary on the Epistles of St. Peter and St. Jude*, p. 216-24).

도널드 거스리(Donald Guthrie)는 베드로후서와 유다서의 우선 저작 순위가 이 서신들의 진정성이나 저작권이나 영감 등에 어떤 특별한 관계를 갖지 않는다는 점을 지적하고 있다(*New Testament Introduction*. Downers Grove, Ill, : Inter Varsity Press, 1970, p. 926). 위 입장들에 대한 증거는 확정적이지 못하며, 두 입장 중 어느 것이라도 성경의 영감과 권위에 대한 보수적인 견해와 일치해서 받아들여질 수 있다.

저작 연대 및 장소

베드로가 바울의 편지를 언급하고 있고 주의 강림과 관련된 문제들을 다루고 있기 때문에, 어떤 이들은 본 서신이 2세기에 쓰였을 것이라고 생각한다. 따라서 사도 베드로에 의해 쓰였을 리가 없다고 말한다.

베드로후서 3장 16절에 나타난 베드로의 편지들에 관한 언급은 저자가 교회에 의해서 일반적으로 신뢰할 만한 것으로 인정되었던 체계화된 서신 수집본을 언급하고 있는 것이라는 추정을 불러 일으켜 왔다. 체이스(F. H. Chase)는 다음과 같이 말했다. "사도 베드로가 살아있는 동안 사도 바울의 서신 수집본이 집성되어 성경으로 간주되었을 것이라고 가정하는 것은 불가능하다"(*A Dictionary of the Bible*, ed. James Hastings, New Youk: Charles Scribner's Sons, 1902, s. v. "Peter", 3:810). 하지만 베드로의 언급(벧후 3:16)은 바울 문학 전체를 지칭할 필연성이 없으며, 오히려 베드로 자신이 잘 알고 있던 편지들을 지칭할 수 있는 것이다. 마지막 몇 년을 로마에서 보냈던 베드로는 당시 로마제국 전역에 퍼져 있던 교회들에서 읽히던 바울 서신들 중 몇 편을 읽을 기회가 있었음이 분명하다.

베드로후서 내에 있는 두 가지 언급이 본 서신의 저작 연대에 대한 약간의 암시를 준다. 베드로후서 1장 13~15절에서 베드로는 그의 죽음의 때가 가까워지고 있다는 사실을 암시했다. 베드로의 사망 시기에 대한 전통적인 견해는 AD 67년 말이나 AD 68년 초다. 3장 16절에 나타난 바울 서신들에 대한 언급은 본 서신의 저작 연대가 AD 60년에서 얼마 후인 것을 암시해 주는 것 같다. 베드로전서가 보통 AD 64년경에 쓰인 것으로 추정되기 때문에, 보수적인 견해는 베드로후서가 베드로전서의 저작 이후 그리고 베드로의 사망 이전인 AD 64년과 68년 사이 언제쯤 쓰였다고 생각한다.

베드로후서 본문은 그 저작 장소에 대해 아무런 암시도 주지 않는다. 하지만 베드로전서가 로마에서 쓰였고, 전통적으로 로마가 베드로의 십자가 처형 장소로 알려져 있기 때문에, 베드로후서도 로마에서 쓰였을 것으로 추정하는 것이 타당하다.

수신자

베드로는 전에 그가 편지했던(3:1) 그리스도인들(1:1)에게 이 편지를 썼다. 만일 베드로후서 3장 1절이 베드로전서를 지칭한다면 그는 "본도, 갈라디아, 갑바도기아, 아시아와 비두니아"(벧전 1:1)에 있던 유대인과 이방인으로 혼합 구성된 교회들에게 이 편지를 썼을 것이다. 하지만 그가 지금은 존재하지 않는 어떤 다른 편지를 지칭하였다면 베드로후서의 수신자는 규정될 수 없다.

저작 동기 및 목적

베드로는 신자들에 대한 관심이 깊은 목회자였으며 동시에 신학적 정통성의 수호자였다. 그리스도인으로서 성숙하게 자라나고 또한 거짓 선생들을 경계하라는 이 마지막 열정적 호소는 그리스도가 나타나실 때가 임박했다는 사실과(1:13~15) 또한 수신자들이 당면한 위험에 직면해야 한다는 사실에 의해(2:1~3) 더욱 촉진되었다. 그는 그들의 기억력을 되살려 주고(1:13), 그들의 사고를 자극시켜 줌으로써(3:1~2) 그들이 자신의 가르침을 항상 기억하게 되기를 열망했다(1:15). 그는 성숙한 신자들의 특성을 주의 깊게 묘사하며 그들에게 은혜와 지식에 있어서 자라가도록 모든 노력을 경주하라고 권유했다(1:3~11). 참 선생의 자격은 독자들을 도와 그들이 하나님의 말씀을 잘 분별할 수 있도록 해 주는 것이다(1:12~21). 베드로는 그들에게 거짓 선생들을 경계하라고 주의했으며 그들의 사악한 특성들을 드러내 보여 주었다(2장). 그리고 그는 그리스도가 확실히 강림하시리라는 사실을 확인해 줌으로써 독자들을 격려했다(3:1~16).

베드로후서의 저작 목적은 그리스도인들이 주의 강림을 바라보며 이교도들에 대항하여 싸워 나갈 수 있도록 영적 성장을 이루어 나가기를 촉구하는 것이다.

개요

I. 서론(1:1~2)

　A. 문안(1:1)
　　1. 저자(1:1상)
　　2. 수신자(1:1하)
　B. 축도(1:2)

II. 그리스도인의 본질: 하나님의 작품(1:3~11)

　A. 하나님의 성품의 진상(1:3~4)
　　1.. 하나님의 능력(1:3)
　　2. 하나님의 약속(1:4상)
　　3. 하나님의 성품에 참예함(1:4하)
　B. 하나님의 성품의 기능(1:5~9)
　　1. 그 기능의 특성(1:5~7)
　　2. 그 기능의 결과(1:8)
　　3. 그 기능과 대조가 되는 것(1:9)

    C. 하나님의 성품의 궁극성(1:10~11)
        1. 경험적 궁극성(1:10)
        2. 영원한 궁극성(1:11)

Ⅲ. 그리스도인의 양식: 하나님의 말씀(1:12~21)

    A. 하나님의 말씀을 기억함(1:12~15)
    B. 하나님의 말씀의 존엄성(1:16~18)
    C. 하나님의 말씀의 의미(1:19~21)

Ⅳ. 그리스도인의 전투: 거짓 선생들의 공격(2장)

    A. 거짓 선생들로부터 벗어남(2:1~9)
        1. 거짓 선생들이 폭로됨(2:1~3)
        2. 역사적 심판의 본보기들(2:4~6)
        3. 하나님의 구출하심이 설명됨(2:7~9)

B. 거짓 선생들이 묘사됨(2:10~16)
   1. 그들은 반역적이다(2:10~12상)
   2. 그들은 동물적이다(2:12하)
   3. 그들은 속임수에 능하다(2:13)
   4. 그들은 상습적인 죄인들이다(2:14)
   5. 그들은 용병들이다(2:15~16)

C. 거짓 선생들의 파괴 행위(2:17~22)
   1. 파괴의 목표(2:17~18)
   2. 파괴의 수법(2:19)
   3. 파괴의 결과(2:20~22)

Ⅴ. 그리스도인의 소망: 주의 강림(3:1~16)

    A. 신자들은 주의 강림을 기억함(3:1~2)
    B. 조롱하는 자들은 주의 강림을 비웃음(3:3~7)
    C. 하나님은 주의 강림을 보증해 주심(3:8~9)
    D. 베드로가 주의 강림을 기술함(3:10~13)
    E. 신자들의 행동이 주의 강림에 의해 변화를 받음(3:14~16)

Ⅵ. 결론(3:17~18)

Συμεὼν Πέτρος δοῦλος καὶ ἀπόστολος Ἰησοῦ Χριστοῦ τοῖς ἰσότιμον ἡμῖν λαχοῦσιν πίστιν ἐν δικαιοσύνῃ τοῦ θεοῦ ἡμῶν καὶ σωτῆρος Ἰησοῦ Χριστοῦ, χάρις ὑμῖν καὶ εἰρήνη πληθυνθείη ἐν ἐπιγνώσει τοῦ θεοῦ καὶ Ἰησοῦ τοῦ κυρίου ἡμῶν.

| The Bible Knowledge
Commentary 29 |

2 Peter
주해

주해

I. 서론(1:1~2)

1. 저자(1:1상)

1:1상 저자는 시몬 베드로로 밝혀지고 있다. 저작권이 그처럼 논란되어 온 본 서신이 처음 시작부터 저자의 이름 철자와 관련해서 사본학적 문제를 안고 있다는 사실이 역설적이다. 어떤 사본들은 일반 헬라어 철자(시몬: σίμων)로 표기하고 있는 데 반해, 다른 사본들은 히브리어를 직접 번역한 철자(쉬메온: συμεών)로 표기하고 있다. 가장 우수한 사본들은 사도행전 15장 14절에서만 사용되고 있는 다소 생소한 히브리어 철자를 지지한다. 이러한 사실은 베드로 저작권의 진정성을 지지해 준다. 왜냐하면

남의 이름을 사칭하는 자라면 아마도 보다 널리 받아들여지고 있던 철자를 사용했을 것이기 때문이다. 예수님이 시몬에게 지어 주셨던 이름인 게바의 헬라어역인 베드로는 베드로전서 주석의 서론에서 거론된 바 있다(베드로전서 1장 1절을 보라).

베드로가 두드러지게 히브리적이고 헬라적인 이름들을 혼합해서 사용하고 있는 것은 그가 이 편지를 보내고자 하는 혼합된 독자들(즉 히브리 및 헬라 그리스도인들)을 염두에 두고 썼기 때문인지도 모른다. 베드로는 예수 그리스도의 사도(참조, 롬 1:1; 딛 1:1)라는 그의 호칭에 종(둘로스[δοῦλος]: 문자적으로는 '노예', 참조, 마 23:11)이라는 용어를 덧붙이고 있다. 생의 마지막이 가까운 시점에서 그의 사도적 권위가 절정에 달했을 때, 그는 먼저 그리스도의 종이었고 다음이 사도였던 것이다.

2. 수신자(1:1하)

1:1하 본 서신의 수신자들은 일반 용어들로만 묘사되어 있다(참조, 3:1). 그들은 '보배로운 믿음을 우리와 함께 받은 자들'이다. '받은'은 '제비뽑기

로 획득하다'라는 뜻의 생소한 동사인 랑카노([λανχάνω]. 참조, 눅 1:19; 요 19:24)로부터 온 단어다. 이것은 그들이 그와 같은 선물을 받기에 합당한 어떤 일을 행했다는 사실보다는 하나님의 주권적인 선택을 시사해 준다. '보배로운'이라는 말은 이소티몬(ισοτιμον)이라는 복합어를 번역한 것으로, 신약성경에서는 여기서 한 번밖에 사용되지 않은 단어다. 이 단어는 이소스([ἰσός]: 동등한)와 티메([τιμη]: 명예, 가치)로부터 왔다. '이소티몬'이라는 단어는 본국인이 누릴 수 있는 것과 동등한 시민의 특권들을 부여받은 외국인들에게 사용되었다. 하나님이 그들에게 부여해 주신 믿음은 사도들의 믿음이 누리는 것과 동등한 영예, 즉 특권을 가진다. 여기서 베드로는 사도들의 믿음이 일반 신자들의 믿음과 전혀 다른 것이 아니라는 점을 강조함으로써 자신의 저작 목적을 미리 암시했다. 이러한 가르침은 특권을 가진 몇몇 사람들만이 얻을 수 있고, 그들만이 활용 가능한 특별한 지식을 소유한 내적 집단에 대해 가르쳤던 거짓 선생들의 선(先) 영지주의 교리들과 대조를 이룬다.

'믿음'(피스틴, πίστιν)은 정관사 없이 사용되고 있다. 따라서 이는 믿음의 객관적인 내용(참조, 유다서 3장)을 지칭할 수도 있고 혹은(보다 타당성이 있어 보이는 가능성으로) 믿을 수 있는 주관적 능력을 지칭할 수도 있다. 이 믿음은 우리 하나님과 구주(베드로는 예수님을 구주라 불렀다[행 5:31]) 예수 그리스도의 의(디카이오쉰네[δικαιοσύνη]. 정의 혹은 정직함. 참조, 롬 1:17; 3:22)를 힘입어(혹은 기초하여) 주어진다. 본 구문은 문법적으로 하나님과 구주가 한 사람이며 둘이 아님을 분명하게 보여 준다(즉, 두 명사에 하나의 헬라어 관사만 붙어 있다). 본 구절은 예수 그리스도가 본질상 하나님 아버지와 동등 되심을 명백하게 가르쳐 주는 신약성경의 기독론적 주요 구절들과 함께 높이 평가된다(참조, 마 16:16; 요 1:1; 20:28;

딛 2:13). 구주라는 용어는 이 짤막한 서신 가운데서 다섯 차례에 걸쳐 그리스도의 호칭으로 사용된다(벧후 1:1, 11; 2:20; 3:2, 18).

B. 축도(1:2)

1:2 본 하반절은 베드로전서 1장 2하반절과 정확하게 일치한다. '은혜와 평강'(카리스…카이 에이레네[κάρις…και ειρηνη]. 참조, 로마서 1장 7절, 고린도전서 1장 3절, 고린도후서 1장 2절 등에 나타나는 바울의 용법)은 특징적인 헬라와 히브리식 인사말이다('에이레네'는 히브리어의 샬롬을 헬라어로 번역한 것이다). '더욱 많을지어다'라고 번역된 동사 플레딘데이에([πληθυνθείη]: 베드로전서 1장 2절, 유다서 2절에서도 사용되고 있다)는 기원법으로 되어 있으며, 그의 독자들을 향한 진실하고도 간절한 기원적 바람을 강조한다.

은혜와 평강의 축복은 단순한 형식적 인사말 이상의 것이다. 이러한 축복은 하나님과 우리 주 예수를 앎으로 얻어진다. 처음 두 절에서 베드로는 하나님과 예수님을 동등하게 언급했다. 앎(에피그노세이[ἐπιγνώσει]; '충만한[에피, ἐπι: 접두어] 지식')은 긴밀하고 인격적인 관계를 의미한다. 이는 하나님의 은혜와 평강이 수용되고 경험되는 수단이다. 베드로는 이 에피그노시스(ἐπίγνωσις)라는 단어를 베드로후서 1장 3, 8절 및 2장 20절에서 다시 사용한다. 더 짧은 형태인 그노시스(γνῶσις)는 1장 5~6절 및 3장 18절에서 발견된다. 그리스도인들이 그리스도 예수를 통해 그들이 얻을 수 있는 충만한 지식의 유익을 얻도록 촉구하고 있다

(베드로후서에서는 '에피그노시스'가 나타날 때마다 그리스도와 연관되어 있다). 이렇게 함으로써 그들은 특별한 지식(그노시스[γνῶσις])을 가졌다고 주장하면서도 공공연하게 부도덕을 자행하던 거짓 선생들을 대적해 싸워 나갈 수 있었다(참조, 바울도 초기 영지주의에 대항해 싸우는 데 '에피그노시스'를 사용한 것; 골 1:9~10; 2:2; 3:10).

II. 그리스도인의 본질: 하나님의 작품(1:3~11)

베드로는 신자들에게 하나님의 성품에 참여하는 것을 가능하게 해 주고, 그렇게 함으로써 악한 정욕으로 말미암아 생겨나는 패역함을 극복할 수 있도록 해 주는 하나님의 능력과 그의 약속의 유익을 온전히 얻도록 촉구했다(3~4절). 이와 같이 약속된 능력에 기초하여 베드로는 또한 그리스도인들이 영원한 보상의 확신을 체험하도록 하나님의 성품의 특성들을 실천하라고 촉구했다(5~11절).

A. 하나님의 성품의 진상(1:3~4)

1. 하나님의 능력(1:3)

1:3 그리스도의 신기한 능력으로 생명과 경건에 속한 모든 것을 신자들에게 주셨다. NIV에서 '신적'(divine)으로 번역된 데이아스([θείας]: 개역개정에서는 '신기한'으로 번역되었음-역자 주)는 '데오스'([θεός]: 하나님)로부터 왔으며, 신약성경 전체를 통해 세 번밖에 사용되지 않는다(본 절, 행 17:29, 벧후 1:4). 능력(디나메오스[δυνάμεως])은 베드로가 즐겨 사용한 단어들 중의 하나다(참조, 벧전 1:5; 3:22; 벧후 1:16; 2:11). 신자들이 영적 활력(생명)과 경건한 삶(유세베이안[εὐσέβειαν]: 경건. 참조, 1장 6절과 3장 11절에 관한 주해)을 영위해 나가는 데 필요한 모든 것들은 우리가 그(그리스도)를 앎으로 말미암는다. 그리스도를 긴밀하게 충만히 앎(에피그노

세오스[ἐπιγνώσεως]. 참조, 1:2)은 영적 능력과 성장의 근원이다(참조, 빌 1:9; 골 1:9~10; 2:2).

그리스도는 자기의 영광과 덕(아레테[ἀρετῆ]: 도덕적 탁월함. 베드로전서 2장 9절에서는 '아름다운 덕'으로, 베드로후서 1장 5절에서는 '덕'으로 번역되었음)으로써 우리를 경건한 삶으로 부르셨다(참조, 벧전 1:5). 그리스도는 자신의 도덕적 탁월성과 영광스러운 인품으로 죄에 종된 자들(참조, 2:19)의 마음을 끈다.

2. 하나님의 약속(1:4상)

1:4상 이로써, 즉 그리스도의 영광과 덕으로써(3절), 하나님은 신자들에게 그 보배롭고 지극히 큰 약속을 주셨다. '주셨다'로 번역된 헬라어 동사 '데도레타이'(δεδώρηται)는 '부여하다, 베풀다'라는 뜻을 가지고 있다. '주다'라는 뜻을 가진 동사들 중에서 좀 생소한 이 단어는 선물의 가치 개념을 그 안에 내포하고 있다. 베드로는 같은 동사를 3절에서도 사용했다. 마가복음 15장 45절에서도 빌라도가 예수님의 시체를 아리마대 요셉에게 내주는 일을 기술하는 데 사용되고 있다.

'약속'(에팡겔마타[ἐπαγγέλματα]: 에팡겔로[ἐπαγγέλλω]로부터 유래함. 베드로후서 1장 4절과 3장 13절에서만 사용됨)이라는 단어는 공중적 선포의 의미가 강하다. 이 약속은 '보배롭고(티미아[τιμια], 티메[τιμη: 가치]로부터 온 단어) 지극히 큰'이라는 말로 적절히 묘사되고 있다. 베드로는 '보배로운'이라는 형용사를 그리스도인의 믿음(벧전 2:7; 벧후 1:1)과 그리스도의 피(벧전 1:19) 그리고 여기서는 그리스도의 약속을 묘사하는 데 사용했다. 베드로가 앞서 기록하였던 약속들은 신자의 유업(벧전 1:3~5)

및 그리스도의 강림(벧전 1:9, 13)과 관련되어 있었다.

3. 하나님의 성품에 참예함(1:4하)

1:4하 이 약속은 그리스도인들로 하여금 신성한 성품에 참여할 수 있도록 해 준다. '참여하다'는 문자적으로 '짝이 되다'(게네스데…코이노노이 [γένησθε…κοινωνοί])이다. 베드로전서 4장 13절의 '참여하다'와 베드로전서 5장 1절의 '참여하다'는 모두 동일한 단어 '코이노노이'([κοινωνοί]: 짝 혹은 동참자)로부터 온 단어들이다. '신성한'은 '데이아스'(θείας)를 번역한 것으로 베드로후서 1장 3절에서도 사용되었다. 신자들은 하나님의 바로 그 본성을 입는다. 즉, 각 사람은 새로운 피조물인 것이다(고후 5:17).

그리스도인들은 하나님의 본성에 참여한 자이기 때문에 이생에서는 죄에 대한 하나님의 도덕적 승리에 동참할 수 있으며 영생에서는 죽음에 대한 그의 영광스러운 승리에 동참할 수 있는 것이다. 거듭남의 약속(벧전 1:3)과 하나님의 보호하시는 힘에 대한 약속(벧전 1:5) 및 하나님의 능력에 대한 약속(벧후 1:3) 때문에 신자들은 신성한 성품에 참여할 수 있다. 다시 말해서 그들은 더욱 그리스도와 같이 되는 것이다(참조, 롬 8:9; 갈 2:20). 뿐만 아니라 그들은 정욕(에피디미아[ἐπιθυμία]: 욕망) 때문에 세상에서(참조, 벧후 2:20; 요일 2:15~17) 썩어질 것(프도라스[φθορᾶς]: 도덕적 부패)을 피할 수 있다.

베드로후서 1장 3~4절에서 베드로는 그의 독자들에게 주의하도록 경고하고자 했던 거짓 선생들로부터 빌어 온 생생한 어휘들을 활용했다. 그의 언어는 그의 독자들의 관심을 틀림없이 사로잡았을 것이다. 그가 이교적 내지는 철학 세계로부터 온 단어들에 기독교적 의미를 부여하여 사

용했기 때문이다: "경건(유세베이아[εὐσέβεια]), 덕(아레테[ἀρετή]), 성품(퓨시스[φύσις]) 및 썩어질 것"(프도라스[φθορᾶς]).

B. 하나님의 성품의 기능(1:5-9)

이 아름다운 단락에서 베드로는 은혜의 교향곡을 펼쳤다. 그는 신자들에게 믿음의 멜로디에 아무런 설명이나 묘사 없이 나열된 그리스도인의 일곱 가지 덕으로 어우러진 화음을 넣으라고 권유한다. 육에 속한 그리스도인은 영적 근시안을 가진 자들이다(9절). 그러나 영에 속한 그리스도인은 주 예수에 대한 이해에 있어서 그리고 성경의 원리들을 매일매일의 삶에 적용해 나가는 데 있어서 효율적이며 생산적이다(8절).

1. 그 기능의 특성(1:5-7)

1:5-7 베드로는 '그러므로'라는 표현과 더불어 새로운 단락을 시작함으로써 하나님의 성품을 다시 한 번 새겨 준다. '더욱 힘써'라는 표현은 분사 '파레이세넨칸테스'([παρεισενέγκαντες]: 적용하는, 더불어 영향을 받는; 신약성경에서는 여기서만 사용된다)와 '스푸덴 파산'([σπουδὴν πᾶσαν]: 모든 근면함 혹은 모든 열심; 스푸데[σπουδή]는 로마서 12장 11절에서 '열심'으로 번역되었다)을 번역한 것이다. 정욕 때문에 세상에서 썩어질 것을(벧후 1:4) 피하기 위하여 또한 믿음과 더불어 부대적인 덕을 이루기 위하여, 그리스도인은 성령의 능하신 힘에 도움을 입어 그 자신이 끌어모을 수 있

는 모든 열심과 수고를 총 집중시키는 것이 필요하다. 그리스도인은 베드로가 5~7절에서 나열하고 있는 일곱 가지 속성들을 가꾸어 나가는 데 총력을 기울여야 한다. 그리스도인이 이처럼 노력할 때, 하나님의 성품에 충만하게 참여하게 되며 더욱더 그리스도와 같이 된다. '더하라'라는 명령형 동사는 '에피코레게사테'(ἐπιχορηλήσατε)를 번역한 것인데, 이 단어로부터 영어의 'chorus'(합창), 'choreograph'(안무하다) 및 'choreography'(안무, 무용) 등의 단어들이 유래되었다. 고대 그리스에서는 국가가 합창단을 창단하였지만 지휘자인 '코레귀스'(χορηγύς)가 합창단을 훈련시키는 데 드는 비용을 지출했다. 그 후 이 단어는 다른 사람들에게 생활 자금을 대 주거나 후원해 주거나 아니면 필요한 물품을 풍성하게 제공해 주는 사람에게 사용되었다. 신자는 자신의 삶을 이러한 속성들로 공급받고 후원받아야 한다(동일한 단어가 고린도후서 9장 10절에서는 '주다'로, 골로새서 2장 19절에서는 '공급하다'로 번역되었다. 베드로는 베드로후서 1장 11절에서도 이 단어를 사용하는데 NIV는 이를 '받다'[receive]로 번역하고 있다).

예수 그리스도에 대한 믿음은 그리스도인들을 다른 모든 사람들로부터 구별시켜 준다. 한 인간을 하나님의 가족에게로 이끌어 주는 데 필요한 구주에 대한 믿음, '피스티스'(πίστις)는 그리스도인의 삶에 나타나는 다른 모든 속성들의 기초가 된다.

1. 각 신자는 그의 믿음에 덕(문자적으로는 '도덕적 탁월성' 혹은 '미덕')을 더하여야 한다. 헬라어는 '아레텐(ἀρετήν)으로 베드로는 이 단어를 3절 마지막 부분과 베드로전서 2장 9절에서도 사용했다.

2. 지식(그노신[γνῶσιν], 참조, 벧후 1:2; 3:18)은 지적 추구로부터 생겨나는 것이 아니라 성령을 통해서 생겨나며 하나님의 인격과 말씀에 초점이 맞추어진 영적 지식이다.

3. 믿음과 덕과 지식만으로는 그리스도인의 삶을 살아가는 데 충분치가 않다. 그는 또한 절제(엥크라테이안[ἐγκράτειαν]. 신약성경에서는 단지 두 번 더 사용되었다; 행 24:25; 갈 5:23)의 삶을 살도록 온갖 노력을 경주해야 한다. 절제란 자신의 정욕을 제어한다는 뜻이다. 이는 베드로가 2장에서 폭로하고 있는 거짓 선생들이 나타내 보여 주는 무정부적 상태와 자제력 상실의 모습과 날카롭게 대조를 이룬다. 점점 더 무정부적 상태로 빠져가는 사회 가운데서 그리스도인들은 절제의 음악이 자신들의 삶 가운데 울려 퍼지도록 최선을 다해야 한다.

4. 마지막 때, 특히 비웃는 자들과 거짓 선생들에 둘러싸여 살아가는 신자들은 또한 인내가 필요하다. '히포메넨'(ὑπομενήν)이라는 단어는 '지탱해 나감'이라는 뜻을 갖는다. 신약성경에서 이 단어는 역경 중에도 굴하거나 포기하지 않고 지속적으로 변함없이 견디어 나감을 지칭하는 데 자주 사용되고 있다(참조, 롬 5:3~4; 15:4~5; 고후 1:6; 6:4; 골 1:11; 살전 1:3; 살후 1:4; 약 1:3).

5. 경건(유세베이안[εὐσέβειαν]. 베드로후서 1장 3절과 3장 11절에서도 사용되고 있으며, 목회서신에서는 10회에 걸쳐 사용되고 있다)은 하나님을 경외해야 할 인간의 의무, 즉 신앙심을 지칭한다. 4세기 교회사학자 유세비우스는 이 아름다운 헬라어를 본떠 그 이름이 지어졌다. 오늘 같이 어려운 때에 '경건'이나 '경건한'이라는 말이 잘못 사용되고 있는 현실이 얼마나 안타까운가!

6. 처음 다섯 가지 속성은 인간의 내적 삶 내지 자신과 하나님과의 관계에 관련된 것들이었다. 이제 마지막 두 가지 속성은 다른 사람들과의 관계와 관련된 것들이다. '형제 우애'는 '필라델피안'(πηιλαδελπηιαν)이라는 헬라어를 번역한 것으로, 다른 사람들을 돌보는 일을 열심히 행하는 것을

의미한다(요일 4;20). 베드로는 이미 그의 첫 번째 편지에서 독자들에게 이와 같은 태도를 촉구한 바 있다(벧전 1:22. 참조, 롬 12:10; 살전 4:9; 히 13:1).

7. 형제 우애는 다른 사람의 필요에 관심이 주어지는 데 반해 사랑(아가펜[ἀγάπην])은 다른 사람들에 대한 최고의 선을 염원하는 것이다. 이는 하나님이 죄인들을 향해 보여 주신 그러한 종류의 사랑이다(요 3:16; 롬 5:8; 요일 4:9~11).

흥미롭게도 이 교향곡은 믿음으로 시작해서 사랑으로 끝난다. 그리스도에 대한 믿음으로 그 기초를 세운 그리스도인들은 다른 사람들에 대한 사랑으로 절정을 이루는 이들 일곱 가지 속성들을 공급함으로써 그리스도와 같은 모습을 보여 주어야 한다(참조, 다음 구절들에서 쓰인 '믿음과 사랑'; 골 1:4~5; 살전 1:3; 살후 1:3; 몬 5절).

2. 그 기능의 결과(1:8)

1:8 그리스도인의 성장(5~7절)은 영적 효율성과 생산성으로 그 결과가 나타난다.(너희에게) '있어'(히파르콘타[ὑπάρχοντα]: 문자적으로는 '소유하다')라는 단어는 이러한 영적 속성들이 그리스도인들에게 속해 있다는 사실을 강조해 준다. 하지만 그리스도인들은 이러한 속성들을 단순히 소유하는 데 그쳐서는 안 된다. 효율적이고 생산적인 영성은 이런 속성들이 흡족하게 점점 더 풍성해질 때 생겨나게 된다. 그러기 위해서는 은혜의 성장이 있어야 한다. 이러한 일곱 가지 영역에 있어서 진보가 없는 신자는 우리 주 예수 그리스도를 알기에(에피그노신[ἐπίγνωσιν]: 충만한 인격적 지식. 참조, 2~3; 2:20) 게으르고(아르구스[ἀργούς]: 소용없는 혹은 나태

한) 열매가 없는 자다. 불행하게도 많은 그리스도인들이 구원의 주님은 알지만 영적 성장 없이 영적 열매를 맺지 못한다. 그들은 그리스도 안에서 어린 아이들(고전 3:1)이며, 아직도 영적 젖을 필요로 한다(히 5:12~13). 그러나 베드로가 촉구하듯이 신자들은 오직 우리 주 곧 구주 예수 그리스도의 은혜와 그를 아는 지식에서 자라 가야 한다(벧후 3:18).

3. 그 기능과 대조되는 것(1:9)

1:9 성장하는 그리스도인과 대조적으로 육에 속한 신자는 맹인(티플로스[τυφλός])이라 멀리 보지 못한다(뮈오파존[μυωπάζων]).(NIV에서는 두 단어의 순서가 바뀌어 번역되었다. 헬라어에서는 맹인이 먼저 나온다. 개역개정은 헬라어 본문의 순서를 그대로 따르고 있음—역자 주.) '뮈오파존'(이 단어로부터 영어의 'myopia'[근시]가 파생되었다)은 신약성경 전체를 통해 여기서만 나타난다. 영적 근시안을 가진 신자는 그리스도의 은혜를 돋보이게 하지 못한다. 그의 삶이 5~7절에서 열거된 속성들을 나타내 보여 주지 못하기 때문에 그는 마치 영적으로 맹인(혹은 구원받지 못한 사람)처럼 보인다(고후 4:4. 참조, 요 9:39). 그와 같은 사람은 "그의 옛 죄(즉 개종하기 이전의 죄)가 깨끗하게 된 것을 잊었다". 주석가들은 본 절이 불신자를 지칭한다고 말한다. 그러나 여기서 베드로는 영적으로 미성숙한 그리스도인들에 대해 기록하였던 것으로 보는 것이 더 타당해 보인다. 요컨대 그들은 자신의 죄를 깨끗케 하심을 받았으나(참조, 딛 3:5) 영적으로 성장하지 않았다는 것이다.

C. 하나님의 성품의 궁극성(1:10~11)

영적 근시안이 되지 않고 효율적이며 생산적인 그리스도인이 되기 위하여 신자는 그 자신이 진정으로 구원받았다는 사실을 확신해야 한다. 이는 그리스도 안에서 새로운 삶에 의해 드러나 나타나게 되는데, 그러한 삶은 그가 영원한 본향에 도달할 것이라는 증거를 제공해 준다.

1. 경험적 궁극성(1:10)

1:10 '더욱 힘써'(스푸다사테[σπουδάσατε]: 1:1, 15; 3:14 [힘쓰라]. 참조, 1장 5절의 스푸덴[σπουδήν]) 자신의 부르심과 택하심을 굳게하는 것은 한 그리스도인이 하나님 편에 서 있다는 확신에 초점이 맞춰진다. 신자는 자신의 신분을 하나님에게 확신시켜 드릴 권한을 갖고 있지 못하다. 사실 그 반대가 진리이다. '굳게'로 번역된 '베바이안'(βεβαίαν)은 주택이나 다른 재산 품목들과 관련해서 사용하는 모종의 보증 행위를 지칭하는 데 사용되던 고대 헬라어 단어다. 신자의 경건한 행동은 예수 그리스도가 그를 과거의 죄로부터 씻어 주었고 따라서 하나님의 부르심과 택하심을 받았다는 사실에 대한 보증 행위다. 베바이안은 '견고하여'(히 6:19), '굳게 하려'(롬 4:16), '견고함'(고후 1:7), '자랑'(히 3:6), '확신한 것'(히 3:14) 및 '유효한 즉'(히 9:17) 등으로 번역되었다. '부르심'은 구원 사역에 있어서 하나님이 행하신 유효한 일을 지칭하며(참조, 롬 1:7; 8:30; 고전 1:9), '택하심'은 구원받을(롬 8:33; 11:5; 엡 1:4; 골 3:12; 벧전 1:1) 죄인들을(그들의 공로가

아닌 하나님의 은혜로) 선택하시는 하나님의 일을 지칭한다. 물론 택하심은 부르심보다 앞서 이루어진다. 신자는 그 자신의 경건한 생활로써 그리고 베드로후서 1장 5~7절에서 언급된 속성들에 있어서 성장해 나감으로써 그가 하나님의 택하심을 입은 자들 중 하나라는 사실을 나타내 보이게 된다. 그와 같은 신자는 실족하지(프타이세테[πταίσητε]: 넘어지다) 아니할 것이다. '실족하다'는 신자가 자신의 구원을 잃는다는 말이 아니다. 왜냐하면 구원은 신자의 영적 성장에 의존하는 것이 아니기 때문이다. 실족하다로 번역된 헬라어 단어는 '걸려서 넘어지다' 혹은 '반전을 경험하다'라는 뜻을 가졌다. 그리스도 안에서 성숙한 그리스도인은 성숙하지 못하고 근시안적인 자처럼 자신의 영적 생활에 있어서 금세 걸려 넘어지지 않을 것이 확실하다.

2. 영원한 궁극성(1:11)

1:11 계속 자라고 그리스도를 영화롭게 하는 삶의 궁극적인 보상은 구세주로부터 그의 왕국으로 친히 영접함을 받는 것이다. 스데반이 이를 경험하였고(행 7:56), 바울은 그것이 자신에게 임박했음을 알았으며(딤후 4:7~8, 18), 또한 각 그리스도인은 각각 하늘에서 주님 앞에 설 때 그와 같은 영접을 경험하게 될 것이다. NIV에서 "너희가 풍성한 영접을 받을 것이다"라고 번역된 구절은 문자적으로(개역개정에서처럼) "들어감을 넉넉히 너희에게 주시리라"로 번역된다. '주시리라'는 '에피코레게오'(ἐπιχορηγέω)라는 동사로부터 온 단어로, 베드로후서 1장 5절에서는 '더하다'로 번역되었다. 우리 주 곧 구주 예수 그리스도의 영원한 나라에 들어가는 것은 넉넉히 주어질 것이다. '들어감'은 굉장한 귀국 환영이 될 것이다.

III. 그리스도인의 양식: 하나님의 말씀(1:12~21)

베드로가 신자들의 삶에 나타나는 하나님의 역사(3~11절)를 양육의 수단으로서의 하나님 말씀(16~21절)으로 그 초점을 전환시키면서, 그는 그의 독자들이 자기가 써 보낸 것들을 기억할 필요성이 있다는 사실에 대한 개인적인 짤막한 언급을 삽입구로 덧붙이고 있다(12~15절). 하나님의 말씀에 관한 이 부분은 계시와 영감에 대한 주요 언급에 이르러 정점을 이루는데, 21절에서 최고점에 달한다. 여기서 베드로는 하나님의 영감으로 된 성경에서의 성령의 역할에 대해 분명히 언급해 준다.

A. 하나님의 말씀을 기억함(1:12~15)

1:12 베드로는 자신의 때가 얼마 남지 않은 것을 알고서 서신에 써 보낸 모든 것들을 그의 독자들이 잘 간직하기를 원했다. 그는 세 차례에 걸쳐 다음과 같이 말한다: "내가 항상 너희에게 생각나게 하려 하노라"(12절), "너희를 일깨워 생각나게 함이"(13절), "내가 힘써 너희로 하여금 … 생각나게 하려 하노라"(15절. 참조, 3:1).

베드로는 1장 12하반절에서 거의 변증하는 듯한 입장을 취하였다. 그는 독자들이 자신의 의도를 오해하는 것을 바라지 않았던 것이다. 그는 결코 비평적이지 않았으며, 또한 그들이 지금 흔들리고 있다고 암시하지도 않았다. 오히려 그는 그들이 자기가 써 보낸 진리를 이미 알고 있다는 점을 지적하며, 그들이 진리에 서 있음을 알고 있다고 말했다('서 있다'는

'스테리조'[στηρίζω]로부터 온 단어인데, '스테리조'는 '강화시키다' 혹은 '확고하다'라는 뜻이다. 참조, 살전 3:2, 13; 살후 2:17; 3:3; 벧전 5:10). 베드로는 그들이 계속 그렇게 살아가기를 바랐다. 오늘날 많은 교회들이 안고 있는 문제는, 신자들이 하나님이 그들에게 바라시는 바를 알지 못하는 데 있는 것이 아니라, 그들이 아는 바를 망각해 버리거나(참조, 벧후 1:9) 아니면 그들이 지금 가지고 있는 진리를 실천해 나갈 마음이 없다는 데 있다.

1:13~14 곧 주님과 함께 있게 되리라는 기대 속에 베드로는 생명의 주님이 허락하여 그의 육체의 장막에 있는 한에는(참조, 고린도후서 5장 1, 4절의 '땅에 있는 장막'과 '이 장막') 그들의 기억력을 일깨워 주기를(문자적으로는 '계속 일깨워 주다'. 현재 시제) 원하였다. 베드로는 이제 그리스도가 그에게 지시하신 것 같이 곧 장막을 벗어나게 될 것이다. 이는 예수님이 베드로가 십자가에 달려 죽게 되리라고 하신 말씀을 두고 한 것일 수도 있고(요 21:18~19), 아니면 노년이나 박해의 위협으로 말미암아 그가 얼마 안 가서 죽게 되리라는 사실을 내다보고 한 것일 수도 있다. 이 땅 위에 있는 몸을 장막에 비유한 것은 베드로의 순례 주제와도 잘 들어맞는다(벧전 1:1, 17; 2:11).

1:15 베드로는 의도적으로, 아마도 강조의 효과를 생각하여 같은 말을 반복하고 있다: "내가 힘써…하려 하노라"는 '스푸다소'(σπουδάσω)라는 한 단어를 번역한 것인데, 이는 10절("더욱 힘써…하라")과 3장 14절("힘쓰라")에서도 사용되고 있다. '떠난'으로 번역된 '엑소돈'(ἔξοδον)은 죽음을 나타내는 통상적인 단어는 아니지만, 자기가 곧 죽게 되리라는 베드로의

명료한 암시를 드러내 보여 준다. 변화산 위에서 예수님과 모세와 엘리야가 예수님의 떠나심(엑소돈[ἔξοδον]: 눅 9:31)에 대해 말했었다. 흥미롭게도 이 떠남(문자적으로는 '밖으로 나감', 즉 '이 몸으로부터')은 신자들의 하나님의 나라(벧후 1:11) 로 들어감(에이소도스[εἴσοδος]: 안으로 들어감)과 대조를 이룬다.

베드로는 그가 죽은 후에도 독자들이 어느 때나 이런 것을 생각나게 할 수 있으리라는 것을 어떻게 보증할 수 있었을까? 어떤 이들은 베드로의 이러한 언급이 그 자신이 마가복음을 준비하는 데 도움을 주었음을 은밀히 시사해 주는 것이라고 시사하지만, 이는 단지 추측에 불과할 뿐이다. 더욱 분명하게, 그는 두 번째 서신을 완성시킨 후 이를 첫 번째 서신과 연결시키면, 그것이 자신의 마음속 깊이 있는 진리들을 대변하는, 언제나 남아 있을 증언이 되리라고 생각했는지도 모른다. 또 한 가지 가능성은 베드로가 그 자신의 생애와 사역이 실라나 마가와 같은 일꾼들의 생애로 이어져서 그들이 그가 죽은 후에도 그의 사역을 계속 수행해 나가리라는 것을 언급했을 수도 있다. 여하튼 한 가지 사실은 분명하다. 즉, 베드로는 주님의 백성들이 하나님의 사역과 하나님의 말씀을 잊지 않을 것을 확실히 하고자 했다는 점이다.

B. 하나님의 말씀의 존엄성(1:16~18)

1:16 기록된 말씀(성경)과 성육신하신 말씀(그리스도)을 구별하는 것은 중요하다. 이들 둘은 모두 하나님의 계시로 통하는 대로들(참조, 시

19:7~11; 요 1:18; 히 1:2)로, 따라서 두 가지 모두 본 장의 나머지 부분을 통해 집중적으로 거론된다. 그리스도인의 믿음은 베드로가 공격하고 있는 거짓 선생들의 교리들처럼(벧후 2장) 교묘히 만든 이야기(뮈도이스 [μύθοις])에 기초한 것이 아니다. 그와 달리 진정한 믿음은 친히 본 자들이 확증해 주는 역사적 사실들에 기초하고 있다. 베드로는 여기서 새로운 주제를 도입하고 있다. 금세 주님의 강림에 대한 언급으로 접어든 것이다: "우리 주 예수 그리스도의 능력과 강림하심". 그는 영원한 나라로의 영접에 관해 이미 언급했으며(1:11), 또한 그 자신이 이생으로부터 떠날 것에 대해서도 기록했다. 이제 그리스도의 재림 교리에 대한 그의 변증은 그가 그리스도의 위엄을 진실로 보았던 변화산에서의 경험에 기초하고 있다. 그가 앞서 기록한 서신에서 베드로는 그리스도의 강림에 관해 수차례에 걸쳐 언급했다(벧전 1:5, 13; 4:13). 베드로는 이 교리를 그의 독자들이 항상 명심해야 할 지극히 중요한 교리로 생각했던 것이 분명하다.

그러나 어떻게 변화 사건이 주님이 권능으로 다시 오시리라는 사실을 입증해 주는가? 변화 사건은 그리스도가 영광 중에 오실 때 어떠한 모습일지를 세 명의 사도들, 즉 베드로와 야고보와 요한에게만 보여 주도록 계획된 것이었는데, 그렇게 함으로써 그들에게 그의 나라를 미리 맛보여 주셨다(참조, 마 16:28~17:2; 막 9:1~8; 눅 9:28~36). 따라서 이 사건은 그들이 결코 잊을 수 없을 영광스러운 체험적 증거였던 것이다.

1:17~18 베드로의 숭고한 언어는 제자들 중에서도 중심인물들 중 하나로서 볼 수 있는 특권을 누릴 수 있었던, 그가 구세주의 진정한 위엄을 전달하고자 품었던 열망으로부터 생겨난 것일지도 모른다. 베드로는 그의 독자들이 그리스도의 첫 강림을 넘어서서 그가 변화산 위에서 나

타내 보여 주셨던 바로 그 존귀와 영광 가운데 다시 오실 그때를 내다보기를 바랐다. 초대교회 당시 베드로의 설교 가운데서 그는 재림 교리를 확고하게 언명하였다(행 2:32~33, 36; 3:16, 20~21). 흥미롭게도 베드로는 거룩한 산에서 자신이 봤던 것보다 들었던 것에서 훨씬 더 깊은 감동을 받았다. 하늘로부터 난 소리, 즉 지극히 큰 영광(하나님에 대한 호칭으로는 좀 생소한 이름)이라 불리는 하나님 아버지의 소리가 아들을 확증하여 부르셨다.

C. 하나님의 말씀의 의미(1:19~21)

1:19 베드로가 그 잊지 못할 변화산 경험을 진술해 나가는 동안, 그는 하나님의 말씀의 또 다른 형태, 즉 선지자들에 의해 주어진 기록된 말씀을 기억하게 되었다. 사실상 변화산에서 들려왔던 하나님의 음성은 선지자들의 예언을 더 확실하게(베바이오테론[βεβαιότερον]. 참조, 10절의 베바이안, βεβαίαν) 해 주었다. 왜냐하면 변화 사건은 예언의 성취를 표현해 준 것이었기 때문이다. 선지자들이나 변화 사건 모두가 지상에서 이루어지는 예수님의 나라를 가리켰다.

베드로는 권면 가운데서 하나님의 말씀으로부터 어떻게 그 의미를 발견해 낼지를 말하였다. 즉, 너희가 이것을 주의하라는 것이다. 하나님의 기록된 말씀은 빛으로서의 유효성과 권위를 지니고 있다. 오늘날 경험을 기초로 하는 사회 가운데서 많은 사람들이(심지어 몇몇 그리스도인들까지 포함해서) 하나님이 자신들의 삶 가운데 역사하신 특정한 방법에 의해 진리를 확정짓고자 하거나 평가하려 한다. 그러나 베드로에게 있어서(그리스도의 변화시 그와 더불어 경험한) 그 찬란한 경험마저도 선지자들을 통해 기록된 계시의 확실성을 언급할 시점에서는 그 광채를 잃어버린다.

사도 베드로는 빛(19절)과 계시(20절)와 영감(21절)에 대해 기록했다. 구약성경의 예언은 누추한 방안의 어두움과 비교하면 빛이다. 하나님의 예언적 말씀은 어두운 데를 비추는 등불(뤼크노[$\lambda\acute{v}\chi\nu\omega$]: 기름을 태우는 등잔. 참조, 시 119:105)인 것이다. 비록 세상은 죄로 말미암아 어두워지지만(참조, 사 9:2; 엡 6:12), 미래를 가리키는 하나님의 말씀은 신자들에게 하나님의 길들을 밝혀 준다. 그러나 날(즉, 그리스도의 강림. 참조, 롬 13:12)이 밝을 것이다. 낮에는 등불이 더 이상 필요치 않게 된다. 이 등불은 샛별(포스포로스[$\phi\omega\sigma\phi\acute{o}\rho o\varsigma$]: 빛을 도래케 하는 것. 신약성경에서는 여기서만 사용된 단어)에 비교하면 아무것도 아니다. 한밤중에 등불을 기대하며 기다리다가 밝은 샛별이 떠오르면 그 빛이 무색해지듯이, 구약성경의 예언도 광명한 새벽 별(아스테르[$\grave{\alpha}\sigma\tau\acute{\eta}\rho$]; 계 22:16)인 그리스도의 강림을 내다보고 있다. 그리스도가 오실 때까지 그리스도인들은 성경으로 하여금 자신들의 마음을 비추도록 해야 한다(비록 그것이 발하는 빛이 그 날에는 그들의 마음에 있게 될 이해력에 크게 미치지 못할 것이기는 하지만 말이다).

1:20 이제 베드로는 계시에 관해 쓰기 시작한다. "성경의 모든 예언은 사사로이 풀 것이 아니니"라는 구절은 몇 가지로 해석되어 왔다: (1) 성경은 오로지 문맥 속에서 해석되어야 한다. 다시 말해서 한 예언은 다른 예언들의 도움 없이 단독으로 이해될 수 없다는 것이다. (2) 성경은 신자 자신의 개인적인 기호에 따라 해석되어서는 안 된다. (3) 성경은 성령의 도움

없이는 올바르게 해석될 수 없다. (4) 예언들은 선지자들 자신에게서 비롯되지 않았다. 에필뤼세오스([ἐπιλύσεως]: 해석, 문자적으로는 '풀다')와 기네타이([γίνεται]: 나왔다)는 네 번째 견해를 지지해 준다. 성경은 단순히 선지자들 자신으로부터 생겨난 것이 아니다. 그들의 글은 하나님으로부터 왔다. 그렇다면 20절은 해석에 관해 언급하고 있는 것이 아니라 계시, 즉 성경의 원칙을 언급하고 있는 것이다.

1:21 본 절은 베드로가 20절에서 예언들이 선지자 자신들에게서 비롯된 것이 아니라 하나님으로부터 왔다는 사실을 쓴 것이라는 견해를 지지해 준다. "예언은 … 사람의 뜻으로 낸 것이 아니요 오직 성령의 감동하심을 받은 사람들이 하나님께 받아 말한 것임이라."

성경의 저자들이 예언을 기록할 때 그들은 하나님의 영에 감동을 받거나 혹은 영의 촉구하심대로 기록하였다. 그들이 기록했던 것들은 이와 같이 하나님에 의해 감동된 것들이었다(딤후 3:16). '감동하심을 받은'은 페로메노이(φερόμενοι)를 번역한 것이다. 누가는 이 단어를 바람에 밀려 항해하는 배를 지칭하는 데 사용했다(행 27:15, 17). 성경 저자들은 신적 저자인 성령에 의해 조명을 받았다. 그렇지만 그들은 저작 과정에 자신의 의식을 갖고 참여했다. 즉, 그들은 받아쓰기를 한 것이 아니었으며 그렇다고 황홀경 상태에서 기록한 것도 아니었다. 신자들이 확실한 예언의 말씀을 가지고 있다는 사실은 놀라운 일이 아니다. 또한 그리스도인의 양식이 성경에 의존되어야 한다는 사실도 놀라운 일이 아니다. 성경은 곧 하나님 자신의 말씀이기 때문이다.

Ⅳ. 그리스도의 전투 : 거짓 선생들의 공격(2장)

AD 313년 밀라노 칙령이 선포되고 난 후에야 교회는 비로소 합법적이고 공개적으로 교리를 널리 퍼뜨리면서 세상으로 자유롭게 진출해 나갈 수 있었다. 그러나 그와 동시에 세상 또한 교회 안으로 스며들어 오기 시작해서 종교개혁이 일어나기까지 장장 1,200년에 걸쳐 교회의 메시지를 약화시켰다. 그러나 베드로후서 2장은 이미 콘스탄티누스 황제 이전부터 세상이 교회 안에 들어와 있었음을 분명히 한다. 신자들은 어느 시대든지 세상의 공격에 대한 방어 태세를 끊임없이 유지해 나가야 한다.

A. 거짓 선생들로부터 벗어남(2:1~9)

7절과 9절에 나타나는 '건지다'는 자기 백성을 갖가지 어려움과 위험으로부터 구출해 내려는 하나님의 바람과 또한 그렇게 하실 수 있는 능력을 말해 준다. 그런데 하나님은 심지어 그의 백성이 (롯처럼) 구출받고자 하는 의사가 분명하지 않을지라도 강권적으로 구출해 내시는 분이다. 그러나 구출하시는 주님의 능력에 의존하는 것이 거짓 선생들과 거짓 선지자들에 대한 전투에 참가하지 못한 데 대한 변명은 되지 못한다.

1. 거짓 선생들이 폭로됨(2:1~3)

2:1 교묘한 활동들을 통한 사탄의 속임수는 항상 존재한다. 그러한 속임

수는 1장 19~21절에서 언급되었듯이 선지자들이 예언의 말씀을 쓸 당시의 이스라엘에도 나타났으며, 또한 1세기 교회 내에도 현존하였다. 비록 베드로가 과거 거짓 신지자들에 관한 이야기로부터 당시 거짓 선생들에 대한 이야기로 전환해 나갔지만, 그들의 가르침은 동일하게 이단적이었다. 거짓 선지자들은 주변의 이방 민족들로부터가 아니라 이스라엘로부터 자주 일어났다(참조, 렘 5:31; 23~9~18). 그와 마찬가지로 거짓 선생들도 교회 가운데서 생겨난다. 그들은 멸망케 할 이단인 자신들의 거짓 가르침들을 가만히 끌어들인다. '가만히 끌어들인다'는 '파레이사쿠신'([παρεισάξουσιν]: 곁으로 끌어들이다. 참조, 갈라디아서 2장 4절에서 명사형 '파레이삭투스[παρεισάκτους]를 번역한 '가만히 들어온')을 번역한 것이다. '이단'은 '하이레세이스(αἱρέσεις)를 번역한 것인데, 고대 헬라어에서 이 단어는 단순히 철학 학파들을 의미했다. 그러나 신약성경 저자들은 이 단어를 종교적 무리들이나 분파들(예를 들면, 사두개파[행 5:17]나 바리새파[행 15:5]), 혹은 거짓 교리에 기초를 둔 도당들(예를 들면, 고린도전서 11장 19절의 '파당')을 지칭하는 데 사용했다. 그와 같은 이단들은 멸망하게 할 존재들이다. 왜냐하면 그들은 사람들을 그리스도로부터 멀어지게 함으로써 영적 파멸(아포레이아스[ἀπωλείας])에 이르도록 만들기 때문이다.

이단들의 관심의 초점은 그들이 부인하던 주, 즉 그리스도에게 맞춰져 있었다(참조, 유 4절). 이로 말미암아 그들은 스스로 영적 파멸, 즉 멸망(아포레이안[ἀπώλειαν]. 참조, 벧후 2:3; 3:16)에 이르게 될 것인데, 그 파멸은 임박한(타키넨[ταχινήν]: 갑작스러운. 1장 14절의 타키네[ταχινή: 임박한]를 참조하라) 것이었다. 그렇다면 백성 가운데 일어났다고 한, 주님이 사신(아고라산타[ἀγοράσαντα]: 구속하다) 거짓 선생들이 어떻게 영원한 파멸로 끝날 수 있는가? 몇 가지 제안들이 제시되어 왔다: (1) 그들은 구원을 받았었지만 자신들의 구원을 상실해 버렸다. 그러나 이 제안은 다른 많은 성경 구절들과 상반된다(예를 들어, 요 3:16; 5:24; 10:28~29). (2) '사셨다'는 말은 주님이 그들을 창조하셨다는 의미이지 그들이 구원을 얻었다는 의미는 아니다. 그러나 이 제안은 '아고라조'(ἀγοράζω: 구속하다)의 의미를 왜곡하게 만든다. (3) 거짓 선지자들은 그들 스스로 자신들이 그리스도에 의해 사신 바 되었다고 말한다. 하지만 이 제안은 본 절의 의미를 곡해한 것이다. (4) 그들은 그리스도가 그들의 구원을 위해 대속의 값을 지불하셨다는 의미에서 구속받았다. 그러나 그들은 그 구속함을 자신들에게 적용시키지 않았으며 그래서 구원받지 못하게 되었다. 그리스도의 죽으심은 모든 자들을 구원하기에 충분하다(딤전 2:6; 히 2:9; 요일 2:2). 그러나 그것은 믿는 자들에게만 유효하다. 이 제안은 무제한적 속죄(즉, 그리스도가 모든 자를 위해 돌아가셨다는 견해)를 강력하게 입증해 주는 반면에 제한적 속죄(즉, 그리스도가 장차 구원하실 자들만을 위해 돌아가셨다는 견해)는 강력하게 반증한다.

2:2 많은 거짓 선생들과 관련해서 비극적인 사실은 여럿의 활동이 성공적이라는 점이다. 즉, 사람들이 그들의 가르침을 듣고 그들처럼 호색하는 것(아셀게이아이스[ἀσελγείαις]: 베드로는 이 단어를 베드로전서 4장 3절[음란]; 베드로후서 2장 7절[음란한]; 18절[음란]에서도 사용했다)을 따른다(롬 13:13; 고후 12:21; 갈 5:19; 엡 4:19; 유 4절에서 사용된 아셀게이아[ἀσέλγεια]를 참조하라). 이는 성적으로 부도덕한 행동들을 두고 한 말이다.

2:3 목회자를 사칭한 협잡꾼과 사기꾼들이 하나님의 양 무리를 자주 괴롭혀 왔다. 그들은 탐심으로써(참조, 14절) 다른 사람들을 돈 버는 데에 이용하고, 교회를 더러운 시장터로 만들어 버린다. '이득을 삼다'(엠포류손타이[ἐμπορεύσονται])는 상업화하는 것을 의미한다(사다, 팔다, 무역하다. 참조, 야고보서 4장 13절의 엠프류소메다[ἐμπορευσόμεθα]: 장사하다 혹은 사업을 진행시키다]). NIV에서 '꾸며낸 이야기'라고 번역된 구절은 문자적으로 '조작된 말'(플라스토이스[πλαστοῖς: 이로부터 영어의 플라스틱[plastic]이 파생되었다] 로고이스[λόγοις])이다. 그리고 그들의 결말은 심판(크리마[χρίμα])이요 멸망(아폴레이아[ἀπώλεια]. 베드로후서 2장 1절에서 두 번 그리고 3장 16절에서도 사용되었다)이다. 그들은 하나님이 진리와 의를 범하는 다른 범법자들을 위해 마련해 놓은 동일한 파멸에 빠진다(베드로는 이를 4~6절에서 언급한다). 그들의 멸망은 '잠들지 않는다'(우뉘스타제이[οὐ νυστάζει]. 신약성경에서는 마태복음 25장 5절에서 잠자는 처녀들을 묘사하는 데 한 번 더 사용되고 있다). 하나님의 공의는 주무시지도 않고 결코 늦는 법도 없으시다.

2. 역사적 심판의 본보기들(2:4~6)

2장 4~10상반절에서 베드로는 주님의 심판과 구출의 몇 가지 실례들을 보여 준다. 베드로는 먼저 세 가지 심판의 본보기들을 인용한 후에(4~6절), 구출의 경우도 한 가지 인용했다(롯의 사례, 7절). 사실 4~9절은 단일 문장으로서, 신약성경 내에서 가장 긴 문장들 중 하나이다. 베드로는 하나님이 하나님 그 자신과 말씀에 대해서 죄를 범하는 거짓 선생들 및 그와 같은 부류의 사람들을 심판하실 것이라는 사실을 드러내고자 했다. 베드로는 역사가 이러한 사실에 대해 풍부한 실례들을 제공해 준다고 기록했다.

2:4 그 첫 번째 본보기는 타락한 천사들의 경우이다. 이는 천사들이 사탄과 더불어 하나님을 대항하여 반역한 사건을 지칭한 것일 수도 있고(겔 28:15) 혹은 창세기 6장 1~4절에 나타난 천사들의 범죄를 지칭한 것일 수도 있다. 베드로의 다른 두 본보기가 모두 창세기(7, 19장)로부터 온 것이기 때문에, 아마도 이 사건 역시 창세기에 기록된 것을 지칭한 것인지도 모른다(하지만 이를 확언하기는 힘들다). 만일 하나님이 천사들을 자기 공의대로 처벌하셨다면, 분명 사람들도 형벌하기를 지체하시지 않을 것이다. 주님은 천사들을 지옥(문자적으로는 '타르타루스'[tartarus: 지옥 밑의 바닥이 없는 구렁]; 이는 심판 때로부터 그들이 궁극적으로 영원한 불 못에 감금될 때까지 수감되어 있는 감옥[어두운 구덩이]을 의미한다)에 던져 넣으셨다. 그들에게는 미래의 심판도 없다. 왜냐하면 그들의 운명은 이미 확정되어 봉인되어 버렸기 때문이다. 베드로는 거짓 선지자들도 반역한 천사들이 당한 것과 동일한 심판을 맛보게 되리라고 주장했다.

2:5 베드로는 홍수 사건의 중요성에 크게 감동을 받았던 것 같다. 왜냐하면 그의 두 서신에서 홍수 사건을 세 차례나 언급했기 때문이다(벧전 3:20; 벧후 2:5; 3:6). '노아와 그 일곱 식구'가 헬라어 원본에는 '노아, 여덟 사람'으로 되어 있다. 다른 일곱 사람은 그의 아내와 세 아들들(셈, 함, 야벳) 그리고 그들의 아내들(창 6:10, 18)이었다. 노아는 의인이었고(창 6:9) 순종하는 하나님의 종으로서 배를 짓는 자였다(창 6:13~22). 베드로는 또한 그가 '의를 전파하는 자'(케뤼카[κήρυκα]: 사자) 즉, 그의 주변을 둘러싸

고 있던 추악한 패역함에 대항하여 설교했던 자라는 사실을 덧붙였다.

베드로전서 2장 5절의 주된 관심은 경건하지 아니한 자들의 세상이었던 홍수 이전 문명에 대한 하나님의 엄한 손길에 집중되어 있다. 오늘날 거짓 선생들은 자신들의 수효가 많다는 것을 이유로 하나님의 심판을 면할 수 있을 것이라고 생각하는가? 베드로는, 그러한 자들에게 그리고 그들이 미혹할 대상으로 삼고 있는 자들에게, 하나님은(단지 여덟 명을 제외한) 온 인류가 그 대상이 될지라도 악을 심판하실 수 있다는 사실을 상기시켜 준다. '내리셨다'(에팍사스[ἐπάξας]: 에파고[ἐπάτω, 가져오다]로부터 변형된 과거분사)는 홍수 사건에 나타난 하나님의 갑작스러운 심판을 암시한다. 베드로는 같은 동사를 1절에서 스스로에게 멸망을 가져오는 이단들에 대해 언급할 때도 사용했다.

2:6 하나님이 소돔과 고모라 성을 불로 멸망시키신 것은 경건하지 않은 자들이 전 세계적으로 멸망하는 사건에 대한 고전적인 본보기이다(창 10:15~29). 신약성경에서 여기서만 사용되고 있는 '테프로사스'(πεφρώσας: 재가 되게 하사)라는 분사는 '재로 화하다' 혹은 '재로 덮이다'라는 뜻이다. 베드로는 이 본보기를 하나님이 후세에 경건하지 아니할 자들에게 본(휘포데이그마[ὑπόδειγμα]: 모델, 모형)을 삼으셨다고 말함으로써 결론짓는다(참조, 유 1:7). 여기에 나타난 사도 베드로의 목적은 이 역사적 심판 사건을 인용하려는 것이지 그와 같이 가혹한 패망의 원인을 자세히 설명하려는 것은 아니었다. 오늘날 서구 문명을 심각하게 위협하고 있는 동성애는 두 고대 도시에서 행해졌던 수치스러운 행위를 생각나게 해 준다(창 19:4~5, 참조, 창 13:13; 롬 1:27).

3. 하나님의 구출하심이 설명됨(2:7~9)

2:7~9 베드로는 한 구출 사건(노아와 그의 가족의)을 언급했다(5절). 그는 이제 또 하나의 구출 사건, 즉 하나님이 롯을 구출하신 사건을 인용한다. 여기서 구약성경의 잘 알려진 구절에 대한 신약성경의 흥미로운 주석이 다시 한 번 나타난다(참조, 5절 주해). 창세기 19장에서 롯은 거의 '의인'으로 나타나지 않는다. 아마도 경건함이 그의 매일매일의 삶에서 나타나는 변함없는 모습은 아니었던 것 같다. 그러나 그는 하나님 앞에서만큼은 의로운 사람이었다(베드로후서 2장 7~8절에서 세 차례에 걸쳐 나타나는 '의로운'이라는 단어는 '디카이온'[δίκαιον: 의롭다함을 받은]이다). 이러한 사실은 롯이 그를 둘러싸고 있던 부당한 범죄행위들로 말미암아 고통당하였다(카타포누메논[καταπονούμενον: 괴롭힘을 당하는, 압제를 당하는]; 신약성경에서는 본 절과 사도행전 7장 24절에서만 사용되었다)는 점에 의해 증명된다. 그 쌍둥이 도시, 소돔과 고모라에 거하던 사람들은 음란하였고(엔 아셀게이아[ἐν ἀσελγείᾳ]: 성적 방탕에 빠진; 베드로후서 2장 2절에서 '아셀게이아스'(ἀσελγείαις)는 호색으로 번역되었다), 무법하였으며(아데스몬[ἀθέσμων]: 무도한]; 신약성경에서는 여기와 3장 17절에서만 사용되었다), 불법한(아노모이스[ἀνόμοις]: 어떤 기준이나 법이 없는) 행실을 자행하였다. 롯은 이 일들로 고통을 당하였을 뿐만 아니라 그 의로운 심령이 상할(에바사니젠[ἐβασάνιζεν]: 고문을 당한, 고초를 겪은. 참조, 마 8:29) 정도였다. 그들의 사악한 모든 행실들을 날마다 보고 듣는 것이 롯에게는 심적 고문이 될 정도로 큰 슬픔이었다.

베드로후서 2장 9절에서 그가 4~9절에 펼친 언급의 요지가 드러나고 있다. "주께서 경건한 자는 시험에서 건지실 줄 아시고 불의한 자는 형벌 아래에 두신다." 하나님이 경건한 자를 시험에서 구출해 내실 수 있다는 사실은 노아와 그 일곱 식구들 그리고 롯과 그의 아내 및 그의 딸들의 본보기로 실증되면서, 신자들에게 위로의 근원이 되어 준다. 이와 반대로 하나님이 불의한 자는 심판 날(참조, 3:7)에 크고 흰 보좌의 심판과 불못(계 20:11~15)이 임하기까지 지키신다(테레인[τηρεῖν]: 경계하며 지키다). 그동안 하나님은 이생에서도 형벌을 계속 내리시며(참조, 롬 1:27하), 죽음 후에는 하데스에 가둬 두신다(눅 16:23). 콜라조메누스([κολαζομένους]: 징벌하는, 상처를 입히는)라는 분사는 신약성경 전체를 통해 단 한 번밖에 사용되지 않는 또 하나의 단어다.

B. 거짓 선생들이 묘사됨(2:10~16)

거짓 선생들은 천사들이나 노아 시대의 세상이나 소돔과 고모라의 죄악된 사람들처럼 하나님에 의해 분명히 심판을 받을 것이다. 10~16절에서(그리고 17절에서도) 베드로는 1세기에 교회를 병들게 했던 거짓 선생들의 진정한 본성을 묘사하였다.

1. 그들은 반역적이다(2:10~12상)

2:10~12상 사도들과 선생들은 하나님 앞에서의 순결함과 정결함을 강조하였다. 그러나 이러한 기준들을 부인했던 교회 내의 거짓 선생들은 소돔과 고모라의 사람들처럼 그들 자신들이 육신의 욕망에 빠져 있음을 드

러내 보여 주었으며(육체를 따라 더러운 정욕[미아스무, μιασμοῦ: "불결, 더럽힘] 가운데서 행하며) 또 주관하는 이를 멸시하는 자들도 그러했다(참조, 유 1:16, 18). 그러나 이 '주관하는 이'는 평범한 주권자가 아니다. 분별력 없는 무법자들이 자신의 주인을 멸시했던 것이다(카타프로눈타스[καταφρονοῦντας]: 우습게 보다). 주관하는 이로 번역된 퀴리오테토스([κυριότητος]: 권위)는 천사적 지위에 있는 권세자들(엡 1:21; 골 1:16) 아니면 주님(퀴리오스[κύριος]) 자신의 권위를 지칭하는 것인데(참조, 벧후 2:1) 후자일 가능성이 더 크다. 우리는 이러한 사상을 가진 사람들, 즉 당돌하고(톨메타이[τολμεται]: 건방진) 자긍하며(아우다데이스[αὐθάδεις]: 억지 부리는. 참조, 딛 1:7) 영광 있는 자들(독사스[δόξας]: 아마도 타락한 천사들일 것이다)을 비방(블라스페문테스[βλασφημοῦντες])하는 자들을 예상해 볼 수 있다. 그들의 신성모독적 행위란, 정욕적 탐닉이 천사들이 하는 일이자 하나님은 사람이 아무런 제재도 받지 않고 살기를 원하신다고 가르치는 행위였을 것이다.

거짓 선생들은 천사들도 하지 아니할 일들, 즉 그들을 거슬러 비방하는 일들을 자행하고 있었다. 사람들은 더 큰 힘과 능력을 가진 자들(즉, 천사들)이 좀 덜한 능력을 가진 자들(즉, 타락한 천사들)을 비판할 수 있을 것이라고 생각할지도 모른다. 그러나 주 앞에서는 그러한 일이 절대로 허락되지 않는다(참조, 유 1:8~9). 그렇지만 이들 비방자들의 자부심은 너무 엄청나서 자신들의 가르침과 일치하지 않는 자들에게는 누구를 막론하고 공격을 가하였다. 그러면서도 그들은 자기들이 신성모독적인 행위를 하고 있다는 사실마저도 전혀 알지 못했다(벧후 2:12상. 참조, 유 1:10).

2. 그들은 동물적이다(2:12하)

2:12하 1세기의 거짓 선생들은 이성 없는 짐승 같았다. 그들은 이성적인 판단보다는, 자신들의 죄악된 본성에 붙들려 본능에 의해 행동하였다. '본래(타고) 난'으로 번역된 '퓌시카'([φυσικά]: 본성에 속한)가 NIV에서는 '본능적인 피조물'(creatures of instinct)로 번역되었다. 그들은 자기의 본성적 열망들을 따라 행동하였다. 밀림의 동물들처럼 그들의 유일한 가치는 잡혀 죽는 데 있었다(참조, 유 1:10). 베드로에게서 흘러나오는 이 같은 거친 언어는 그가 이단들을 얼마나 심각하게 받아들였는지를 시사해 준다. '그들의 멸망 가운데서 멸망을 당하며'로 번역된 헬라어 구절은 문자적으로 '저희가 저희의 멸망(프도라, φθορᾷ) 가운데서 멸망을 당하였다'(프다레손 타이, φθαπήσονται)인데, 이는 재미있는 말장난이다(참조, 엡 4:22의 '썩어져 가는'). 여기서 멸망은 아마도 영원한 형벌을 의미하는 것 같다.

3. 그들은 속임수에 능하다(2:13)

2:13 12하반절에서의 말장난은 13상반절에서의 베드로의 논점, 즉 거짓 선생들이 자신들의 올무에 걸리게 되리라는 주장의 배경을 설정해 준다. 그들은 불의(아디키아스[ἀδικίας]: 부정 혹은 사악함. 참조, 15절)의 값으로 불의(아디쿠메노이[ἀδικούμενοι: 피해를 입은, 혹은 부당한 대우를 받는]; 미스돈[μισθόν: 임금])를 당할 것이다. 하나님은 그들이 다른 사람들에게 행한 대로 그들에게 갚으실 것이다(참조, 갈 6:7). 비록 거짓 선생들이 자기 자신을 특별한 차원의 지식을 소유한 영적 지도자들로 가장해 보려 하지만 그들은 자신의 방탕한 생활조차도 어두움 속에 감추지 못하

였으며, 오히려 낮에 즐기고 노는 것을 기쁘게 여기고 속임수(아파타이스 [ἀπάταις]: NIV에서는 '즐거움'(pleasure)으로 번역했지만 '속임수'로 번역하는 것이 더 나은 것 같다)로 즐기고 놀았다. 그들은 이 모든 일들을 교회의 애찬식에 공공연하게 참여하여 자행하였다(참조, 유 1:12). 그들은 점(스필로이[σπίλοι])과 흠(모모이[μῶμοι]. 참조, 벧후 3:14)이었다. 깨끗한 옷에 얼룩이나 자그마한 반지에 나 있는 흠집처럼, 그들은 주의 만찬에 참여함으로써 그 만찬을 더럽혔다. 이것은 그들이 다른 사람들에게 행하였던 불의한 행위들 중 하나였다.

4. 그들은 상습적인 죄인들이다(2:14)

2:14 베드로가 이러한 이단들을 정죄하는, 명확하게 끊어진 구절들을 집결시켜 나가는 가운데, 그의 글에서 신랄한 비난이 흘러나온다. 만일 지금 이 시점까지 거짓 선생들의 구원에 관하여 논란의 여지가 있었다면, 베드로는 그들이 상습적인 범죄자들이요, 그들의 눈은 계속해서 죄 짓기만을 추구하고 있다는 사실을 지적함으로써 그들의 구원에 대한 문을 완전히 닫아 버린 것이다. '음심이 가득한 눈을 가지고'를 NIV에서는 '음심으로 가득한 눈으로'(With eyes full of adultery)로 번역했다. 그들은 여인을 볼 때마다 자신과 간음할 것만 연상한다. '범죄하기를 그치지 아니하고'는 그들이 자신의 눈으로 죄를 범하는 것을 지칭하는 것으로 보인다(마 5:28). 만일 그와 같은 사람들이 신자로 간주되어야 한다면, 이는 습관적인 범죄는 하나님에게서 난 자의 모습이 아니라는 요한의 사상(요일 3:9)과 대립될 것이다.

그들의 속임수는 굳세지 못한 자들(참조, 3:16)을 유혹하는(델레아조

[δελεάζω: 미끼로 꾀다, 유인하다]로부터 온 단어, 베드로후서 2장 18절과 본 절에서만 사용되고 있다) 것을 목표로 하고 있다. 그들은 또한 탐욕에 있어서 전문가들이다(참조, 2:3, 문자적으로는 '탐욕에 연단된 마음을 가진 자들'). '연단된'은 '게큄나스메넨'([γεγυμνασμένην], 이 단어로부터 영어의 'gymnasium'[체육관]이 파생되었다)을 번역한 것이다. 그들은 탐심에 있어서 전문가들로서 탐욕의 기교를 갈고 닦으며 활용해 나간다. 그럼에도 불구하고 그들은 결코 만족하는 법이 없다. 따라서 베드로가 그들을 저주의 자식(하나님의 손에 의해 확실히 파멸당할 것을 의미하는 히브리식 표현법이다)으로 부르는 것도 놀라운 일이 아니다. 호색, 속임수, 탐욕―이들 모두 하나님의 진노를 사기에 마땅한 것들이다.

5. 그들은 용병들이다(2:15~16)

2:15~16 여기서 베드로는 구약성경의 네 번째 실례를 제시하고 있는데, 이번에는 창세기에서 민수기로(22~24장) 옮아갔다. 거짓 선지자들은 짐승과 같았으며(벧후 2:12), 그래서 그들의 본보기인 브올의 아들 발람이 짐승에게서 질책을 받았다(민 22:28, 30). 그의 돈 버는 데만 관심 있는 사고방식에 덧붙여서('그는 불의의 삯[미스돈 아디키아스, μισθόν ἀδικίας]을 사랑하다가'. 참조, 베드로후서 2장 13절에 나타나는 동일한 구절), 발람은 실제로 모압 사람들에게 이스라엘 남자들을 속여 모압 여인들과 부정한 관계들을 맺도록 만들라고 촉구함으로써 이스라엘 진중에 부도덕을 들여놓으려 했다(민 31:16. 참조, 민 25:1~3; 계 2:14). '나귀가 사람의 소리로 말하여'(프덴자메논[φθεγξάμενον]: 소리를 내다. 베드로후서 2장 18절에서도 사용되었다) 이 선지자의 미친 행동을(파라프로니안

[παραφρονιάν]: 문자적으로 '올바른 생각으로부터 떨어져 나가다'. 신약성경 전체를 통해 본 절에서만 사용되었다) 저지하였다. 말 못하는 짐승에 지나지 않는 나귀가 발람보다 더 낫지 않았던가! 발람과 같은 거짓 선생들은 너무 오랫동안 그리고 너무 심하게 죄를 지어 왔기 때문에 그들의 죄는 미친 모습으로 발전하였다. 오늘날에도 수많은 사람들이 자기 자신을 탐욕과 호색에 철저하게 내맡겨 버림으로써 그들의 생활양식이 영적으로 미친 상태에 도달해 있다. 돈과 섹스는(심지어 종교라는 미명 아래) 계속해서 많은 사람들을 영적 파멸로 이르게 하고 있다. 이는 발람의 실책으로서(유 1:11), 그의 길은 바른 길을 떠나 있다.

C. 거짓 선생들의 파괴 행위(2:17~22)

이단들의 궁극적 심판이 확실하기는 하지만, 베드로가 그와 같은 사실을 굳이 기록하였던 것은 그들이 교회 내에서 계속 더해 가는 영적 손실 때문이었다. 베드로는 하나님이 경건치 못한 사람들로부터 구출해 내시는 널따란 길에 대해 설명하고, 또한 거짓 선생들에 대해 생생히 묘사한 후, 이제 그와 같은 거짓 가르침이 교회에 끼칠 수 있는 파괴 행위에 대해 설명한다.

1. 파괴의 목표(2:17~18)

2:17~18 저주의 자식(14절)은 그 접근 방식의 기만적인 성격과 그 대상

들의 연약성 때문에 영향력을 발휘할 수 있다. 거짓 선생들은 물 없는 샘이요 광풍에 밀려 가는 안개다(참조, 유 1:12~13). 두 경우 모두에서 사람들은 어떤 유익이나 즐거움(즉, 샘으로부터 솟아나는 시원한 물과 구름으로부터 내려올 시원한 소나기)을 기대할지 모르지만 실망하고 만다. 갖지 않은 것을 가진 듯 연기하는 것이야말로 위선의 본성인 것이다. 베드로는 또다시(참조, 벧후 2:1, 3, 9, 12~13) 그들이 받게 될 심판에 대해 기록하였다. 그들을 위하여 캄캄한 어둠(문자적으로는 '암흑 같은' 혹은 '칠흑 같은'[조포스: ζόφος. 참조, 4절의 '어두운'] 어두움)이 예비되어 있다(참조, 유 1:13). 이 '어둠'은 아마도 지옥일 것이다. 모든 이단들의 포교 활동이 그러하듯이 거짓 선생들이 그들의 대상을 겨누는 무기는 인간의 언어이다. 그들이 허탄한(마타이오테토스[ματαιότητος]: 무익한, 가치 없는, 결심 없는. 참조, 엡 4:17) 자랑의(휘페롱카[ὑπέρογκα]: 부풀은. 베드로가 사용한 또 하나의 '하팍스 레고메논') 말(벧후 2:16)을 토한다. 그들이 사람들을 감동시켜 속이려고 하는 그와 같이 고조된 말은 실제로는 무가치하여 나귀가 발하는 소리와 다를 바가 없다. 거짓 선생들은 음란으로써(아셀게이아이스[ἀσελγείαις]: 미끼로 꾀다, 유인하다. 베드로후서 2장 14절에서도 사용되었다) 육체의 정욕(참조, 7절) 중에서 유혹하고자 했다. 선생들 자신이 방종함으로써 그리스인들도 자신과 동일하게 될 것을 고무하였다.

그와 같은 선전 활동과 육감적인 방종 행위는 이제 겨우 복음을 배워서 자신의 삶에 가르침을 적용시켜 보려는 몇몇 사람들에게는 호소력이 있다. 그릇되게 행하는(문자적으로는 '계속 살아가고 있는'. 현재분사) 사람들에게서 겨우 피한 자들은, 대부분의 주석가들에 의하면 신자가 아니다. 하지만 성경을 연구하는 어떤 사람들은 여기서 이단에 의해 꼬임을 받은 자들이란 이미 그리스도에게 개종한 자들로서, 그들이 개종함으로써 거짓 가운데 살아가는 그들의 이교 동료들로부터 최근에 벗어난 자들이라고 말한다.

2. 파괴의 수법(2:19)

2:19 거짓 선생들의 수법은 순진한 자들에게나 먹혀 들어갈 수 있는 것이다. 왜냐하면 이단들은 100kg이 넘는 몸무게를 가진 사람에게 '체중 감량 식이요법 책'을 판매하고 있는 것이나 마찬가지이기 때문이다. 그들은 자유를 준다고 약속한다. 그러나 그들 자신은 절망적으로 멸망의 종이 되어 있는 것이다(요 8:34~36). 약속에 대한 그들의 허무한 자랑의 약속들은 사탄이 하와에게 한 말을 회상시켜 준다(창 3:5). 이 노예 상태는 단순히 소유권의 문제가 아니라 어떤 사람이나 사상이나 물질에 의해 한 사람의 의지가 속박되어 있음을 의미한다(롬 6:16; 고전 6:12하).

3. 파괴의 결과(2:20~22)

이 세 절이 누구에 대해 말하고 있는가? 네 가지 견해가 가능하다.

(1) 어떤 이들은 그들이 거짓 선생들의 공격 대상이 아닌 거짓 선생들 자신을 지칭하는 것이라고 말한다(Edwin A. Blum, "2Peter" in *The Expositor's Bible Commentary*, 12:282).

(2) 그러나 18절 말미(헬라어 원문상)의 "그릇되게 행하는 사람들에게서 겨우 피한 자들"과 20절의 시작 부분("만일 그들이…세상의 더러움을 피한 후에")의 연관성은 그들이 복음을 들었으나 온전히 서지 못하고 구원받지 못한 자들을 지칭한다는 견해를 지지해 준다(18절).

⑶ 다른 사람들은 그들이 거짓 선생들과 또한 그들의 가르침을 따름으로써 자신들의 구원마저 상실해 버릴 수 있는 '개종자들' 모두를 지칭한다고 생각한다. 하지만 이 견해는 신자들에게 영원한 구원을 약속해 주는 많은 성경 구절들에 배치된다.

⑷ 다른 한 가지 견해는 이 세 절들이 새신자들에게 "그들이 구원받기 전보다 더 적은 쾌락과 더 적은 성취감밖에 얻을 수 없는 세속적인 삶에 다시 붙들리지 않도록 하라"는 경고로서 주어지고 있다는 견해이다 (Duane A. Dumham, "An Exegetical Study of 2 Peter 2:18~22", *Bibliotheca Sacra* 140, January–March, 1983:51).

2:20~21 20절의 그들이 선생들을 지칭하든 그 피해자들을 지칭하든 간에, 두 집단 모두에게 자유와 생명을 생산해 낼 수 있는 예수 그리스도에 관한 지식이 소개되었다. 그러나 그 지식이 거절되었을 때, 그들의 결말은 보다 깊은 패역이요("다시 그 중에 얽매이고 지면"), 짐작건대 덜 심각한 정도의 형벌이 내려지게 될 것이다. 사실상 그들은 의의 도를 안 후에 받은 거룩한 명령(사도의 메시지)을 저버리는 것보다 알지 못하는 것이 도리어 그들에게 나았을 것이다.

2:22 유대인들은 개와 돼지를 가장 저급한 피조물로 간주하였다(참조, 마 7:6). 그래서 베드로는 진리를 알았다가 그것으로부터 돌아서 버리는 사람들을 묘사하는 데 이들 두 동물을 택하였다. 첫 번째 속담인 "개가 그 토하였던 것에 돌아간다"는 잠언 26장 11절로부터 인용한 것이다. 두 번째 속담, "돼지가 씻었다가 더러운 구덩이에 도로 누웠다"는 아마도 1세기경 유대인들 사이에 흔히 알려져 있던 속담일 것이다. 두 속담에 깔려

있는 원리는 똑같다: 이 배교자들은(거짓 선생들이든 그 피해자들이든, 아니면 둘 다이든 간에) 그들이 가장한 모습이 결코 진정한 모습이 아니었으며, 따라서 그들이 줄곧 간직해 왔던 본모습으로 되돌아갔다는 것이다. 개와 돼지는 잠깐 깨끗이 씻길 수는 있으나 계속 깨끗하게 남아 있지는 못한다. 왜냐하면 그들의 본성 가운데 더러운 삶으로 되돌아가려는 경향이 있기 때문이다. 그와 같은 배교자들은 보다 단단한 올무에 묶여서 진리로부터 더욱더 멀어져 가며, 결국 과거 어느 때보다 더 깊은 영적 추악함에 빠지게 된다.

오늘날 신자들도 거짓 선생들에 대한 베드로의 경고에 주의를 기울이고, 자신을 위해 진리를 분별하는 법을 배우고, 또한 다른 사람들에게 그 진리를 가르치는 것이 마땅하다. 거짓 선생들은 스스로 멸망을 맞을 것이며, 다른 사람들은 그들에 의해 멸망할 것이다. 그러나 그리스도인들이 자신의 영적 대적들의 정체와 이단들이 사용하는 파괴 수법들 및 그들의 속임수의 최종 결말을 알기만 한다면, 영적 전투를 보다 효율적으로 수행해 나갈 수 있다.

Ⅴ. 그리스도인의 소망: 주의 강림(3:1~16)

기다리기를 좋아하는 사람은 거의 없다. 그러나 신자들이 주의 강림을 기다릴 때 하나님이 그들에게 요구하시는 바가 바로 그 기다림이다. '프로스도카오'([προσδοκάω]: 기대하다)라는 단어가 본 장에서(12~14절) 세 번에 걸쳐 나타나고 있다. 이는 누가복음 12장 46절에서 '생각하지(않은)'로 번역된 것과 같은 헬라어 단어이다.

1세기 그리스도인들은 그리스도의 재림에 관한 구약성경의 예언들에 익숙해 있었으며, 거기에 더하여 주님 자신의 약속들과 본 서신에서 베드로의 경우처럼 사도들에 의한 계속적인 재확인이 더해졌다. 베드로후서 3장 1~16절은 주님의 강림에 관한 다섯 가지 사실들 혹은 시각들을 제시해 준다.

A. 신자들은 주의 강림을 기억함(3:1~2)

3:1 그의 독자들을 '사랑하는 자들아'(아가페토이[ἀγαπητοί]: 본 장에서 네 번 사용되었는데, 그 중 첫 번째이다. 1, 8, 14, 17절. 참조, 유 1:17~18)라고 부르면서, 베드로는 이 편지를 그들에게 보내는 둘째 편지라고 했는데, 이 두 편지는 그들의 진실한 마음을 일깨워 생각나게 하기 위하여 쓰였다고 말한다. 많은 학자들은 먼저 보낸 편지가 베드로전서일 것이라고 추정한다. 그러나 어떤 이들은 베드로전서를 '생각나게 하는 편지'로 부르는 것이 내용에 비추어 볼 때 적합하지 않다고 말한다. 하지만 무엇보다

중요한 것은 베드로의 저작 목적이다: "너희의 진실한 마음을 일깨워 생각나게 하는" 것이다. '일깨워 생각나게 하여'는 베드로후서 1장 13절의 '일깨워 생각나게 함'과 동일한 헬라어 단어들을 번역한 것이다. '에일리크리네 디아노이안'([εἰλικρινῆ διάνοιαν]: 온전한 생각)은 NIV에서처럼 '진실한 마음'(wholesome thinking) 혹은 '타고난 순수한 기질'로 번역될 수 있다 ('에일리크리네스'는 신약성경 전체를 통해 여기서와 빌립보서 1장 10절에서만 사용되었다(개역개정에서는 '진실한'으로, NIV에서는 '순수한'(pure)으로 번역됨). 영어의 'sincere'(진실한)는 라틴어의 '시네 케라'(sine cera, 밀랍 없이)라는 단어로부터 유래하였다. 어떤 도자기 상인들은 도자기에 나 있는 금이나 약한 부분들을 완전히 가리기 위해 밀랍을 사용하곤 했다. 그와 같은 땜질은 항아리를 햇빛을 향해 쳐들어 보는 것만으로도 금세 발견되었다. 그와 같은 검사를 통과한 항아리는 햇빛에 의해 판정된 것이다 (이것이 헬라어 '에일리크리네스'의 문자적 의미다). 하나님은 그의 백성들이 햇빛에 의해 판정된 마음을 갖기를 원하시지 죄를 덮어 가린 마음을 갖길 원하시지 않는다.

3:2 베드로는 그의 독자들에게 기억할 필요성에 대해 다시 한 번 상기시켰다(참조, 1:12~15). 베드로와 마찬가지로 다른 사람들도 주의 날 및 그와 관련된 주제들에 관한 예언을 했던 거룩한 선지자들에 관해 언급했다(참조, 눅 1:70; 행 3:21; 엡 3:5). 주 되신 구주의 명하신 것은 주님의 가르침들을 가리키는데, 이는 그때 사도들에 의해 선포되었다(참조, 유 1:17). 베드로는 선지자들과 사도들을 연결시킴으로써 두 직책의 권위를 동일한 수준에 올려놓았다(참조, 엡 2:20). 이는 진정한 하나님의 종들을 거짓 종들로부터 구별 짓는 베드로의 초반부 목적과도 잘 들어맞는다. 신자들은

주님의 강림과 관련해서 신구약성경 모두를 기억해야 한다.

B. 조롱하는 자들은 주의 강림을 비웃음(3:3~7)

3:3 베드로는 자기 자신과 그의 독자들이 말세에, 즉 주의 첫 번째 강림과 두 번째 강림 사이의 시대에 살고 있다고 이해했다. '먼저'는(1장 20절에서처럼) 중요성에 있어서 '무엇보다 최우선적인'의 의미이다. 조롱하는 자들은 예수 그리스도와 그의 강림을 부인(2:1; 3:4)하는 거짓 선생들이다. 예수님이 이러한 이단들이 나타날 것이라고 말씀하셨고(마 24:3~5, 11, 23~26), 바울도 동일한 내용을 기록했다(딤전 4:1~3, 딤후 3:1~9). 베드로는 그러한 경고를 상기시키면서, 그들의 조롱이 자기의 정욕(에피튀미아스[ἐπιθυμίας], 벧후 1:4; 2:10, 18; 유 16, 18)을 따라 행함을 수반한다는 사실을 덧붙였다. 다가올 심판에 대해 오만하게 느긋한 척하며 경멸하는 자세를 취하는 사람들은 성적 타락에 빠지게 마련이다.

3:4 그들의 조롱은 날카로운 질문의 형태를 취한다: "주께서 강림하신다는 약속이 어디 있느냐?" 신약성경에서 반복적으로 자주 제시되는 이 약속을 거절하는 행위는(요 14:1~3; 행 1:11; 고전 15:23; 고후 1:14; 빌 1:6; 살전 3:13; 4:14~18; 살후 1:10; 2:1; 딤전 6:14; 딤후 4:8; 딛 2:13; 히 9:28; 약 5:7) 균일설(uniformitarianism)의 원리에 기초하고 있다. 이는 현재와 미래의 우주적 현상의 진행이 우주가 과거에 어떻게 작용해 왔는가에만 의존해서 이해될 수 있다고 하는 견해이다. 우리는 여기서 우주의 질서에 있

어서 하나님의 간섭을 완전히 부정해 버리는 초기 이신론을 발견할 수 있다. 조롱하는 자들은 자연법칙에 의해 지배를 받는 우주 가운데서 기적이란 생겨날 수 없다고 주장한다. 따라서 그들은 예수 그리스도가 다시 오시는 것도 불가능하다고 말한다.

조롱자들은 그들의 주장을 가능한 한 가장 먼 과거 사건으로부터 펼쳐 보이려 했다. 그래서 그들은 조상들, 즉 구약성경의 족장들(요 7:22; 행 3:13; 13:32; 롬 9:5; 11:28; 히 1:1)과 '만물이 처음 창조될 때'에 대해 언급하였다. 조롱자들은 추론한다: 이 모든 기간 동안 아무 일도 일어나지 않았는데 왜 지금에 와서 주의 강림을 기대하겠는가?

3:5~6 베드로는 그와 같은 주장들을 고대 역사의 일부를 되새겨 봄으로써 정면으로 반박하였다. 지구가 처음 조성될 때 물이 하나님의 명령에 의해 중요한 역할을 담당했던 것과 마찬가지로, 물은 또한 하나님의 명령에 따라 지구 멸망의 대행자가 되었던 것이다. '하늘이 옛적부터 있는 것'은 창조 둘째 날에 창조되었던 광활한 공간, 즉 창공과 관련이 있다(창 1:6~8). '땅이 물에서 나와 물로 성립된 것'은 창조 셋째 날에 물로부터 드러났던 땅과 관련 있다(창 1:9~10).

창조주 하나님은 또한 심판주 하나님이시다. 과정에 있어서 어떤 변화라도 그의 주권적 뜻 가운데 아무 때나 일어날 수 있다. 왜냐하면 그는 자연의 모든 과정을 계획하셨고 또한 지금도 관찰하고 계시기 때문이다. 조롱하는 자들은 하나님의 창조 사건과 홍수 심판 사건을 일부러(델론타스 [θέλοντας]: 의도적으로) 잊으려 하는데, 이는 그의 독자들에게 기억하라고 끊임없이 되새겨 준 베드로의 가르침(벧후 1:12~13, 15; 3:1~2, 8)과 흥미로운 대조를 이룬다. 조롱자들은 하나님의 말씀을 일부러 제쳐 놓고서는, 정작 하나님이 아무 일도 하지 않으신다고 불평했다. 이와 대조적으로 베드로는 창조론자인 동시에 우주적 홍수 심판을 믿었던 자였다(참조, 홍수에 관한 그의 다른 언급들-벧전 3:20; 벧후 2:5).

3장 6절의 시작 '이로 말미암아'는 NIV에서는 '이 물로'(By these waters)로 번역되었다. '이'는(헬라어 원문상 5절 마지막에 나타나는) 하나님의 말씀을 지칭하는 것일 수도 있고, 아니면 물과 말씀을 동시에 지칭하는 것일 수도 있다. 그러나 하나님이 세상을 창조하고 또한 멸망시킬 때 공히 물을 사용하셨다는 사실은 NIV의 해석을 지지해 주는 것으로 보인다. 세상(코스모스[κόσμος])은 지구상에 거주하는 사람들을 지칭한다. 왜냐하면 지구 자체는 홍수에 의해 파괴되지 않았기 때문이다. 이와 유사하게 요한복음 3장 16절에서도 세상(코스모스)은 지구상에 거주하는 사람들을 의미한다(참조, 요 1:9; 3:17, 19; 4:42; 6:33; 7:7; 15:18~19; 17:14, 21, 23, 25; 요일 2:2; 3:13; 4:14).

3:7 7, 10, 12절은 신약성경에서 미래에 세상이 불로 멸망될 것을 언급해 주는 유일한 구절들이다. 과거에는 세상이 하나님의 말씀에 의한 홍수로 멸망을 했었다. 이제 미래에는 세상이 동일한 말씀으로 불로써 멸망할 것이다. 세상이 심판당하리라는 것은 이미 결정되었기 때문에(참조, 2:3~4, 9, 17), 하나님은 단지 세상에 대한 심판을 붙들어 보류하고 계시는 것이다. 세상은 불사르기 위하여 보호하신(테데사우리스메노이[τεθησαυρισμένοι]: 보물과 같이 보관해 둠) 바 되어 심판의 날까지 보존하여 두신(테루메노이[τηρούμενοι]: 보호되어 있는) 것이다. 선지자 이사야(66:15~16)와 말라기(4:1)는 불을 주의 강림과 연관시켰다. 불에 대한 언급들은 쿰란 문학(사해사본)에서와 그리스도의 탄생을 전후한 다른 자료

들 가운데서도 발견된다. 주의 날(벧후 3:10)은 대환란과 천년왕국 그리고 크고 흰 보좌의 심판과 이제 하늘과 땅의 파멸을 수반한다. 천년왕국 이후 크고 흰 보좌 앞에서 경건하지 아니한 사람들(즉, 사악한 죽은 자들)은 심판을 받을 것이며, 그 후 불못에 던져질 것이다(계 20:11~15). 베드로가 기록한 바와 같이 이것은 그들의 심판(참조, 벧후 2:9)과 멸망의 날이 될 것이다. 그들이 불 가운데 던져진 후 하늘과 땅은 불로 의해 파괴될 것이다. 하나님은 이전에도(홍수 사건을 통하여) 큰 파멸을 손수 몰고 오셨고, 앞으로도 또 다시 그렇게 하실 것이다.

C. 하나님은 주의 강림을 보증해 주심(3:8~9)

3:8~9 그렇다면 주님이 오시는 것이 왜 그리도 더딘가? 베드로는 두 가지 대답을 내놓는다. 첫째, 하나님은 시간을 사람들과 다르게 계산하신다. 베드로는 다시 한 번 그들의 기억력에 호소하였다("이 한 가지를 잊지 말라"). 조롱하는 자들은 잊어버린다(5절). 그러나 신자들은 그래서는 안 된다. 그리스도인들은 베드로가 인용했던 시편 90편 4절을 회상해야 한다. 사람은 시간을 시간으로 측정하지만 하나님은 시간을 영원으로 측정하신다. 사실상 시간이 길어 보이는 것은 인간의 유한한 안목 때문이다. "주께는 하루가 천 년 같고 천 년이 하루 같다."

어떤 이들은 이 언급이 전천년설(premillennialism)을 반박해 준다고 말한다. 그들은 '천 년'이라는 개념이 문자적으로 받아들여져서는 안 되는 이유로, 천 년의 언급이 단순히 상대적인 시간 규정이라는 점을 지적한다. 그러나 그리스도의 지상 통치가 문자 그대로 천 년이라는 점은 요한계시록 20장 1~6절에서 강력하게 확증되고 있다. 베드로는 여기서 단순히 하나의 직유법을 사용하였을 뿐이다. 조롱하는 자들을 포함한 일반 사람들에게 긴 시간처럼 보이는 것이 주님에게는 매우 짧은 시간에 불과하다. 그렇다면 오늘날 교회 시대는 하나님 편에서 볼 때 단 이틀 정도밖에 경과되지 않았다!

주님의 강림의 때가 늦어지는 것처럼 보이는 두 번째 이유는 하나님이 가능한 한 많은 사람을 구원하기를 원하시기 때문이다(벧후 3:9). "주의 약속은 … 더딘 것이 아니다." '더디다'는 '브라뒤네이'([βραδύνει]: 망설이다, 질질 끌다, 늦추다)를 번역한 것으로 신약성경에서는 여기서 단 한 번밖에 사용되지 않았다. 베드로는 다시 한 번 하나님과 인간을 대조시킨다(참조, 8절). 혹자들이 말하는바 하나님의 '더디심'은("어떤 이들이 더디다고 생각하는 것 같이") 그들의 시간 계획에 비추어 봤을 때 그런 것이지, 하나님의 시간 계획 속에서는 그렇지가 않다. 사실상 하나님의 시간 계획은 하늘에 계신 아버지의 주요 속성인 '오래 참으심'에 의해 수정되고 있다(참조, 15절; 롬 2:4; 9:22).

"아무도 멸망하지 아니하고 … 원하시느니라"(메 불로메노스, μή βουλόμενός)는 구절은 마치 하나님이 모든 자가 구원받도록 뜻하신 것 같이 보이지만, 그러한 섭리를 나타낸 것이 아니다. 보편적 구원은 성경의 가르침이 아니다. 오히려 본 구절은 하나님의 바람을 기술한 것이다. 그는 모든 사람이 구원받기를 바라신다(참조, 딤전 2:4). 그러나 많은 사람들이 주님을 거절할 것을 아신다.

D. 베드로가 주의 강림을 기술함(3:10~13)

3:10 주님이 오실 때, 그 오심은 도둑 같이 놀랍고 파국적일 것이다. 이 직유법은 예수님에 의해 사용되었으며(마 24:42~44) 다른 사람들에 의해서도 반복적으로 사용되었다(살전 5:2; 계 3:3; 16:15). '주의 날'은 휴거가 일어난 후에 시작되어 영원한 세계가 펼쳐지기 시작하면서 절정에 달하게 될 마지막 때의 일들을 그려 준다. 다니엘이 묘사한 '일흔 이레' 중에 적그리스도가 하나님의 백성을 맹렬하게 대적할 것이다(단 9:24~27. 데살로니가전서 5장 2절과 데살로니가후서 2장 2~12절의 주해를 보라).

천년왕국 마지막 때에 일어나게 될 대이변 가운데 하늘(하나님의 거처를 뜻하는 것이 아니라 지구 주변에 둘러져 있는 별들이 존재하고 있는 공중)이 큰 소리로 떠나갈 텐데, 이때 불이 어떤 종류의 방법으로 개입될 것이다(벧후 3:7, 12). 물질(스토이케이아[στοιχεῖα]: 별들, 혹은 우주가 만들어진 재료인 물질적 요소들)이 뜨거운 불에 풀어지고(참조, 12절) 땅과 그 중에 있는 모든 일이 드러날 것이다(유레데세타이[εὑρεθήσεται]). 이 헬라어 단어는 모든 것이 진짜 모습 그대로를 드러나 보이게 될 것을 의미할 수 있다. 아니면 다음과 같은 질문을 던진 것으로 이해될 수도 있다: "지구와 그 안에 있는 모든 것들의 형체가 과연 발견될 수 있는가?" 다른 사람들은(몇몇 다른 헬라어 사본들에 기초하여) '유레데세타이'가 '카타카에세타이'([κατακαήσεται]: 타버릴 것이다)로 대체되어야 한다고 말한다. 아마도 이들 세 견해 중 첫 번째 견해가 가장 타당성이 있어 보인다(NIV와 개역개정).

3:11 베드로는 이 모든 내용을 거룩한 삶을 촉진시켜야 할 강한 동기 유발적 기대로 본다. '너희가 어떠한 사람이 되어야 마땅하냐'는 질문은 수사적이다. 그러나 베드로는 혹자가 그의 질문의 의도를 놓칠 것을 대비하여 답을 제시하고 있다: 거룩한 행실과 경건함으로 살아야 한다. '거룩한 행실'(엔 하기아이스 아나스트로파이스[ἐν ἁγίαις ἀναστροφαῖς]: 문자적으로는 '거룩한 행동으로')은 그리스도인의 구별됨과 성화 즉, 세상으로부터 구별되고 하나님을 향해 나아가는 것을 의미한다. 경건함(유세베이아이스[εὐσεβείᾳ]. 참조, 1:3, 6~7)은 하나님 앞에서의 신앙심을 의미한다. '되어야(마땅하냐)'(휘파르케인[ὑπάρχειν])는 현재 시제로 되어 있는데, 이는 그리스도인의 이러한 속성들이 주님의 강림을 내다보며 언제나 삶 가운데 나타나야 한다는 사실을 가르쳐 준다. 주님의 강림에 의문을 제기함으로써 심판을 자초했던 조롱하는 자들은 경건하지 못한 삶을 살아간다(2:7, 10, 12~15, 18~20; 3:3). 그와 대조적으로 예수님을 따르는 자들은 그의 강림을 기대하면서 경건하게 살아야 한다(14절. 참조, 딛 2:12~14; 요일 3:3).

3:12 거룩한 행실과 경건함(11절)은 하나님의 백성으로 하여금 주의 강림을 바라보게(프로스도카오[προσδοκάω: 기대하고 내다보다]라는 동사로부터 온 단어. 참조, 13~14절) 할 뿐만 아니라(속히) 임하시게 한다. 신자들이 어떻게 해서 '임하심'을 앞당기는가? 주의 백성들의 경건한 삶과 기도와 전도 활동이 다른 사람들로 하여금 회개할 수 있도록 도와 준다. 베드로는 영원의 세계가 시작될 때(여기서 '하나님의 날'로 불리는 그때) 하늘이 불에 타서 풀어지고 물질이 뜨거운 불에 녹아질 것이라는 사실을 다시 언급함으로써 강조하였다(참조, 10절에 대한 주해). 이 사건은 '주의 날'

(10절)을 끝맺으면서 또한 '하나님의 날'을 시작하게 해 준다.

3:13 이제 옛 우주가 새 하늘과 새 땅에 자리를 내주게 될 텐데, 신자들이 바라보는 것은 지구의 파멸이 아닌 새 하늘과 새 땅인 것이다(참조, 12, 14절). 그의 약속대로 주어진 새 하늘과 새 땅은 마침내 '의가 있는 곳'(문자적으로는 '그 안에 의가 영구히 거한다'), 즉 고향이 될 것이다. 그곳이 의의 고향이 되는 이유는 거기에 '의로운 분'이 계실 것이기 때문이다(렘 23:5~7; 33:16; 단 9:24; 계 21:1, 8, 27). 이것은 세상의 불의와 얼마나 큰 대조를 이루겠는가?

E. 신자들의 행동이 주의 강림에 의해 변화를 받음(3:14~16)

3:14 신자의 행동이 주의 강림에 대한 기대와 연관되어 있음을 보여 주기 위해 본 단락은 '그러므로'(디오[διό])로 시작된다. 신자들은 어떤 종류의 사람들이 되어야 할까? 그들은 거룩하고 경건해야 하며(11절), 또한 주 앞에서 점도 없고(아스필로이[ἄσπιλοι]. 다음 구절들에서도 사용되었다. 딤전 6:14; 약 1:27[정결하고]; 벧전 1:19[점 없는, 그리스도를 지칭함]) 흠도 없이(아모메토이[ἀμώμητοι]: 마치 흠없는 속죄 짐승처럼, [도덕적] 결함이 없는. 참조, 엡 1:4; 5:27; 빌 2:15; 골 1:22; 히 9:14; 벧전 1:19; 유 1:24; 계 14:5) 평강 가운데서 나타나기를(참조, 롬 5:1) 힘써야(스푸다사테[σπουδάσατε]. 참조, 1:10, 15, 1장 5절의 스푸덴[σπουδήν]) 한다. 베드로는 말하기를, 거짓 선생들은 '점(스필로이[σπίλοι])과 흠(모모이[μῶμοι])

이라'(벧후 2:13)고 하였다. 그러나 신자들은 점 없는 그리스도처럼(벧전 1:19) 도덕적으로 깨끗해지는 것이 자신들의 주요 업무가 되어야 한다(참조, 1:4). 이것은 하나님의 가족의 일원들, 한 사람 한 사람 안에 하나님의 성품이 심긴(벧후 1:4) 실제적인 결과이다. 그것은 1장 5~7절에서 묘사된 은혜의 교향곡에 이어 울려 퍼지는 앙코르이다.

3:15 '주의 오래 참으심'은 사람들이 구원에 이르도록 하시려는 주의 바람 때문이다(참조, 9절). 그리스도의 재림이 늦어 보이는 것은, 하나님 아버지 편에서의 부정적인 무관심 때문이 결코 아니며, 오히려 그의 '마크로뒤미안'([μακροθυμίαν]: 오래 참음)의 표현인 것이다. 지금은 세상이 회개할 시간을 갖고 있다. 그러나 일단 심판의 날(2:9; 3:7)이 오고 나면 그렇지 못할 것이다. 주의 오래 참으심은 회개로 인도된다. 그런데 이러한 가르침은 바울이 로마서 2장 4절에서 제시하고 있는 내용과 너무도 정확하게 일치한다. 베드로가 이 가르침을 제시할 때 로마서의 구절을 염두에 두었을 수도 있고 그렇지 않았을 수도 있다(참조, 베드로후서 3장 16절의 주해). 흥미롭게도 베드로는 바울을 '우리가 사랑하는(아가페토스[ἀγαπητός]: 사랑받는. 참조, 1, 8, 14, 17절) 형제'로 불렀다. 바울은 수년 전에 베드로를 신랄하게 나무랐다(갈 2:11~14). 그러나 이 사건이 서로에 대한 사랑과 존경심을 단절시키지는 못했던 것이다.

3:16 베드로는 바울이 그 모든 편지에도 이런 일에 관하여 썼다고 말하였다. 비록 하나님의 지혜(15절)대로 쓰였지만, 바울의 편지 중에는 알기 어려운 것이 더러 있다. '알기 어려운'으로 번역된 '뒤스노에타'([δυσνόητά]: 신약성경에서는 여기서만 사용되었다)는 때때로 세속 헬라 문학에서 애

매하고 희미한 신학들에 적용되었다. 신약성경 교리에 있어서 신참자들인 무식한 자들(아마데이스[ἀμαθεῖς]: 배우지 못한)뿐 아니라 베드로 자신도 바울의 언급들 중 몇몇은 명료하게 이해하지 못했다.(바울이 세세하게 규정해 놓지 않은) 어려운 구절들을 굳세지 못한 자들(아스테리크토이[ἀστέρικτοι]. 참조, 2:14)이 그 진정한 의미를 왜곡하여 억지로 풀려는(스트레풀루신[στρεβλοῦσιν]: 괴롭히다, 뒤틀다. 신약성경 전체를 통해 단 한 번밖에 사용되지 않은 또 하나의 단어) 잘못을 저질러 왔다. 그러나 그와 같은 실수는 이미 예상된 것이었다. 왜냐하면 그것이 바로 그들이 다른 성경을 다루던 방법이었기 때문이다.

베드로가 바울의 편지들을 언급한 후에 '다른 성경'을 바로 언급한 것은 바울의 저작들이 권위 있는 성경으로 받아들여졌다는 사실을 시사한다. 성경을 자신의 목적에 맞추어 왜곡하는 행위는 하나님의 심판을 만나게 되는데, 이 경우에는 무식하고 굳세지 못한 자들이 스스로 멸망(아폴레이안[ἀπώλειαν]. 참조, 2:1, 3)의 형태로 심판을 받을 것이다. 신자들은 모든 성경을 온전히 이해하지 못할지 모른다. 그러나 성경의 명백한 의미를 절대로 왜곡해서는 안 된다.

VI. 결론(3:17~18)

3:17 다정하면서도 사랑이 넘치는 문체로('사랑하는 자들아'가 3장에서 네 번째 등장한다. 참조, 1, 8, 14절) 사도 베드로는 공개적이면서도 개인적인 본 서신을 경고의 말(17절)과 격려의 말(18절)로 끝맺는다. 두 가지 말 모두 하나의 전제에 기초하고 있다: "이것을 미리 알았은즉." 이 구절은 '프로기노스콘테스'(προγινώσκοντες)를 번역한 것인데, 이 단어로부터 영어의 'prognosis'(예후)가 파생되었다. 의학적으로 예후(豫後)가 설정되면, 환자는 앞으로 다가올 것에 대해 자기 자신을 보다 잘 준비할 수 있으며, 가능하다면 자가 치료를 할 수도 있다. 의사가 "만일 당신이 지금처럼 계속 먹는다면 몇 년 후에는 심장에 심각한 문제가 발생할 것입니다"라고 말한다면, 환자는 '미리 알았은즉' 얻은 정보에 맞추어 자신의 생활양식을 바꾸어 나갈 수 있다.

그러고 나서 베드로가 경고한다: "삼가라"(필라세스데[φυλάσεσθε]). 만일 베드로가 오늘 다시 편지를 쓴다면 이렇게 말할지도 모르겠다. "내가 너희에게 경고하지 않았다고 말하지 말아라." 만일 그의 독자들이 주의하지 않는다면 그들은 무법한 자들(아데스몬[ἀθέσμων]. 참조, 2:7)의 미혹에 이끌려 떨어질 수 있다. '미혹에 이끌려'로 번역된 동사 '쉰아파크텐테스'([συναπαχθέντες]. 갈라디아서 2장 13절에서는 '유혹되었느니라'로 번역되었다)는 집단적 혹은 협동적 움직임을 강조한다. 거짓 선생들은 매복했다가 가끔 여기저기 한두 명씩 습격하는 것으로는 만족하지 못한다. 그들은 대규모의 인원을 그리스도의 바른 교리로부터 돌아서게 만들어서 완전히 제거해 버리기를 원한다. 그와 같은 사람들과 계속 같이하는 것은 잘못에 빠질 위험을 내포한다('떨어지다'로 표현되었음. 참조, 벧후 1:10; 갈 5:4). 이것은 신자의 구원을 상실하는 것에 대한 언급이 아니다. 그와 반대로 그러한 경고들에 관심을 갖고 예후에 조심스럽게 주의를 기울이는 자들은 진리에 있어서 굳센 데서 자신을 유지해 나갈 수 있다. '굳센 데'는 '스테리그무'([στηριγμοῦ]: 확고한 위치. 형용사 아스테리크토스[ἀστήρικτος: 불안정한]. 참조, 벧후 2:14; 3:16]와 동사 '스테리케이'[στηρίξει: 굳게 혹은 강하게 하다. 참조, 벧전 5:10]를 번역한 것이다.

3:18 '은혜에서 자라가라'는 단지 경험이나 감정적인 변화에 기초를 둔 주관적인 것이 아니다. 그것은 베드로의 중심 단어인 '지식'(참조, 1:2~3, 5~6, 8, 20[알다]; 2:20~21[21절에서 두 번]; 3:3)과 객관적으로 관련되어 있다. 이 지식은 그저 일반적인 지식이 아니다. 그것은 '우리 주 곧 구주 예수 그리스도'(참조, 1:1~2, 11; 2:20)에 관한 지식이다. 동사 '자라 가다'는 현재 명령형으로 '계속적으로 자라 가라'로 번역될 수 있다. 신자들은 은혜에서, 즉 하나님의 무조건적 호의의 영역에서와 또한 1장 5~7절에서 베드로가 언급한 바 있는 영적인 은혜들의 실천에서 자라 가야 한다. 이러한 영적 성장 과정은 중생할 때 그리스도를 처음 앎으로써 시작되며(참조, 요 17:3), 그 후에도 그리스도와의 관계가 깊어짐에 따라 계속 성장해 나간다(엡 4:15; 빌 3:10; 벧전 2:2). 두 과정 모두가 필요하다. 처음 지식이 없으면 성장의 기회가 있을 수 없다. 그러나 만일 처음에 얻은 지식만으로 남아 있다면 투쟁해 나가야 하는 새 신자는 그의 옛 죄가 깨끗하게 된 것을 잊게 된다(벧후 1:9).

성경이 쓰인 양피 두루마리들과 씨름하는 것보다 고기잡이 배에서 지내는 것이 더 편안했던 사도 베드로는 이제 돋보이는 송영 가운데서 성부와 성자의 하나 되심을 확증하였다. '우리 주이신 분은 또한 '우리 구주'이시다. 그리고 하나님에게만 속하는 영광(사 42:8)은 성자의 영광이기도 하다(참조, 벧후 1:17). "영광이 이제와 영원한 날까지 그에게 있을지어다"는 베드로의 찬양이자 기도이다(참조, 딤후 4:18). 구속의 영광, 영적 성장의 영광, 은혜의 교향곡이 울려 퍼지는 영광, 거짓 선생들로부터 벗어난 영광 그리고 주님의 궁극적 강림의 영광-이 모든 영광이 예수님에게 속한다. 그리고 그는 이 영광을 이제와 영원한 날까지 받으신다. '영원한 날까지'는 문자적으로 '그 시대의 날까지', 즉 십자가의 순간부터 신약성경 시대를 거쳐 교회의 역사를 지나서 오늘날에 이르기까지 나아가 영원까지를 의미한다. 베드로가 긍정을 의미하는 찬양의 단어인 '아멘'으로 본 서신을 끝맺고 있는 것은 놀라운 일이 아니다(개역개정에서는 '아멘'이 생략되었음. 난외주를 보라-역자 주).

참고문헌

- Barbieri, Louis A., Jr. *First and Second Peter*. Everyman's Bible Commentary. Chicago: Moody Press, 1977.
- Barnes, Albert. *Barnes' Notes on the New Testament*. 1962. Reprint. Grand Rapids: Kregel Publications, 1966
- Bigg, Charles. *A Critical and Exegetical Commentary on the Epistles of St. Peter and St. Jude*. The International Critical Commentary. Edinburgh: T. & T. Clark, 1901.
- Blum, Edwin A. "2 Peter." In *The Expositor's Bible Commentary*, vol. 12. Grand Rapids: Zondervan Publishing House, 1981.
- Calvin, John. "Commentaries on the Second Epistle of Peter." In *Calvin's Commentaries*, vol. 22. Translated by John Owen. Reprint. Grand Rapids: Baker Book House, 1981.
- DeHaan, Richard W. *Studies in 2 Peter*. Wheaton, Ill.: Scripture Press Publications, Victor Books, 1977.
- Demarest, John T. *Commentary on the Second Epistle of the Apostle Peter*. New York: Sheldon & Co., 1862.
- Green, Michael. *The Second Epistle of Peter and the General Epistle of Jude*. The Tyndale New Testament Commentaries. Grand Rapids: Wm. B. Eerdmans Publishing Co., 1968.

- James, Montague Rhodes. *The Second Epistle General of Peter and the General Epistle of Jude*. Cambridge: At the University Press, 1912.
- Lenski, R.C.H. *The Interpretation of the Epistles of St. Peter, St. John, and St. Jude*. Minneapolis: Augsburg Publishing House, 1966.
- Lillie, John. *Lectures on the 1st and 2nd Epistles of Peter*. Reprint Minneapolis: Klock & Klock Christian Publishers, 1978.
- Mayor, Joseph B. *The Epistle of St. Jude and the Second Epistle of St. Peter*. London: Macmillan & Co., 1907. Reprint. Minneapolis: Klock & Klock Christian Publishers, 1978.
- Moffatt, James. *The General Epistles: James, Peter, and Judas*. New York: Harper & Bros. Publishers, n.d.
- Reicke, Bo. *The Epistles of James, Peter, and Jude*. The Anchor Bible. Garden City, N.Y.: Doubleday & Co., 1964.
- Ward, J.W.C. *The General Epistles of St. Peter St. Jude*. Westminster Commentaries. London: Methuen & Co., 1934.
- Wuest, Kenneth S. *In These Last Days*. Grand Rapids: Wm. B. Eerdmans Publishing Co., 1954.

Ὃ ἦν ἀπ' ἀρχῆς, ὃ ἀκηκόαμεν, ὃ ἑωράκαμεν τοῖς ὀφθαλμοῖς ἡμῶν, ὃ ἐθεασάμεθα καὶ αἱ χεῖρες ἡμῶν ἐψηλάφησαν περὶ τοῦ λόγου τῆς ζωῆς-
καὶ ἡ ζωὴ ἐφανερώθη, καὶ ἑωράκαμεν καὶ μαρτυροῦμεν καὶ ἀπαγγέλλομεν ὑμῖν τὴν ζωὴν τὴν αἰώνιον ἥτις ἦν πρὸς τὸν πατέρα καὶ ἐφανερώθη ἡμῖν-

The Bible Knowledge Commentary 29

1 John
서론

서론

요한일서는 그리스도인 독자들에게 보낸 편지로서 지극히 실천적인 문제들을 다루고 있다. 본 서신은 거짓 가르침의 위험성에 대해 경고하고 있으며, 또한 신자들이 하나님에게 순종하는 삶을 살고, 그들의 형제자매를 사랑할 것을 권면하고 있다. 그 중심을 이루는 주제는 하나님 아버지 그리고 그의 아들 예수 그리스도와의 교제다(1:3).

저자

본 서신은 전통적으로 사도 요한이 쓴 것으로 알려져 있다. 그러나 저자의 이름이 편지 가운데 나타나 있지는 않다. 하지만 저자가 영적 권위를 지니고 있었다는 사실은 서신 전반에 걸친 어조로 미루어 볼 때 분명하다. 더욱이 그는 자기 자신을 성육신하신 주 예수의 생애를 눈으로 본 자들 중 한 사람으로 규정하였다(1:1~2). 이레네우스, 알렉산드리아의 클레멘트, 터툴리안 등을 포함한 초기 기독교 저술가들은 본 서신을 요한의 것으로 인용하였다. 이와 같이 본 서신의 사도 저작권에 대한 전통적인 신념을 부인할 이유는 없다.

배경

본 서신은 독자들이 그리스도인들이라는 사실 이외에는 그들의 신분이나 거주 지역에 대해서 아무런 암시도 주지 않는다. 초대교회 전통이 요한을 로마령 아시아(터키 서부 지역)와 연관시키고 있기 때문에, 독자들이 그곳에 살던 사람들이라는 주장이 자주 대두되었다. 이 주장이 옳을지도 모른다. 특히 이러한 연관은 요한계시록 2장과 3장에서 확증되기 때문에 더욱 그러하다.

독자들은 거짓 선생들과 맞서 왔는데, 요한은 그들을 적그리스도로 불렀다(2:18~26). 거짓 선생들의 정확한 성격에 대해서는 많은 논란이 있어 왔다. 많은 사람들은 그들이 영적인 것과 물질적인 것을 명확하게 구분하는 엄격한 이원론을 주장하던 영지주의자들이었다고 생각해 왔다. 다른 사람들은 본 서신이 예수님의 인성이 실제적인 것이 아니라 단지 육체적인 몸을 가진 것처럼 보였을 뿐이라고 믿는 가현설에 대항해서 쓰였다고 생각해 왔다. 또한 본 서신이 케린투스(Cerinthus) 이단을 반박하기 위해 쓰였다는 주장도 자주 제기되었다. 교회 전통에 의하면 케린투스는 로마령 아시아에 살았던 인물로 사도 요한으로부터 강력한 공격을 받았다고 한다. 케린투스는, 예수님은 단지 인간이었는데 그가 세례를 받을 때 신적 신분을 가진 그리스도가 그에게 내려왔으며 그가 십자가에 달리기 전에 그를 떠나가셨다고 가르쳤다.

요한이 그의 편지에서 반박했던 그릇된 가르침의 정확한 성격을 면밀히 규정하는 것은 불가능하다. 오로지 분명한 자료는 서신 자체 내에서 발견되는 것뿐이다. 적그리스도들이 예수님이 그리스도이심을 부인했던 것은 분명하다(2:22). 5장 6절에 나타난 언급들은 케린투스 이단이 가르쳤던 가르침과 같은 경향을 반박하고 있는 것일 수도 있다. 1장 1~2절에서 성육신의 육체적 실체성과 관련해서 제시된 강력한 주장들은 가현설이 그 반박의 대상이었다면 적절했을 것으로 보인다. 하나님을 '아는 것'에 대한 강조는 영지주의자들이 그러하였듯이 '지식'에 대해 특별한 주장을 하던 이단들에 대한 반박으로 적절해 보인다. 그러나 영지주의는 주로 요한일서보다 이후의 자료들에서 발견되는 이단이며, 또한 본 서신에는 후기 영지주의적 사고의 많은 특성들에 대한 반박이 발견되지 않고 있다.

요한이 본 서신에서 반박하였던 이단들의 사상을 조직화해 보려는 시도는 아마도 잘못일 것이다. 그 자신의 언급들에 의하면 그는 '많은' 거짓 선생들을 염두에 두고 있었다(2:18; 4:1). 그들 모두가 정확하게 같은 견해를 주장하지는 않았을 것이다. 고대 그리스-로마 세계는 갖가지 종교적 주장들로 떠들썩한 곳이었으며, 따라서 본 서신의 독자들은 다양한 사상들을 접하고 있었을 가능성이 높다. 하지만 이단들은 비록 주장하는 방법들은 달랐을지 몰라도 그리스도의 인격을 부인하는 데 있어서는 마찬가지였다. 2장 19절을 두고 볼 때, 그들은 주로 유대 땅에서 생겨났으리라고 추정해 볼 수 있겠다(2장 19절의 주해를 보라). 그러나 요한이 서신을 쓰도록 만들었던 이단 혹은 이단들의 정확한 본질에 대해서는 그 이상 정확하게 말하기가 어렵다.

최초의 독자들이 참으로 그리스도인들이었다는 사실은 2장 12~14절과 21절 그리고 5장 13절에서 분명해진다. 그들이 받은 '기름 부음'(2:20, 27), 즉 성령에 대한 언급은 수신자들이 주로 요한이 이 편지를 보냈던 교회 혹은 교회들의 지도자들이었음을 나타내는 것으로 이해될 수 있을 것이다. 구약성경에서 선지자, 제사장, 왕 등의 이스라엘 지도자들은 그 직책에 임명될 때 기름 부음을 받는 경우가 많았다. 요한일서 2장 20절과 27절이 모든 그리스도인들에게 적용되는 '기름 부음'을 지칭하는 것으로 받아들여질 수 있기는 하지만, 그러나 이러한 사상이 신약성경 내에서는 매우 희귀하다. 고린도후서 1장 21절도 바울의 사도적 임명을 지칭하는 것으로 볼 수 있기 때문이다. 따라서 요한일서 1장 20절과 27절에서 저자가 영적 지식의 분야에서 교회 지도자들이 갖추어야 할 자격을 확실히 해 줌으로써 거짓 선생들에 대한 그들의 권위를 높여 주고자 했던 것으로 추정할 수 있다. 이들 지도자들은 그 어떤 인간 선생들로부터도 가르침을 받을 필요가 없다. 왜냐하면 그들은 '기름 부음', 즉 성령에 의해 가르침을 받기 때문이다.

이 점에 있어서 독단적인 입장을 취하는 것은 불가능하다. 요한이 이 편지를 썼을 때, 그의 수신자들을 잘 알고 있었을 것이라는 점에 대해서는 의심할 여지가 없다. 주로 지도자들을 염두에 두고 이 편지가 쓰였다 할지라도, 이 편지는 자연히 전체 교인들에게도 읽혔을 것이다. 그렇게 함으로써 교회 앞에 세운 선생들의 권위를 세우고자 하는 원래 목적이 달성될 수 있었을 것이기 때문이다. 결국 청중들은 본 서신이 포함하고 있는 교훈들을 받아들임과 동시에, 그들의 영적 지도자들이 성령의 가르침을 받은 자들로서 그들을 잘 인도할 수 있다는 사실에 의해 격려받을 수 있었을 것이다. 초대교회 장로들의 주요 책임 중 하나는 교인들을 영적 '이리 떼'로부터 보호하는 것이었다(행 20:28~29; 딛 1:9~11). 만일 거짓 선생들이 영적 지혜와 권위에 대해 과장된 주장을 한다면, 성령의 감동을 받은 저자가 정식 교회 지도자들에 대한 자신의 신뢰를 확언할 충분한 이유가 있을 것이다. 이렇게 함으로써 그들이 교인들과 더불어 이단 사상들의 침입에 저항해 나가는 데 있어서 그들의 힘을 강화시켜 주었을 것이다.

하지만 '자녀들', '아비들', '청년들'과 같은 호칭들은(요일 2:12~14) 청중들의 영적 성장의 정도가 다양함을 지적해 주는 것으로 생각할 수 있다. 그렇다면 영적 지도자들만이 본 서신의 주된 수신자들이라고 간주하기는 힘들다. 한편 모든 독자가 본 저자에 의해 '자녀들'로 불리고 있는 것으로 미루어 볼 때(예를 들면, 2:1, 18), 2장 12~14절에서 사용된 호칭들은 단순히 동일한 사람들을 다른 관점에서 부르고 있는 것으로 이해될 수 있을 것이다(보다 자세한 논의는 해당 구절들의 주해를 보라).

여하튼 본 서신이 전체 교회 혹은 편지를 받아 볼 교회들을 깨우치고 교훈하기 위해 쓰였다는 점에는 의심할 여지가 없다. 그리고 이 서신에 담겨 있는 진리들은 각 그리스도인의 신앙 경험에 풍성하게 적용될 수 있다.

저작 연대

사실 서신 자체에는 특정한 저작 연대나 시대를 나타내는 내용이 전혀 없다. 많은 보수주의자들은 요한복음이 쓰였던 당시 혹은 그 직후인 AD 1세기 말경을 저작 연대로 제안한다. 그러나 요한복음의 저작 연대를 AD 70년 이전으로 추정할 타당한 근거들이 있다. 만일 이러한 추정이 가능할 경우, 요한일서도 그와 동일한 시대에 쓰였을 것으로 추정하지 못할 특별한 이유는 없다. 만일 2장 19절이 거짓 선생들이 사도들의 감독하에 있던 팔레스타인 교회들로부터 갈라져 나간 자들임을 시사하는 것이라면, 이는 아마도 AD 66~70년에 로마인들을 대항해서 일어났던 유대인들의 반란으로 인한 소요 이전 시기를 나타내는 것으로 받아들여질 수 있다. 이 시기 이후 팔레스타인 기독교의 이방인 교회에 대한(좋고 나쁜) 영향력들이 급격히 감소되었기 때문이다. 만일 2장 19절이 진짜로 팔레스타인을 지칭한 것이라면, 요한은 "그들이 우리에게서 나갔으나"라고 말한 것으로 미루어 보아 이 편지를 예루살렘에서 썼을 것으로 보인다.

이러한 추론들이 확고한 것은 결코 아니다. 그러나 이는 본 서신이 AD 60~65년 사이 어느 때인가에 쓰였으리라는 가능성을 제시해 준다. 하지만 그보다 더 이른 시기였을 가능성 또한 배제할 수 없을 것이다. 실제 저작 연대가 언제이든 간에 본 서신은 기독교 교회에 초시간적 가치를 지닌 진리들을 제공해 준다.

개요

I. 서언(1:1~4)

II. 서론: 기본적인 원리들(1:5~2:11)

    A. 사귐의 기본적인 원리들(1:5~2:2)

    B. 하나님을 아는 지식의 기본적인 원리들(2:3~11)

III. 서신의 목적(2:12~27)

    A. 독자들의 영적 상태에 비추어(2:12~14)

    B. 세상의 유혹들에 비추어(2:15~17)

    C. 마지막 때 현혹하는 것들에 비추어(2:18~23)

    D. 아들과 아버지 안에 거하여야 하는 독자들의 의무에 비추어(2:24~27)

IV. 서신의 본론(2:28~4:19)

    A. 주제가 제시됨(2:28)

    B. 하나님의 자녀들을 분별하는 법(2:29~3:10상)

　　C. 형제에 대한 사랑을 분별하는 법(3:10하~23)

　　　　1. 사랑이 아닌 것(3:10하~15)

　　　　2. 사랑이란(3:16~18)

　　　　3. 사랑이 신자들에게서 이루는 것(3:19~23)

　　D. 내주하시는 하나님을 분별하는 법(3:24~4:16)

　　　　1. 진리의 영을 분별하는 법(3:24~4:6)

　　　　2. 하나님의 사랑을 분별하는 법(4:7~16)

　　E. 주제가 실현됨(4:17~19)

V. 결론(4:20~5:17)

　　A. 사랑이 규명됨(4:20~5:3상)

　　B. 사랑의 능력(5:3하~15)

　　C. 사랑이 실천됨(5:16~17)

VI. 결어(5:18~21)

Ὃ ἦν ἀπ' ἀρχῆς, ὃ ἀκηκόαμεν, ὃ ἑωράκαμεν τοῖς ὀφθαλμοῖς ἡμῶν, ὃ ἐθεασάμεθα καὶ αἱ χεῖρες ἡμῶν ἐψηλάφησαν περὶ τοῦ λόγου τῆς ζωῆς· καὶ ἡ ζωὴ ἐφανερώθη, καὶ ἑωράκαμεν καὶ μαρτυροῦμεν καὶ ἀπαγγέλλομεν ὑμῖν τὴν ζωὴν τὴν αἰώνιον ἥτις ἦν πρὸς τὸν πατέρα καὶ ἐφανερώθη ἡμῖν·

The Bible Knowledge Commentary 29

1 John 주해

주해

I. 서언(1:1~4)

본 서신의 처음 네 절은 서언으로 분류된다. 여기서 저자는 그리스도의 성육신의 명백한 실제성을 확증하였으며, 그의 편지의 목표가 친교와 기쁨을 나누는 데 있다는 점을 단언하였다.

1:1 사도 요한은 편지의 주제가 '태초부터 있는' 것이라고 선언했다. 많은 사람은 요한이 창세기 1장 1절과 요한복음 1장 1절에서 묘사된 바와 같이 여기서도 '완전 처음'(태초-역자 주)을 지칭하였다고 생각해 왔다. 이런 해석이 불가능한 것은 아니다. 그러나 본 서신이 예수 그리스도에 대한 원래 메시지에 관심이 있다는 점을 미루어 볼 때, 요한이 복음 선포의 처음 시작을 지칭한 것으로 보는 것이 더 타당할 것이다. 만일 그렇다면 요한일서 2장 7, 24절 및 3장 11절에서 발견되는 경우들도 그 쓰임새가 비슷하다. 요한은 자신이 선포한 내용이 하나님의 아들과 함께 생활했던 사도들에 의해 최초로 증거 되었던 하나님의 아들에 대한 진리라는 사실을 주장하였다. 본 서신의 저자는 자신도 이들 사도적 증인들 중 한 사람이라는 점을

다음과 같이 은연중에 표현한다: "우리가 들은 바요 눈으로 본 바요 자세히 보고 우리의 손으로 만진 바라."

사도 요한은 이러한 서론적 구절 가운데 그의 첫 번째 화살을 그가 염려하던 이단에게 겨눈다. 적그리스도들은 복음 시대의 처음 시작부터 있던 것들이 아닌 새로운 사상들을 끌어들였다. 뿐만 아니라 그리스도의 성육신의 실제성에 대한 그들의 부인은 증인들의 경험에 의해 반박될 수 있는데, 증인들의 증언은 실제적인 들음과 봄과 만짐에 근거를 둔 것이었다(참조, 누가복음 24장 39절의 '보고'와 '만져 보라'). 따라서 요한의 메시지는 역사적 실체에 견고하게 기초하고 있다.

'생명의 말씀에 관하여는'이라는 표현의 정확한 의미에 대해서는 다양하게 설명되어 왔다. NIV는 '말씀'(Word)의 첫 글자를 대문자로 표기함으로써, 이 '말씀'을 요한복음 1장 1, 14절에서와 같이 주님에 대한 호칭으로 해석한다. 그러나 요한복음의 경우, 여기서와 달리 본 호칭에 '생명의'와 같은 수식어가 붙어 있지 않다. 따라서 본 절에서는 빌립보서 2장 16절에서와 마찬가지로 '생명에 관한 메시지'라는 의미로 이해하는 것이 더 자연스러울 것이다(사도행전 5장 20절도 보라). 사실상 요한일서 1장 2절이 보여 주는 바와 같이 여기서는 '말씀'이 아니라 '생명'이 인격화되었다. 요한은 본 서신의 주된 관심이 '생명에 대한 메시지', 즉 생명이신 하나님의 아들에 대한 메시지에 관련된 원조이자 훌륭히 입증된 진리들을 다루는 것임을 말하고 있다(참조, 5:20).

1:2 사도들이 선포했던 '생명'은 철저하게 인격적이다. 그 생명은 나타내신 바 된, 다시 말해서 아버지와 함께 계시다가 사람들에게 나타내신 바 된 바로 그 '영원한 생명'이다. 본 구절 가운데 성육신이 고려되고 있다는 점은 의문의 여지 없이 분명하다.

1:3 이러한 중요 사실들에 관해 써내려 가는 가운데 요한이 염두에 두고 있던 목표는, 너희로(즉, 독자들로) 우리와(즉, 사도들과) 사귐이 있게 하려 함이었다. 그가 후에 2장 12~14절에서 자신이 독자들을 진정한 그리스도인들로 간주한다는 사실을 분명히 밝히고 있기 때문에, 본 서신에서 그의 목표가 그들을 개종시키려는 것이 아님은 분명하다. '사귐'을 '그리스도인이 되는 것'과 대동소이한 것으로 취급하는 것은 해석상의 오류다. 독자들은 이미 구원받은 무리였다. 그러나 그들이 본 서신을 필요로 했던 것은 저자가 속해 있던 사도들의 무리와 실제적인 친교를 즐기기 위해서였다. 결론적으로 사도적 '사귐'이란 아버지와 그의 아들 예수 그리스도와 더불어 누리는 것이다.

아마도 거짓 선생들은 독자들이 영원한 생명을 소유하였다는 사실을 부인했던 것 같다(2장 25절과 5장 13절의 주해를 보라). 만일 그렇다면, 그리고 그 시점에서 독자들이 하나님이 보증해 주신 것들을 의심하기 시작했다면, 그들은 아버지와 그의 아들과의 사귐에 있어서 위기에 처했을 것이다. 물론 이 말은 그들의 구원이 위기에 처했을 것이라는 말과 동일하지는 않다. 신자인 그들은 하나님이 그들에게 베풀어 주신 생명의 선물을 결코 상실할 수 없다(참조, 요 4:14; 6:32, 37~40). 그러나 그들의 친교는 빛 가운데로 걸어가는 것에 의해 좌우되었다(요일 1:7). 독자들에게 부딪쳐 오고 있던 위험은 그들이 적그리스도들의 유혹하는 노래에 미혹되어 어둠으로 빠져들어 가게 될지도 모른다는 가능성이었다. 그들의 불경스러운 주장이 얼마나 유혹적이었는가에 대해서는 본 서신에서 잘 묘사되고 있다. 그러므로 요한의 목표는 그의 독자들에게 신앙의 기본 진리들을 재확증해 줌으로써 그들이 소유한 하나님과의 사귐을 지속시켜 주려는 것이었다.

1:4 요한은 세밀한 필치로 개인적인 느낌을 첨부함으로써 서언을 마무리 지었다. 만일 본 서신이 독자들을 향한 목적을 달성한다면, 저자 자신은 (그리고 그의 동료 사도들은) 영적 기쁨을 누리게 될 것이다. "우리가 이것을 씀은 우리의 기쁨이 충만하게 하려 함이라." 이러한 언급은 같은 저자가 쓴 요한삼서 4절과 유사하다: "내가 내 자녀들이 진리 안에서 행한다 함을 듣는 것보다 더 기쁜 일이 없도다." 이와 같이 사도들은 자기 백성을 향한 그리스도의 마음을 나누어 갖고 있었기 때문에, 그들이 섬기는 이들이 영적으로 잘되면 그것이 곧 그들의 충만한 기쁨이 되었던 것이다. 만일 그의 독자들이 하나님과 그리고 사도들과 진정한 교제를 유지해 나간다면 요한 자신보다 더 기뻐할 사람이 없었을 것이다.

II. 서론: 기본적인 원리들(1:5~2:11)

편지의 목적이 사귐이므로 요한이 이 주제를 처음부터 다루어 나간 것은 당연한 일이다. 그래서 그는 1장 5절~2장 11절에서 하나님과의 진정한 사귐의 기반을 이루는 몇 가지 근본적인 원칙들을 열거하였다. 이 원칙들에 의거하여 신자들은 자신이 실제로 하나님과 인격적인 교통을 하고 있는지를 시험해 볼 수 있다. 또한 그들이 교통하고 있는 하나님을 알고 있는지를 분별해 볼 수 있을 것이다.

A. 사귐의 기본적인 원리들(1:5~2:2)

1:5 서언에서 저자는 자신이 듣고 보고 만진 것들에 관해 쓴다고 언명했었다. 그는 이제 자기가 들었던 바에 대해 언급하기 시작한다. "우리가 그에게서 듣고 너희에게 전하는 소식은 이것이니." '그에게서'는 요한이 바로 얼마전에 언급했던(1~2절) '성육신하신 주 예수 그리스도로부터'라는 의미인 것이 분명하다. 이 '소식'의 내용은 요한이 표현하고 있는 바와 같이 하나님은 빛이시라 그에게는 어둠이 조금도 없으시다는 것이다. 이처럼 정확한 언급은 성경 기록으로 남아 있는 예수님의 말씀들 가운데서는 발견되지 않는다. 그러나 저자는 '기록된' 것보다 훨씬 더 많은 말씀을 주님으로부터 직접 들었던 사도이다(참조, 요 21:25). 요한이 들은 말을 쓴 게 아니라고 생각할 이유는 없다. 그가 주님으로부터 직접 배웠던 진리임이 분명하다.

요한은 하나님을 빛으로 자주 묘사했는데(요 1:4~5, 7~9; 3:19~21; 8:12; 9:5; 12:35~36, 46; 계 21:23), 그는 하나님을 자신의 거룩함을 나타내 보여 주시는 '계시자'로 생각했던 것이 분명하다. 신적 본성의 양 측면이 요한일서 1장 6~10절에서 죄와 사귐의 문제를 거론하는 가운데 잘 나타나고 있다. 빛이신 하나님은 사람의 죄를 들춰내고 또한 그 죄를 벌하신다. 만일 어떤 사람이 어둠 가운데 행한다면, 그는 빛이 나타내 보여 주신 진리를 피해 숨어 있는 자이다(참조, 요 3:19~20). 이처럼 '진리'나 '그의 말씀'과 같은 계시적 용어들이 요한일서 1장 6, 8, 10절에 두드러지게 나타나 있다.

요한이 들었던 '소식'이야말로 그가 독자들에게 보낸 메시지였다는 사실이 중요하다("우리가 … 너희에게 전하는"). 어떤 학자들은 6, 8, 10절에서 정죄하고 있는 그릇된 주장들이 요한이 얼마 후에 언급할 거짓 선생들 혹은 적그리스도인들의 주장들이라고 내세워 왔다. 그러나 이를 증명할 증거가 전혀 없다. 저자는 '우리'라는 단어를 계속해서 사용함으로써 저자 자신과 독자들이 그러한 주장들의 주체임을 시사하였다. 주의 깊게 살펴보면, 요한이 반박하고 있는 이 같은 주장들은 영적 실체들과의 접촉 및 하나님과의 만남을 상실한 그리스도인들이 행하는 주장들과 정확하게 일치한다. 6~10절에서 이단적인 선생들의 교리적 신념들을 찾아보려는 시도는 해석상 적절한 근거가 부족하다.

1:6 하나님은 빛이시기 때문에 그리스도인이 어둠 가운데 살아가면서 하나님과 사귐이 있다고 주장할 수는 없다. 요한이 경고한 바와 같이, 만일 우리가 하나님과 사귐이 있다 하고 어둠에 행하면 거짓말을 하고 진리를 행하지 않는 것이라고 할 수 있다. 민감한 목회자들이라면 다 그러하듯

이, 요한은 그리스도인들이 때때로 불순종 가운데 행할 때 영성을 가장하는 경우가 있다는 사실을 잘 알고 있었다. 사도 바울은 고린도교회 회중 내에서 행해지던 근친상간 문제를 다루어야 했으며(고전 5:1~5), 또한 교회의 치리를 받아야 할 죄목들을 열거하였다(고전 5:9~13). 하나님과의 사귐에 대한 거짓 주장들은 교회의 역사를 통해 계속 존재해 왔던 비극적인 현실인 것이다.

(빛이신) 하나님과 사귐이 있다고 말하는 그리스도인이(어둠에 행함으로써) 주님에게 불순종한다면 그는 거짓말하는 자이다(참조, 요일 2:4). 요한은 죄를 지칭하는 데 '어둠'을 10회에 걸쳐 사용하였다(요 1:5; 3:19; 12:35[2회]; 요일 1:5~6; 2:8~9, 11[2회]).

1:7 하나님과의 진정한 사귐이 이루어질 수 있는 유일한 영역은 빛 그 자체이다. 그래서 요한은 그리스도인이 빛의 영역에서만 하나님과의 사귐을 발견하게 될 것이라고 주장하였다: "그가 빛 가운데 계신 것 같이 우리도 빛 가운데 행하면 우리가 서로 사귐이 있고." 많은 주석가들이 '서로'라는 표현을 다른 그리스도인들과의 친교를 지칭하는 것으로 이해해 왔다는 사실은 이상한 일이다. 하지만 저자가 여기서 논하고 있는 것은 그러한 것이 아니다. '서로'라는 헬라어 대명사 '알렐론'(ἀλλήλων)은 이 글의 첫 부분에 나타난 두 대상들(즉, 하나님과 그리스도인)을 지칭할 수도 있다. 요한의 논점은 만일 그리스도인들이 하나님이 계시는 빛 가운데 살아간다면 거기에는 하나님 자신과 그리스도인들 사이에 서로 사귐이 있게 된다는 데 있다. 다시 말해서 그들은 하나님과 사귐을 가지며, 또한 하나님은 그들과 사귐을 가지신다는 것이다. 그 빛 자체가 그들이 함께 나누게 될 근본적인 실체이다. 이와 같이 하나님과의 진정한 교통은 한 개인

의 삶의 체험이 하나님은 어떠한 분이신가에 대한 진리에 의해 조명을 받는 영역 안에서 이루어진다. 그것은 하나님이 예수 그리스도 안에서 자신을 나타내 보여 주신 계시에 열린 삶을 사는 것이다. 요한이 바로 뒤에 언급할 것이지만(9절), 이러한 교통은 빛이 그들의 삶 가운데서 그릇된 것을 들추어내 줄 때 그것이 무엇이든지 그대로 인정하는 신자들의 자세를 수반한다.

요한이 빛에 '따라'가 아니라 빛 '가운데' 행하는 것을 언급하고 있는 것은 중요한 의미를 갖는다. 빛에 '따라' 행한다는 것은 아무런 죄도 없는 완전성을 요구하게 될 것이며, 따라서 죄악된 인간들에게는 하나님과 사귐을 갖는 것이 불가능하게 될 것이다. 하지만 빛 '가운데' 행한다는 것은 오히려 빛에 대한 개방성과 반응적 자세를 나타낸다. 요한은 그리스도인들이 비록 빛 가운데 행하고 있다 할지라도 그들이 죄 없는 자들이라고 생각하지는 않았다. 이러한 사실은 본 절의 마지막 부분에서 분명하게 제시되고 있다. 요한은 다음과 같은 언급을 덧붙였다: "그 아들 예수의 피가 우리를 모든 죄에서 깨끗하게 하실 것이요." 이 언급은 앞서 나타난 '우리가 서로 사귐이 있고'와 문법적으로 등위절 관계를 갖는다. 7절 전체는 빛 가운데 행하는 신자들에게 나타나는 두 가지 일을 확증해 준다: (a) 그들은 하나님과 사귐을 갖는다. (b) 그들은 모든 죄로부터 깨끗함을 받는다. 하나님의 진리의 빛에 대해 참으로 열린 자세를 갖고 있는 한, 그리스도인들의 실수는 그리스도가 흘린 피의 깨끗케 하시는 능력하에 있게 된다. 사실 구세주의 십자가 사역의 공로에 의지하지 않고서는 불완전한 피조물들과 무한히 완전하신 하나님 사이에 사귐이란 전혀 불가능하다.

1:8 그러나 신자가 하나님과의 진정한 사귐을 경험하게 될 때, 그는 잠시

나마 자신이 죄가 없다고 생각하거나 그렇다고 말할 유혹에 빠질 것이다. 요한은 이처럼 스스로 속이는 생각에 대해 경고하였다. "만일 우리가 죄가 없다고 말하면 스스로 속이고 또 진리가 우리 속에 있지 아니할 것"이다(참조, 6절; 2:4). 만일 그리스도인들이 인간 마음의 부패성에 대해 가르쳐 주시는 하나님의 말씀이 진리임을 이해한다면, 그들은 자신이 실수한 것을 자각하지 못하는 것이 자신에게 죄가 없음을 의미하지는 않는다는 사실을 알게 된다. 만일 진리가 그들 '속에' 지배적이며 동기를 유발시키는 영향력을 발휘한다면, 이러한 종류의 자기기만은 일어나지 않을 것이다. 어떤 사람이 잠시 동안이나마 또는 영구적인 성과로서 죄가 없다고 주장한다면, 그 주장은 잘못된 것이다.

1:9 8절에 비추어 볼 때, 그리스도인들은 하나님의 빛이 그들에게 비추어 보여 주는 어떤 실책이라도 인정할 자세가 늘 되어 있어야 한다. 그래서 요한은 다음과 같이 기록하였다: "만일 우리가 우리 죄를 자백하면 그는 미쁘시고 의로우사 우리 죄를 사하시며 우리를 모든 불의에서 깨끗하게 하실 것이요." 비록 '사하시며' 앞의 '우리 죄'의 번역이 타당하기는 하지만 헬라어 본문에는 '우리'라는 표현이 없다. '타스 하마르티아스'(τὰς ἁμαρτιας)는 관사와 명사로 이루어져 있는데, 문법학자들이 '앞의 언급을 지칭하는 관사'로 부르는 형태의 정관사로 볼 수 있다. 그렇게 볼 경우에 이 표현과 뒤이어 나오는 '모든 불의' 사이에 묘한 대조 관계가 형성된다. 따라서 요한의 생각은 다음과 같이 풀어서 이해할 수 있다: "만일 우리가 우리 죄를 자백하면, 그는 … 우리가 자백한 죄를 용서해 주실 뿐만 아니라 더 나아가서 '모든' 불의에서 우리를 깨끗하게 해 주실 것이다." 당연히 하나님만이 한 인간의 모든 불의를 언제 어느 때나 아실 수 있다. 하지만 각 그

리스도인은 빛이 자기에게 알도록 해 준 실책을 인정해야(자백하다: 호몰로고멘[ὁμολογωμεν]. 참조, 2:23; 4:3) 할 책임이 있으며, 그가 그렇게 할 때 완전하고 온전한 깨끗함이 부여된다. 따라서 그리스도인은 자신이 자각하지 못한 죄에 대한 염려 때문에 번민할 필요는 없다.

더욱이 여기서 약속된 사하심은(하나님은 미쁘시기 때문에) 절대적으로 확실한 것이며 또한(그는 의로우시기 때문에) 그의 거룩하심과 전혀 상반되는 것이 아니다. 여기서 '의로우사'로 번역된 '디카이오스'(δίκαιος)는 2장 1절에서 그리스도를 수식하는 데 사용된 '의로우신'과 동일한 것이다. '디카이오스'는 2장 29절과 3장 7절에서도 하나님(성부이든 성자이든)을 수식하는 데 사용되었다. 하나님이 주 예수의 화목 제물 되심을 인하여(2장 2절을 보라) 신자의 죄를 사해 주시는 것이 그가 '의로우시다'는 사실과 상충되지 않는다는 것은 너무도 명백하다. 이미 1장 7절에서 분명해진 바와 같이 그리스도인의 하나님과의 사귐은 예수님이 그를 위해 흘리신 피의 유효성과 불가분의 관계로 연결되어 있다.

현대에 들어와서 어떤 이들은 그리스도인이 자신의 죄를 고백하고 용서를 구할 필요가 있다는 사실을 종종 부인해 왔다. 그들은 신자가 그리스도 안에서 이미 사하심을 받았다(엡 1:7)고 주장한다. 그러나 이러한 논점은 그리스도인이 하나님의 아들 안에서 소유하게 되는 완전한 지위(그로 말미암아 그는 그리스도 예수 안에서 함께 하늘에 앉기까지 한다. 엡 2:6)와 지상에서 늘 실패하는 한 개인으로서 그의 필요들을 혼동한 데서 기인한 것이다. 요한일서 1장 9절에서 다루어지고 있는 바는 가족 관계에서의 용서로 규정할 수 있다. 아들이 자신의 실수들에 대해 아버지에게 용서를 구할 필요가 있으면서도 가족 내에서의 자신의 위치는 결코 흔들림이 없는 상황이란 걸 완전히 이해할 수 있다. 자신의 죄를 용서해 줄 것을 하늘에 계신 아버지에게 결코 구한 적이 없는 그리스도인은 자신이 아버지를 실망시키고 있는 일들에 대해 민감한 사람이라고 간주되기 힘들다. 더욱이 주 예수님도 자신을 따르던 자들에게 가르쳐 주신 기도(주기도문)에서 그들의 죄에 대한 용서를 구할 것을 가르치셨다. 그런데 그가 가르치신 기도는 매일매일 드려지도록 의도되었던 것이 분명하다(참조, '우리 죄를 사하여 주시옵고' 앞서 나타나는 '오늘 우리에게 일용할 양식을 주시옵고'라는 표현. 마 6:11~12). 그리스도인이 하나님께 날마다 용서를 구할 필요가 없다고 하는 가르침은 정신 나간 짓이다. 더욱이 요한은 죄를 자백하는 것과 영원한 생명을 얻는 것을 결코 연관시키지 않았는데, 영원한 생명은 오로지 믿음에 의해서만 결정되기 때문이다. 요한일서 1장 9절은 구원받지 못한 자들을 대상으로 한 말씀이 아니며, 따라서 본 절을 구속론적 언급으로 이해하려는 시도는 잘못된 것이다.

빛이나 어둠 가운데 행한다는 개념이 경험적 차원에서 올바르게 이해되는 한, 위에 제시된 내용들을 이해하는 데 전혀 어려움이 없다고 말할 수 있다. '어둠'은 윤리적 의미를 갖는다(*Theological dictionary of the New Testament*, s.v. "stokos," 7:444). 신자가 하나님의 빛과 인격적인 만남을 상실할 때, 그는 어둠 가운데 살기 시작한다. 그러나 죄를 고백함으로써 다시 빛으로 돌아오게 되는 것이다.

1:10 하지만 신자가 범죄한 이후에 그 죄를 부인해서는 안 된다. "만일 우리가 범죄하지 아니하였다 하면 하나님을 거짓말하는 이로 만드는 것이니 또한 그의 말씀이 우리 속에 있지 아니하니라." 이 언급은 9절과 직접 연결해서 이해되어야 한다. 그리스도인은 하나님의 말씀이 들추어 낸 자신의 죄에 직면했을 때, 그것을 부인하기보다 오히려 인정해야 한다. 하나

님이 증언하시는 앞에서 자신의 죄를 부인하는 것은 하나님을 거짓말하는 이로 만드는 것이 된다. 이처럼 하나님의 말씀과 모순된 상태에 놓이게 될 때, 사람은 말씀을 배척하게 되며 또한 자신의 삶 가운데 말씀의 제자리를 내놓길 거절하기에 이른다.

2:1 요한의 독자들 중 어떤 이들은 그리스도인의 죄를 짓는 성향에 대한 그의 언급이 그리스도인의 거룩함을 약화시키게 될 것이라고 생각했을지도 모른다. 그러나 그가 확언하는 바와 같이 그의 의도는 정반대였다: "나의 자녀들아 내가 이것을 너희에게 씀은 너희로 죄를 범하지 않게 하려 함이라." 그는 아버지와 같은 관심을 가진 사도로서 그의 독자들을 다정하게 불렀다('자녀'[NIV에서는 이 앞에 '사랑하는'(dear)을 붙여 번역했지만, 헬라어 원본에는 없는 수식어이다]는 헬라어로 테크니아[τεκνία: 문자적으로는 '작은 아이들']인데, 요한은 이 단어를 본 서신에서 일곱 번[1, 12, 28; 3:7, 18; 4:4; 5:21] 그리고 요한복음에서 한 번[요 13:33] 사용하였다. 이와 유사한 단어인 '테크나'[τεκνα: 어린아이들]는 요한복음 1장 12절, 11장 52절과 요한일서 3장 2, 10절[2회], 5장 2절 그리고 요한이서 1, 4, 13절 및 요한삼서 4절에서 나타난다. 한편 파이디아[παιδια: 아이들]는 요한일서에서 두 번밖에 나타나지 않는다[2:13, 18]).

신자들의 죄악된 경향들에 대한 1장 8절과 10절의 언급들이 죄를 짓도록 촉진하는 것은 아니다. 그 언급들은 실제로 통찰력 있는 그리스도인들이 죄를 경계하도록 해 준다. 만일 신자가 1장 8절과 10절에서 고발하고 있는 주장들을 고집하려 한다면, 그는 십중팔구 죄를 인식하고 배척하는 데 실패하게 될 것이다. 그러나 요한이 독자들이 죄짓지 않기를 아무리 원한다 할지라도 죄는 하나의 현실이다. 그래서 그는 그들에게 다음 사실을

확인시켜 준다: "만일 누가 죄를 범하여도 아버지 앞에서 우리에게 대언자가 있으니 곧 의로우신 예수 그리스도시라." 요한은 그의 독자들이 죄 짓는 것을 원치 않았다. 그러나 그들 중 누구도 완전하지 않으며, 따라서 그들 모두가 대언자로부터 받을 수 있는 도움을 필요로 하리라는 것을 알고 있었다.

대언자는 파라클레톤(παρακλητον)을 번역한 것이다. NIV에서는 '우리를 변호하여 말하는 이'(One who speaks ⋯ in our defense)로, 흠정역에서는 '대언자'(Advocate)로 번역했는데 후자가 본래 의미를 더 잘 드러내고 있다. 요한은 본 단어를 성령을 지칭하는 데 사용한 신약성경의 유일한 저자이다(그의 복음서에서 4회 사용되었다: 요 14:16, 26; 15:26; 16:7). 파라클레톤은 요한복음의 네 절들에서 동일하게 '보혜사'로 번역되었다(NIV에서는 보혜사[Counselor]로, 흠정역에서는 위로자[Conforter]로 번역되었다). 본 단어는 요한일서 2장 1절에서 법정에서 변호 의뢰인의 소송 문제를 청탁받은 변호사를 의미한다. 죄짓는 백성들을 위한 주 예수의 대언자로서의 사역은 베드로를 위한 기도 가운데 훌륭하게 예증되고 있다(눅 22:31~32). 얼마 있지 않아 베드로가 자기를 부인하게 될 것을 내다보시면서도 예수님은 베드로의 믿음이 와해하지 않도록 도와주실 것을 아버지께 요청하였다. 또한 베드로가 미래의 그리스도인 형제들에게 큰 도움을 주게 되리라는 사실도 염두에 두고 계셨다. 그리스도가 하나님에게 그리스도인이 죄지음으로 말미암아 지옥에 떨어지는 것을 막아 주도록 요청하였으리라고 추정할 이유는 전혀 없다. 영원한 생명은 그리스도를 믿음으로써 얻게 되리라고 확신하는 자들에게는 온전히 보장되어 있다(요 3:16; 5:24 등). 그러나 신자의 실책과 회복 그리고 미래에 그 경험이 유용하게 쓰일 것 등으로 이어지는 일련의 과정들은 예수님이 한 사람의 범죄로 인해 하나님과 더불어 긴급하게 관심을 기울이는 중요한 문제들인 것이다. 예수님 자신의 의로우심은(참조, 실로 그는 '의로우신' 분이다. 요한일서 1장 9절의 '의로우사') 그리스도가 죄를 지은 그리스도인의 대언자가 되기에 특별히 적합한 조건이 된다.

2:2 만일 하나님이 죄를 짓는 신자, 즉 개인적 경험에서의 실책 후에 따라야 할 일련의 과정을 완수하지 못한 신자에게까지 자비를 베푸신다면, 그것은 신자 자신의 공로 때문이 아니다. 그와 반대로 은혜는 대언자이신 그리스도를 통하여 얻어진 것으로, 하나님의 다른 모든 은혜와 마찬가지로 그리스도의 십자가상의 완전무결한 희생 제사로부터 기인한 것이다. 만일 어떤 그리스도인이 실수를 범한 후에 자신이 무슨 근거로 하나님의 자비를 얻게 되었는지 의아해 한다면, 그 의문에 대한 대답이 바로 본 절에서 발견된다. 예수 그리스도는 하나님의 화목 제물로서 너무도 충분하기 때문에 그의 사역의 효용성은 그리스도인들의 죄뿐 아니라 온 세상의 죄를 위한 것으로까지 확장된다. 이 사실을 말하는 데 있어서 요한은 그리스도가 진정으로 모든 자들을 위해 돌아가셨다는 입장을 분명히 확증해 주었다(참조, 고후 5:14~15, 19; 히 2:9). 물론 이것이 모든 자들이 구원받게 되리라는 것을 의미하는 것은 아니다. 그보다는 오히려 복음을 들은 자라면, 누구를 막론하고, 자신이 바라기만 하면 구원받을 수 있다는 것을 의미한다(계 22:17). 하지만 문맥상 요한의 논점은 그의 독자들에게 그리스도의 '화목 제물'로서의 엄청난 영역을 상기시켜 줌으로써, 그들에게 의로우신 분인 그리스도가 그들의 대언자가 되신 것이 하나님의 거룩한 성품과 전혀 상충되지 않는다는 사실을 확신시키려는 데 있다.

최근 들어 '화목 제물'로 번역된 힐라스모스(ἱλασμός)에 대한 학자들간의 논란이 많이 있었다(이 단어는 신약성경 전체를 통해 본 절과 요한일서 4장 10절에서만 사용되었다). 어떤 이들은 이 단어가 죄에 대한 하나님의 진노를 풀어 드리는 것을 의미하는 것이 아니라, 오히려 '속죄'나 '깨끗게 함'을 의미한다고 말한다. 그러나 이러한 해석에 대한 언어학적 증거는 신빙성이 없다. 리온 모리스(Leon Morris)는 이러한 견해를 깊이 있게 논한 후에 반박하였다(The Apostolic Preaching of the Cross, Grand Rapids: Wm. B. Eerdmans Publishing Co., 1965, p. 125-85).

죄에 대해 하나님이 진노하신다는 것은 오늘날 학자들에게는 그렇게 마음 편한 개념이 아니지만, 철저하게 성경적인 개념이다. 힐라스모스(ἱλασμός)는 '화목 제물'로 번역되는 것이 가장 적절한 것으로 보인다(참조, 로마서 3장 25절의 명사 힐라스테리온[ἱλαστηριον: 화목 제물]과 누가복음 18장 13절과 히브리서 2장 17절의 동사 힐라스코마이[ἱλάσκομαι: 불쌍히 여기다, 속량하다]). 십자가는 진실로 하나님을 인간과 화목하게 해주었으며(즉, 하나님을 만족시켜 드렸으며), 또한 그분의 의로우신 요구 조건들을 철저하게 맞추었기 때문에, 주의 은혜와 자비는 구원받은 자들에게나 구원받지 못한 자들에게 풍성하게 베풀어진다.

B. 하나님을 아는 지식의 기본적인 원리들(2:3~11)

요한이 3절에서 하나님을 아는 지식에 대한 주제로 논제를 바꾼 것은 갑작스러운 것처럼 보일지 모르지만 사실은 그렇지 않다. 고대 사상에서 '빛'은 곧 '환상'이나 '지각' 혹은 '지식' 등을 가리키곤 했다. 따라서 빛 가운데 하나님과 사귀는 삶은 그를 아는 지식으로 귀결되는 것은 당연하다. 물론 어떤 의미에서 모든 진정한 그리스도인들은 하나님을 안다고 할 수 있다(요 17:3). 그러나 때로는 진정한 신자들까지도 하나님이나 그리스도를 알지 못한다고 할 수 있는 것이다(요 14:7~9). 더욱이 예수님은 제자들에게 그들이 주의 명령에 복종하면 받게 될 특별한 자기 계시를 약속하셨다(요 14:21~23). 그러한 경험은 하나님을 아는 지식을 포함하는 것이 분명하다. 따라서 어떤 사람이 하나님과 사귀게 될 때, 그 사귐이 하나님을 아는 지식으로 당연히 귀결된다. 인간 차원에서도 이러한 경험은 사실이다. 만일 아버지와 아들이 떨어져 산다면, 그들은 함께 살 때처럼 서로를 잘 알지 못할 것이다. 그럼에도 불구하고 부자 관계는 변함없이 계속되는 것이다.

그러므로 요한이 하나님과의 사귐이라는 주제를 떠나 전혀 다른 문제를 다루고 있는 것으로 요한일서 2장 3~11절을 이해하는 것은 잘못된 일일 것이다. 그와 반대로 하나님을 아는 지식은 하나님과의 사귐이라는 주제의 논리적 연속이다.

2:3 자신이 체험한 하나님과의 사귐이 하나님을 인격적인 방법으로 아는 데까지 실제로 발전되어 나갔는지의 여부를 알고자 하는 독자들에게, 요한은 아주 간단한 시금석을 제시한다: "우리가 그의 계명을 지키면 이로써 우리가 그를 아는 줄로 알 것이요." 본 절에서 '알다'(기노스코[γινώσκω])가 2회에 걸쳐 나타나는데, 이는 본 서신에서 23회에 걸쳐 사용되는 중에 처음 등장하는 것이다(유사어 '오이다'[οἶδα]는 6회에 걸쳐 사용되었다. 3:2; 5:15[2회], 18~20). 요한서신에서 자주 쓰인 '그'는 하나님이나 그리스도 중 누구를 지칭해도 무방하다. 요한에게 있어서 예수님은 성

부와 너무나도 밀접하게 연관되어 있기 때문에 때로는 신격 내의 위격들을 정확하게 구분하는 것이 무의미하게 보였던 것 같다. 사귐은 성부성자에 대해 공히 갖는 것이며(1:3), 또한 그들 중 한 분을 잘 아는 지식은 곧 다른 한 분도 잘 아는 지식으로 발전된다. 그러나 그러한 지식에는 순종이 조건으로 따른다(참조, 요 14:21~23). 그리고 그리스도인은 순종 여부에 따라 자신이 주님을 진정으로 알게 되었는지를 판가름할 수 있게 된다(참조, 요한일서 3장 22, 24절; 5장 2~3절의 '그의 계명들을 지키다').

2:4 그러므로 다음과 같은 구절이 뒤따르게 된다: "그를 아노라 하고 그의 계명을 지키지 아니하는 자는 거짓말하는 자요." 1장 6절에서 제시된 바와 같이, 어떤 이들은 자신이 하나님과 사귀고 있다고 주장하지만 실제로는 그러한 사귐을 소유하지 못했음을 보여 준다. 요한은 실제로 일어나고 있는 이러한 주장을 '거짓말'로 부르는 데 주저하지 않는다. 더욱이 그러한 사람에 대해서는 다음과 같이 말할 수 있다: "진리가 그 속에 있지 아니하되." 이러한 생각은 앞서 거론되었던 거짓된 주장들에 대한 언급과 유사하다(1:6, 8, 10). 그런 사람의 마음속에는 진리가 살아 움직이지 못하며 영향력을 행사하지도 못한다. 그리고 영적 실체와 단절된 심각한 상태에 놓여 있다고 할 수 있다.

2:5~6 이에 반해, 하나님의 말씀(참조, 3절의 '그의 계명')에 대한 순종은 하나님의 사랑을 온전하고 풍성하게 체험하는 결과를 가져온다: "하나님의 사랑이 참으로 그 속에서 온전하게 되었나니." '하나님의 사랑'이라는 헬라식 표현은 그리스도인에 대한 하나님의 사랑을 의미할 수도 있고 혹은 하나님에 대한 그리스도인의 사랑을 의미할 수도 있다. 요한복음 14

장 21~23절에 비추어 볼 때, 여기서는 그리스도인에 대한 하나님의 사랑을 의미하는 것으로 보는 것이 타당할 것 같다. 요한복음 14장 21~23절에서 순종하는 제자는 아버지와 아들을 특별한 방법으로 경험하게 될 것을 약속하고 있다. 그리스도인은 하나님이 구원해 주시는 사랑의 대상이 이미 되었기 때문에 하나님의 호의가 이처럼 체험적으로 부가되는 것은 그 사람 안에 하나님의 사랑이 완성되었다고 할 수 있을 것이다(참조, 요일 4:12,17). 다시 말해서 순종하는 신자는 하나님의 사랑을 깊고 넓게 알게 된다. 하나님은 사랑이시기 때문에(4:16), 그를 밀접하게 아는 것은 곧 그의 사랑을 밀접하게 아는 것이다.

그리고 나서 요한은 다음 사실을 덧붙인다: "이로써 우리가 그의 안에 있는 줄을 아노라 그의 안에 산다고 하는 자는 그가 행하시는 대로 자기도 행할지니라."(NIV에서는 '그'를 예수(Jesus)로 번역하였다.) 이 언급에서 요한은 '그의 안에'(in hm)와 '그의 안에 산다'(live in him)라는 두 가지 다른 표현을 사용함으로써 그의 신학을 좀 더 발전시켜 나갔다. 하나님에 대한 순종과 그를 아는 지식을 연관시켰던 것처럼, 여기서도 요한복음 13~16장의 다락방 강화(the Upper Room Discourse)가 그의 사상의 근간이 된다. 특별히 포도나무와 가지 비유로부터 개념을 끌어냈다(요 15:1~8). 나무와 가지의 관계는 제자도의 경험을 그려 준다. 예수님은 다음과 같이 말씀하셨다: "너희가 열매를 많이 맺으면 내 아버지께서 영광을 받으실 것이요 너희는 내 제자가 되리라"(요15:8). 요한일서 2장 5~6절에서도 제자도가 고려되고 있다는 것은 6절에서 그리스도를 본받는 것에 대한 언급에서 분명해진다. '산다'(NIV에서는 live)로 번역된 메노(μένω)는 요한복음 15장 4절에서 '거하다'로 번역된 동사와 동일하다(NIV에서는 남아 있다로 번역됨).

요한이 여기서 사용하고 있는 '그의 안에' 있다는 개념을 바울의 '그리스도 안에' 있다는 개념과 동일시하는 것은 잘못일 것이다. 바울에게 있어서 '그리스도 안에'라는 구절은 그리스도인이 하나님의 아들 안에서 모든 부수적인 특권들과 더불어 영구적으로 누리게 되는 지위를 지칭한다. 이에 반해, 요한에게 있어서 포도나무와 가지 비유에서 그려진 관계는 사귐을 상실하거나 열매를 맺지 못할 때 그 결과로서 결렬될 수도 있는(요 15:6) 그러한 종류의 관계이다. 그러므로 요한일서에서는, 한 사람이 이런 종류의 관계를 경험하는 기쁨을 누리고 있다는 사실에 대한 증거는 하나님의 말씀에 복종하신 예수님의 삶에서 나타난 모습을 따라 살아가는 데서 발견되는 것이다. 요컨대 2장 5~6절은 신자의 하나님과의 사귐에 관해 계속 언급하고 있다.

2:7 3~6절은 순종의 주제를 소개하고 있다. 물론 이 주제가 1장 5~10절에서도 암시적으로 거론된 바 있기는 하다. 하나님과의 개인적인 친밀함과 하나님에 대한 지식의 여부를 시험하는 의미로 하나님의 명령에 대한 복종을 강조한 요한의 논지는 자연스럽게 다음 질문으로 이어진다: 요한은 어떤 명령들을 염두에 두고 있었던가? 이 질문에 대한 대답이 본 절에서 제시되고 있다. 요한은 독자들이 전혀 들어본 적이 없던 새 의무를 염두에 두고 있었던 것이 아니다. 그와 반대로 그의 마음속에 자리 잡고 있었던 명령은 무엇보다도 '너희가 처음부터 가진 옛 계명'이었다(참조, 요이 1:5). 의심할 여지 없이 요한은 여기서 특별히 서로 사랑하라는 명령을 생각하고 있었을 것이다(참조, 요일 2:9~11). 그는 자신의 논점을 강조하기 위해 '이 옛 계명은 너희가 들은 바(대부분 사본은 '처음부터'라는 구절을 또 더한다) 말씀(로고스[λόγος]: 문자적으로는 '단어'. 참조, 1:5; 3:11)이거

니와'를 덧붙였다. 독자들이 적그리스도의 교리 때문에 어떤 새로운 사상에 직면해 있었든지 간에, 그들의 실제적인 책임은 그들이 처음 그리스도인이 되었을 때 들었던 명령을 지켜 나가는 것이었다(참조, '들은'과 '처음부터'에 관해서는 1장 1절, 2장 24절, 3장 11절).

독자들에 대한 요한의 사랑 넘치는 관심은 '아가페토이'([ἀγαπητοί]: 문자적으로는 '사랑하는 자들'. NIV에서는 '사랑하는 친구들'(Dear friends)로 번역되었음)를 사용한 데서 잘 드러나고 있다. 그는 동일한 단어를 3장 2, 21절과 4장 1, 7, 11절에서 사용했고, '아가페테'([ἀγαπητέ]: 사랑하는 자)를 요한삼서 2, 5, 11절에서 사용했다.

2:8 예수님이 그 명령을 새 계명이라 부르셨으니(요 13:34) 요한은 이것이 그 신선함을 아직 잃지 않았다는 점을 지적했다. 즉, 그것은 여전히 새 계명이며, '그에게와 너희에게도 참된 것'이다. NIV는(개역개정도) 이 구절을 다소 자유롭게 번역하였지만, 헬라어 원문상 사랑하라는 명령이 먼저는 그리스도 안에서 그러고 나서 그를 따르는 자들 안에서 실현됨을 의미하는 것으로 보인다. 그다음 구절인 '이는 어둠이 지나가고 참빛이 벌써 비침이니라'는 그가 결국 독자들에게 새로운 계명을 쓰고 있다는 주장과 가장 잘 연결된다. 그의 논점은 (예수님과 그를 따르는 자들이 보여 준) 사랑하라는 계명은 이미 동트기 시작한 의의 새로운 시대에 속한다는 것이다. 그 계명은 지나가 버린 어둠의 옛 시대에 속한 것이 아니다. 그리스도의 성육신은 세상에 결코 사라지지 않을 빛을 가져왔다. 예수님이 그의 제자들에게 나타내 보여 주신 사랑 그리고 그들도 다른 사람에게 나타내 보이라고 가르치셨던 그 사랑은 다가오는 시대의 특징이다. 현세의 어두움과 그 어두움의 증오는 영원히 사라져 버리고 말 것들이다(참조, 요일

2:17상).

이와 같이 말하는 데 있어서 요한은 빛과 어둠이라는 용어를 1장에서와는 약간 다른 의미로 사용하고 있다. 1장에서 빛은 하나님의 근본적인 성품의 측면에서 규정되었다(1:5). 그런 의미에서 빛은 사람에 대한 하나님의 계시가 존재하는 한 비추어져 왔다. 그러나 본 절에서 요한은 성육신을 빛이 비취기 시작한 특별한 시점으로 규정하였다. 이제 새로운 시대가 동텄으며, 이 시대의 진정한 특성은 하나님이 자신의 아들에게서 자신을 드러내 보이신 특별 계시의 측면에서 규정될 수 있게 되었다. 그런데 무엇보다도 이것은 하나님의 사랑에 관한 계시이다.

2:9 따라서 다음과 같이 말할 수 있다: "빛 가운데 있다 하면서 그 형제를 미워하는 자는 지금까지 어둠에 있는 자요." '그 형제'(his brother)가 명백히 보여 주는 바와 같이 이 경고는 그리스도인들에 대한 것이 분명하다. 구원받지 못한 사람은 육체적 혈연관계를 가진 형제를 미워할 수는 있어도, 영적으로는 형제 관계라는 것을 갖지 않았기 때문에 그의(영적) 형제를 미워한다는 것은 실제로 일어날 수 없는 일이다. 만일 요한이 어떤 그리스도인도 다른 그리스도인을 미워할 수 없다고 생각하였다면, 굳이 '그'(his)를 덧붙임으로써 그 관계를 인격화시킬 필요는 없었을 것이다. 어떤 이들이 주장하는 바와 같이 진정한 그리스도인은 결코 다른 그리스도인을 미워할 수 없다고 하는 견해는 너무 소박하며 성경과 실제 체험에 상반되는 견해이다. 다윗 왕과 같이 위대한 인물도 증오심의 결정판이라고 할 수 있는 살인의 죄를 범하였다. 요한은 너무도 사실적인 영적 위험을 그의 독자들에게 경고하고 있는 것이다(참조, 1:8, 10). 그리고 그는 자기 동료 그리스도인을 미워할 가능성이 있는 그리스도인은 현재 지나가는

시대의 어려움으로부터 진정으로 벗어나지 못하였다는 사실을 확언하고 있다. 다시 말해서 그리스도인은 하나님에 대해서 많이 배워야만 하며, 그리스도에 대한 상세한 지식을 이미 갖고 있다고 공언할 수 없다. 만일 그가 그리스도인으로서 마땅히 알아야 할 그리스도를 실제로 안다면 그는 그의 형제를 사랑할 것이다.

2:10~11 이와 대조적으로 '그의 형제를 사랑하는 자는 빛 가운데' 즉, 그리스도 안에서 벌써 동이 튼 새 시대(참조, 8절)에 거한다. 그의 형제를 사랑하는 자는 '자기 속에 거리낌이 없다.' 미움은 비참한 영적 타락을 초래하는 일종의 내적 장애물이다. 그러나 그의 형제를 사랑하는 자는 미움이 초래하는 재난들을 피할 수 있다.

그의 형제를 미워하는 자는 이러한 일들을 피할 수 없다. 그러한 자는 '어둠에 있고 또 어둠에 행하며 갈 곳을 알지 못하나니 이는 그 어둠이 그의 눈을 멀게 하였음이라'(참조, 9절). 동료 그리스도인에 대해 증오심을 품고 있는 그리스도인은 진정한 의미에서 삶의 방향을 완전히 상실한 자이다. 어둠 가운데 목적 없이 방황하는 사람처럼, 그는 잠재해 있는 엄청난 위험들에 직면해 있는 것이다.

Ⅲ. 서신의 목적(2:12~27)

서언에서 요한은 본 서신의 일반적인 저작 목적을 진술한 바 있다. 이제 그는 독자들에게 본 서신을 쓰도록 촉진시켰던 특정한 관심들에 대해 밝힌다. 그런 의미에서 그가 본 서신의 정확한 목적을 밝히고 있다고 볼 수 있다.

A. 독자들의 영적 상태에 비추어(2:12~14)

요한이 열거한 모든 경고들에 비추어 볼 때(1:5~2:11), 그의 독자들은 요한이 자신들의 영적 상태에 대해 근본적으로 만족해 하지 못하고 있다고 생각했을지 모른다. 그러나 그러한 생각은 잘못된 것이다. 요한은 자기가 이 편지를 쓰는 것이 그들이 소유한 영적 유산들 때문이라는 사실을 그들에게 확신시켜 준다.

2:12~13상 이러한 유산들을 기술해 나가는 가운데, 요한은 독자들을 자녀, 아비 및 청년으로 불렀다. 어떤 이들은 요한이 여기서 독자들을 연령대에 따라 구분하였다고 주장해 왔다. 다른 이들은 그가 영적 성숙도에 따라 구분했다고 말한다. 만일 이들 중 어느 한 견해를 따른다면, 순서에 있어서 '아비들'이 두 번째로 온 것이 다소 자연스럽지 않다. 더욱이 다른 곳에서 요한은 그의 독자들 모두를 '자녀들'로 불렀다(2:1, 28; 3:7, 18; 5:21). 따라서 각 구절에서 모든 독자들을 지칭하는 것으로 보는 것이 가

장 적절한 해석으로 보인다(C. H. Dodd와 I. H. Marshall). 즉 경험치에 적절한 호칭이 붙는 것이다.

'자녀들'로서의 독자들은 하늘에 계시는 아버지가 자기 백성에게 베풀어 주시는 용서를 경험했었고, '아비들'로서의 독자들은 영원한 과거를 경험했었다. 왜냐하면 그들은 '태초부터 계신 이를' 알았기 때문이다. 2장 3~6절에 비추어 볼 때, 본 구절은 그들이 하나님과의 교제를 진정으로 경험했음을 시사한다.([태초부터 계신] '이'는 성부나 성자 누구를 지칭하는 것도 가능하다. 요한에게 있어서 성부와 성자를 구분하는 것은 중요한 문제가 아니었으며, 독자들도 그의 의도를 알았을 것이다. 참조, 3절) '청년들'로서의 독자들은 영적 전쟁을 수행하여 그 결과 악한 자, 즉 사탄을 이겼었다(2:14; 3:12; 5:18~19).

이런 식으로 생각할 때, '자녀들', '아비들', '청년들'로 이어지는 순서에는 의미가 담겨 있다. 독자들은 죄를 사함 받고, 그 후 영원하신 분과 교제를 갖는 것이 무엇인지를 알았다. 그 결과 그들은 원기왕성한 청년들로서 사탄의 공격을 무찔렀던 것이다.

2:13하~14 독자들이 달성한 일들이 약간 달라진 표현으로 반복해서 언급된다. 자녀들로서 그들은 아버지를 알았다고 할 수 있다. 자신의 아버지를 거의 알아보지 못하는 갓 태어난 신생아(테크니아[τεκνία]: 갓 태어난 아이들. 참조, 12절, 1절의 주해)와 달리 '아이들'(파이디아[παιδία]. 참조, 18절)은 교제를 통하여 자신의 신적 부모를 알기에 이르렀다. 그러나 영원하신 분을 아는 경험에 무엇이 첨가될 수 있는가? 요한은 그들을 또다시 '아비들'로 부름으로써 단순히 앞에서 언급한 내용을 아무런 변경 없이 그대로 반복한다. 그리고 그들을 다시 한 번 '청년들'로 부르면서 그들이 영

적 힘에 있어서 성장하고 있음을 암시하였다. 13절에서 그는 단순히 사탄에 대한 승리를 언급했었다. 이제 더욱 자세히 언급한다: "너희가 강하고 하나님의 말씀이 너희 안에 거하시며 너희가 흉악한 자를 이기었음이라." 요한은 독자들을 부르는 데 사용한 세 가지 호칭들을 반복해서 사용함으로써 그들이 자녀들, 아비들, 청년들로 불리기에 합당한 영적 업적들을 소유하였을 뿐만 아니라, 그들이 소유한 영적 업적들이 아주 풍성하다는 사실을 암시했다.

B. 세상의 유혹들에 비추어(2:15~17)

요한이 독자들의 영적 상태에 대해 불만을 가지고 있었던 것은 아니다. 본 서신에 대해서 어떤 주석가들이 말한 것처럼, 요한이 독자들의 구원에 대해 문제를 제기하거나 의문을 가지고 있었던 것은 더욱더 아니다. 그와 반대로, 독자들은 믿음에 있어서 성숙해 있었던 것 같다. 그는 그들의 현재 영적 상태가 너무 양호하기 때문에 이 편지를 썼던 것이다. 그러나 그는 그리스도인이 그리스도인으로서의 삶에 있어서 어느 정도로까지 진전해 있든지 간에 항시 존재하는 위험들에 대해 경고했다.

2:15 그는 이제 경고의 말로 전환한다: "이 세상이나 세상에 있는 것들을 사랑하지 말라." 여기서 하나님에 대해 적대적인 대상으로 생각되고 있는 (참조, 4:4) '세상'(코스모스[κόσμος])은 그리스도인들이 지속적으로 대적해 나가야 할 유혹적인 영향력을 지닌 존재다(참조, 요 15:18~19; 약 4:4,

신약성경에서 '세상'[코스모스]이 '사람들'을 의미하기도 한다. 예를 들면, 요 3:16~17). 세상은 그리스도인의 사랑을 놓고 경쟁하는데, 우리는 세상과 하나님을 동시에 사랑할 수가 없다. "누구든지 세상을 사랑하면 아버지의 사랑이 그 안에 있지 아니하니." 야고보가 그의 독자들에게도 말한 바와 같이, '누구든지 세상과 벗이 되고자 하는 자는 스스로 하나님과 원수 되는 것'(약 4:4)이다.

2:16 세상을 사랑하는 것이 하나님을 사랑하는 것과 양립할 수 없는 이유는 세상에 있는 모든 것이 다 아버지께로부터 온 것이 아니기 때문이다. 이러한 세상은 하나님에 대한 관심이 완전히 결여된 가치관들과 목표들로 구성된 체계이다. '세상에 있는 모든 것'을 묘사하는 데 있어서, 요한은 우리가 익히 잘 아는 세 가지 표현을 사용하여 그 내용을 상술하였는데, 그 표현들은 세상의 거짓된 모습을 효과적으로 조명해 준다. 세상에 속한 사람들은 육신의 정욕을 위해 살아간다. '정욕'은 에피뒤미아($\epsilon\pi\iota\theta\upsilon\mu\acute{\iota}\alpha$)를 번역한 것으로서, 본 절에서 두 번 그리고 다음 절에서 한 번 사용되고 있다. NIV에서는 이 단어를 세 번 다 다르게 번역했다: 갈망(cravings), 정욕(lust), 욕구(desires)(개역개정은 세 경우 모두 '정욕'으로 번역하고 있다—역자 주) 신약성경에서 본 단어는(언제나 그런 것은 아니지만) 보통 죄악된 욕망을 의미한다. '육신'은 '사르크스'($\sigma\acute{\alpha}\rho\xi$)를 번역한 것이다. '육신의 정욕'은 결국 부정한 육체적 욕구를 지칭한다. '안목의 정욕'(에피뒤미아)이라는 표현은 인간의 탐욕스러운 본성을 지적해 준다. '이생의 자랑'은 '헤 알라조네이아 투 비우'([η $\alpha\lambda\alpha\zeta o\nu\epsilon\acute{\iota}\alpha$ $\tau o\hat{\upsilon}$ $\beta\acute{\iota}o\upsilon$]: 문자적으로는 '인간적 삶의 과장')라는 헬라어 구절을 번역한 것으로 뽐내고 과시하는 생활양식을 의미한다(알라조네이아는 신약성경 전체를 통해 여기서만 사용

주해 | 205

되고 있다). 그리스도인들은 이러한 세상적 시각들과 관계를 끊어야 한다.

2:17 결국 "이 세상도, 그 정욕(에피두미아, ἐπιθυμία)도 지나가되 오직 하나님의 뜻을 행하는 자는 영원히 거하느니라." '거하다'는 요한서신을 특징짓는 단어인 '메노(μένω, 참조, 1:6)를 번역한 것이다. 이 단어는 본 서신의 다른 곳들에서와 마찬가지로 하나님과 교제하는 '내주의 삶'을 시사한다. 그러나 여기서는 그러한 뜻에 덧붙여, 지나가는 이 세상의 죄악 된 것들과 대적하며 하나님과의 교제 가운데 살아가는 삶은 진정 끝이 없는 영원한 삶이라는 신학도 내포하고 있는 것이 분명하다. 성품과 인격이 하나님에게 복종하도록 갖추어진 사람은 지나가는 세상과 헛된 욕망에 의해 유혹을 받지 않을 것이다. 요한이 말하고자 하는 바는 다음과 같은 사실이다: "인간은 인생을 오로지 한 번밖에 살 수 없는데, 곧 지나가 버릴 것이다. 하지만 그리스도를 위해 산 삶만큼은 영원히 남을 것이다."

C. 마지막 때 현혹하는 것들에 비추어(2:18~23)

2:18 세상에 대한 요한의 일반적인 경고에 뒤이어 마지막 때 일어날 현상들 중 하나에 대한 경고가 이어진다. 당시 존재했던 거짓 선생들은 속속들이 세상적이었다(참조, 4:5). 독자들은 적그리스도의 출현에 대한 예언을 알고 있었지만, 그리스도에 대한 적개심을 드러내는 많은 적그리스도들의 등장에 대해 경각심을 가질 필요가 있었다. 이는 역사가 그 절정의 시대, 즉 마지막 때로 접어들었음에 대한 분명한 표시이다. 요한이 본 서

신을 쓴 지 벌써 20여 세기가 지나갔음에도 불구하고 모든 것의 절정은 특별한 방법으로 임박하고 있다. 역사의 마지막 연극을 위해 무대가 이미 설치되었다.

2:19 요한은 자신이 염두에 두고 있던 거짓 선생들에 관해 다음과 같이 기록하였다: "그들이 우리에게서 나갔으나." 여기서 '우리'란 본 서신에서 특징적으로 사용되고 있는 사도적 1인칭 복수로 이해하는 것이 가장 자연스럽다(1장 1~5절과 4장 6절을 보라). '우리'는 독자들을 지칭하는 2장 20~21절의 '너희'와 대조된다. 거짓 선생들이 독자들이 속해 있던 교회들로부터 떠났으리라는 추론은 신빙성이 없다. 만일 그랬다면 그들이 어떻게 아직까지 문제시되겠는가? 이에 반해 만일 그들이 사도행전 15장의 율법주의자들처럼 예루살렘과 유대의 사도적 교회들로부터 분리해 나간 자들이라면, 그들은 독자들에게 특별한 위협이 되었을 것이다. 왜냐하면 그들이 독자들에게 와서 기독교가 발생한 근원지의 토양에 자신의 뿌리가 내려져 있다고 주장했을 것이기 때문이다. 그래서 요한이 그들과의 어떤 연관도 단호히 부정했던 것이다.

'우리에게 속하지 아니하였나니'는 직역하면 '그들은 우리 중에 있지 않았다'이다. 요한의 논점은 이 사람들이 실제로 사도적 집단의 정신과 영을 나누어 갖지 않은 자들이라는 사실을 지적하는 데 있다. 왜냐하면 만일 그들이 그러한 것들을 나누어 가지고 있었다면 그러한 분리는 일어나지 않았을 것이기 때문이다. 기독교 교회 내의 이단은 언제나 사도들의 교리 및 영과의 근본적인 불화의 모습을 드러내 보여 준다. 하나님과 교제를 갖는 그리스도인은 사도적 교훈에 복종할 것이기 때문이다(참조, 요일 4:6)

2:20~21 어쨌든 독자들은 적그리스도에 대해 잘 무장되어 있었다. 왜냐하면 그들은 '거룩하신 자(즉 하나님)에게서 기름 부음을' 받았기 때문이다. '기름 부음'은 의심할 여지없이 성령이다. 이러한 사실은 27절에서 기름 부음이 '가르친다'고 한 점에 의해 더욱 분명해진다. 왜냐하면 이는 기름 부음이 한 인격(특히 삼위일체 중 한 위격)으로 생각되고 있음을 시사해 주기 때문이다. 예수님 자신도 성령으로 기름 부음을 받으셨다(참조, 행 10:38).(여기서 기름 부음을 받은 자들이 교회 지도자들이었으리라는 가능성에 대해서는 본 주석의 서론을 보라.) 그들이 기름 부음을 받은 결과로, 독자들(아마도 주로 교회 지도자들)은 하나님의 진리 안에서 충분한 교훈을 받았다. 요한은 진리에 대한 그들의 이해가 정확하기 때문에 그리고 진리가 거짓과 결코 혼동되어서는 안 되기 때문에 그들에게 이 편지를 썼던 것이다.

2:22~23 적그리스도들은 거짓말쟁이들이다. 왜냐하면 그들은 예수님이 그리스도이심을, 즉 하나님의 아들이요 하나님의 지명을 받은 구세주라는 사실을 부인하기 때문이다(참조, 요 4:29, 42; 20:31). 이 부인은 하나님 아버지를 부인하는 것까지를 포함한다. 아버지의 인정을 받았다는 주장은 모두 거짓이다. 성자 없이 성부를 소유할 수 있는 자는 아무도 없다. 두 분 중 어느 한 분을 부인하는 것은 다른 한 분도 부인하는 것이 된다.

D. 아들과 아버지 안에 거하여야 하는 독자들의 의무에 비추어(2:24~27)

2:24 독자들은 '처음부터 들은 것을 (너희) 안에 거하게' 해야 한다(참조, 1:1; 2:7; 3:11). "처음부터 들은 것이 (너희) 안에 거하면 (너희가) 아들과 아버지 안에 거하리라." '거하다'로 번역된 헬라어는 '메노'(μένω)이다(NIV는 이 단어를 2장 6, 10, 14, 17절에서 '살다'(live)로 번역하고 있다). 요한의 논점은 다음과 같다: 만일 독자들이 적그리스도들의 거짓말을 대적하고 그들이 처음부터 들은 진리로 그들 가운데 거하게 하면 그들은 성부 하나님 및 성자 하나님과의 교제 가운데 계속해서 거하게 될 것이다.

2:25~26 그들은 또한 영원한 생명에 대한 하나님의 약속을 계속 신뢰해 나갈 수 있었다. 요한이 후에 주장한 바와 같이(5:9~13. 참조, 5:20), 독자들은 자신들이 사실에 대한 하나님의 증거에 기초하여 영원한 생명을 소유했음을 확신할 수 있었다. 적그리스도들은 독자들이 실제로 구원받았다는 사실을 부인하였던 것 같다. 왜냐하면 요한이 곧바로 다음 사실을 첨언하였기 때문이다: "너희를 미혹하는 자들에 관하여 내가 이것을 너희에게 썼노라"(참조, 3:7). 유대의 사도적 교회들에서도 그렇게 했듯이, 적그리스도들은 예수님이 그리스도이며, 그를 통하여 영원한 생명을 얻었다는 사실에 대한 독자들의 신념을 무너뜨리고자 노력했던 것이 분명하다. 그의 독자들이 하나님과 주의 진리를 진정으로 알고 있다는 사실에 대한 요한의 주장은(2:12~14, 21) 적그리스도들에 맞서 그들을 강화시키고자 하는 전략의 일환이었다.

2:27 독자들은 적그리스도들로부터 가르침을 받을 필요가 없으며, 또한 진리에 대해서 어떤 사람으로부터도 가르침을 받을 필요가 없다. '주께 받은 바 기름 부음이 (너희) 안에 거하나니', 그것이 충분한 선생이 되었다. 12~14절과 더불어 본 절은 요한의 독자들이 영적으로 비교적 성숙한 자들이었음을 시사해 준다. 성숙하지 못한 자는 인간 선생들을 필요로 하기 때문이다(참조, 히 5:12). 이러한 추론은 요한이 이 언급을 교회 지도자들을 상대로 했을 경우에 잘 어울리지만, 그 대상이 믿음 안에 오래 있었던 회중일 경우에도 마찬가지로 적절하다. 모종의 영감을 주장했을 것으로 보이는 적그리스도들과 달리 독자들의 기름 부음은 참되고 거짓이 없었다. 그들은 단지 '주 안에'(NIV에서 번역한 'in Him'에서 대명사 Him은 '기름 부음'을 지칭할 수도 있다) 거하면서(메네테[μενετε]) 그의 지속적인 가르침에 온전히 의지하기만 하면 된다.

Ⅳ. 서신의 본론(2:28~4:19)

이제 막 완결된 단락에서(2:12~27), 요한은 독자들에게 그들의 영적 경험의 유효성을 확신시켜 줌과 동시에 유효성을 부인하던 적그리스도들을 경고하기 위해 본 서신을 쓴다고 하였다. 이제 요한일서의 본론이라고 할 수 있는 본 단락에서, 요한은 독자들이 이미 경험하였고 또한 앞으로 유지해 나가야 할 영적 체험의 진정한 성격과 그 결과들에 대해 상술해 나간다.

A. 주제가 제시됨(2:28)

2:28 많은 주석가들이 본 절에서 새로운 단원이 시작되고 있음을 주목한다. '그의 안에 거하라'는 구절은 헬라어 동사 '메노'([μένω]: 내주하다)를 다시 한 번 포함하고 있는데, 이 동사는 6~27절에서 이미 10회나 사용된 바 있다. (요한은 신약성경 전체에서 112회에 걸쳐 사용된 이 동사를 66회 사용하였다: 요한복음에서 40회, 요한일서에서 23회, 요한이서에서 3회) 그의 기본적인 주제인 하나님과의 사귐(요일 1:3)의 맥락 속에서 요한은 내주하는 삶을 다시 한 번 강조하였다. 그러나 그는 이제 '그가 강림하실 때' 그리스도 앞에서 담대함을 얻는 것에 대한 새로운 사상을 도입한다. '담대함을 얻어'로 번역된 헬라어 구절은 문자적으로 '담대함을 갖는다'이다. 담대함은 헬라어로 '파레시아'(παρρησία)인데, 말을 하는 데 있어서 담대한 자유를 의미한다. 요한은 이 단어를 3장 21절, 4장 17절, 5장

14절에서 다시 사용하였다. 만일 독자들이 하나님과의 사귐을 계속 유지해 나간다면 그들은 주님을 만날 때 말하는 데 있어서 진짜 담대함을 누리게 될 것이다. 왜 그러한지에 대한 논의가 2장 29절~4장 19절의 주된 관심이다. 하지만 만일 신자가 주 안에 거하지 못한다면, 그리스도가 다시 오실 때 그는 부끄러움을 당할 가능성이 있다. 이는 그리스도의 심판대에서 하나님으로부터 거절당할 가능성을 암시해 주는데, 이러한 사실은 4장 17~19절에서 명확히 언급되고 있다. NIV의 '그 앞에서 치욕을 당하지 않는'은 '그 앞에서 부끄럽지 않게'(개역개정)로 번역되는 것이 보다 문자적인 번역일 것이다. 그러한 가능성은 실제적인 것이지만, 그렇다고 구원을 상실하는 것을 시사하는 것은 아니다.

B. 하나님의 자녀들을 분별하는 법(2:29~3:10상)

이 시점에서 요한은, 그가 바로 앞서 말한 담대함을 얻도록 하라는 권고에서 절정에 달한 교훈을(2:28. 참조, 4:17~19) 더욱 발전시켜 나가기 시작한다. 그가 염두에 두어 왔던 사도적 집단 및 하나님과의 사귐은(참조, 1:3) 행함을 통해 나타나는 하나님의 자녀된 삶의 방식의 분별을 요구한다. 요한은 한 사람의 삶이 적절한 모습으로 나타날 때 하나님이 그 삶 가운데 나타나시게 된다는 신학(4:12~16)을 지향하고 있다.

2:29 본 절은 거듭남의 개념을 요한일서에서 처음으로 명료하게 소개하고 있다. 독자들은 '그(성부 또는 성자)가 의로우신 줄을 알면 의를 행하

는 자마다 그(중생시키시는 성부 하나님을 지칭한 것으로 보인다)에게서 난 줄' 알게 될 것이다.('하나님에게서 난'이라는 표현은 3장 9절, 4장 7절, 5장 1, 4, 18[2회]절에서 나타난다.) 이 언급은 구원에 대한 독자들의 개인적 확신과는 전혀 상관이 없다. 오히려 그들이 어떤 사람의 삶 가운데 진정한 '의'(텐 디카이오쉬넨[τὴν δικαιοσύνην])가 나타나는 것을 보면, 그 의를 나타내 보이는 사람이 하나님의 자녀라는 것을 확신할 수 있게 된다는 사실에 대한 확언이다. 물론 요한에게 있어서 이 의는 그리스도가 명하셨던 그런 종류의 의만을 의미한다. 다시 말해서, 그 의는 단순한 인본주의적 친절함이나 도덕성과는 아무런 관련이 없다. 요한의 언급을 역으로 뒤집어 '하나님에게서 난 자마다 반드시 의를 행한다'고 주장하는 것도 성립되지 않는다. 요한은 그리스도인들도 어둠 가운데 걷고 있으며 죄의 영향력을 받을 수 있다는 사실을 알고 있었다(1:6, 8; 2:1). 그는 단지 여기서 한 사람이 다른 사람들의 행함 가운데서 거듭남을 볼 수 있는 방법에 대해 기록하였을 뿐이다.

3:1 본 절은 '이데테'(ἴδετε: 바라보라, 보라)로 시작되는데, NIV는 이것을 번역하지 않았다(개역개정에서는 '보라'로 번역됨–편집자 주). 저자는 독자들이 다른 사람들의 의로운 행동에서 거듭남의 실체를 발견하는 법에 대해 언급했었다. 이제 그는 독자들에게 거듭남의 실체를 가능하게 해 준 하나님의 사랑의 위대함을 상고해 보라고 초정하고 있다. "보라 아버지께서 어떠한 사랑을 우리에게 베푸사 하나님의 자녀라 일컬음을 받게 하셨는가."('우리가 그러하도다'가 대부분의 사본에서 생략되어 있는데, 아마도 필사자의 추가인 듯하다.) 성경에서 '일컬음을 받는다'는 한 사람의 실제적인 상태가 어떠한지를 나타내 준다(참조, 고린도전서 1장 2절의 '성도라 부

르심을 받은'). 신자들은 '하나님의 자녀라 일컬음을 받게' 된다. 왜냐하면 그들은 아버지의 자녀들(테크나[τέκνα])이기 때문이다.

하지만 요한이 독자들에게 가지도록 초청하고 있는 지각력은 세상이 상실해 버린 것이다. '세상이 그(하나님 혹은 그리스도)를 알지' 못하므로 세상이 신자들을 하나님의 자녀로 인식해 주기를 기대하는 것은 불가능하다. 다른 사람들이 하나님의 자녀임을 인식하는 지각력은 그리스도인만이 갖는 구별된 지각력이다.

3:2~3 그리스도인들에게 있어서도 이 지각력은 영적인 것이다. 비록 '우리가 지금은 하나님의 자녀라' 할지라도 이것을 눈으로 확인할 수 있는 육체적 증거는 존재하지 않는다. 그리스도인들은 그리스도가 오실 때 육체적으로 변화될 것을 기다리고 있다. '그가 나타나시면 우리가 그와 같을 줄을' 안다(참조, 고전 15:52~54; 빌 3:21). 그와 같은 변화는 '그의 참모습 그대로 볼 것'으로 드러날 것이다. 그러나 그러한 사건이 일어날 때까지는, "주를 향하여 이 소망을 가진 자마다(Everyone who has this hope in Him: 아마도 대명사 Him은 소망의 대상이신 그리스도를 지칭하는 듯하다) 그의 깨끗하심과 같이 자기를 깨끗하게 하느니라." 여기서 요한은 아마도 계속해서 거듭남에 대해 언급했던 것으로 보인다. 믿음으로 자신의 소망을 하나님의 아들에게 두는 자는 그리스도 자신의 깨끗하심만큼이나 완전한('그의 깨끗하심과 같이') 내적 깨끗함을 경험하게 된다. 이렇게 함으로써 요한은 앞으로 제시하게 될(요일 3:6, 9) 자신의 주장에 대한 기반을 마련하였다. 즉 거듭남은 죄로부터 완전히 깨끗해짐을 수반하게 된다는 것이다.

3:4 이제 요한은 3절에서 언급했던 깨끗함에 반대되는 개념인 죄에 관해 논하기 시작한다: "죄를 짓는 자마다 불법을 행하나니(텐 아노미안 포이에이[τήν ἀνομίαν ποιεῖ]) 죄는 불법(아노미아[ἀνομία])이라." 헬라어 신약성경에서 '아노미아'는 대개 '사악함'이란 뜻의 일반적인 용어이지만, 종말론적 문맥 속에서는 더욱 독특한 의미를 갖는다(참조, 마 7:23; 13:41; 24:12; 살후 2:7). 따라서 적그리스도들에 대한 언급이 바로 뒤이어 나타나는, 본절의 '불법'의 용법은 의미심장하다. 요한은 아마도 죄에 대한 경멸적인 묘사의 수단으로 이 단어를 사용했던 것으로 보인다. 요한일서 3장 7절에 비추어 볼 때, 적그리스도들은 죄에 대해 느슨한 태도를 취했던 것으로 보이며, 그래서 요한은 그들의 이러한 태도를 반박하고자 했던 것이다. 죄는 사악하므로 죄를 짓는 자는 사악함을 행하는 자라는 것이 요한의 주장하는 바였다. 죄 문제를 가볍게 생각해서는 안 될 것이다.

3:5~6 죄의 심각성이 더 강조된다: "그가 우리 죄를 없애려고 나타나신 것을 너희가 아나니 그에게는 죄가 없느니라." 성육신은 죄가 전혀 없는 분을 세상에 오시도록 해 주었는데, 그는 그의 백성들로부터 죄를 제거해 주신다(참조, 요 1:29; 히 9:28상). 이러한 사실로부터 다음과 같은 논리가 성립된다. 죄 없으신 분 안에 있는(거하는) 사람은 죄가 없어야 한다는 것이다. 왜냐하면 그는 거듭난 죄 없는 본성을 가지고 있기 때문이다.

이것은 본문이 보여 주는 피할 수 없는 논리이다. 그러나 NIV의 번역이 다른 한 가지 논점을 제안해 준다: "그 안에 거하는(메논[μένων]: 머무르다) 자마다 범죄하지 아니하나니 범죄하는 자마다 그를 보지도 못하였고 그를 알지도 못하였느니라." 본 절에 대해 널리 받아들여지고 있는 설명은, 신자는 '습관적으로 죄를 범하지 않는다'는 것이다. 그러나 헬라어 본문에는 '지속하다', '계속하다', '습관적으로'와 같은 의미를 나타내는 구절이 없다. 이러한 해석은 헬라어의 현재 시제에 대한 이해에 기초하고 있는데, 오늘날에 와서 학자들 사이에 현재 시제가 과연 그런 해석을 가능하게 해 주는가에 대한 논란이 많다(참조, S. Kubo, "1 John3, 9: Absolute or Habitual?" *Andrews University Seminary Studies 7*, 1969:47–56; C. H. Dodd, *The Johannine Epistles*, p. 78–81; I. Howard Marshall, *The Epistles of John*, p. 180). 신약성경의 어느 곳에서도 현재 시제가 '다른 단어들의 도움 없이'라는 의미를 나타내는 경우를 찾아볼 수 없다. 따라서 현재 시제에 대한 그러한 견해는 본 절뿐 아니라 요한일서 3장 9절에 있어서도 근거가 없다. 그렇다고 해서 요한이 신자는 전혀 죄 없는 완전함을 이루어야 하며, 완전함을 이루지 못한 자는 구원을 잃게 되리라고 말하는 것도 아니다. 그와 같은 논리는 요한의 주장뿐 아니라 성경 전체의 주장과도 어울리지 않는다.

요한의 논지는 단순하며 직설적이다. 죄는 하나님에 대한 무지와 맹목(盲目)의 산물이다. "범죄하는 자마다 그를 보지도 못하였고 그를 알지도 못하였느니라"(6절하).

죄는 하나님을 보고, 그를 아는 것으로부터 결코 나올 수 없다. 죄는 그리스도 안에 거하는 경험의 일부가 결코 될 수 없다. "그 안에 거하는 자마다 범죄하지 아니하나니"(6절상). 물론 이러한 사실이 문제시될 것은 아니지만, 신자는 죄가 없다고 주장할 수 없다는 요한의 이전 주장과(1:8) 본 절의 주장 사이에 불일치가 존재하는 것으로 보인다. 이 문제에 대한 해결은 3장 3절에 나타난 언급에 의해 제안된 바 있는데, '주를 향하여 이 소망을 가진' 자의 깨끗하게 됨은 본성에 있어서 그리스도의 깨끗하심과 견주어진다. 이러한 관점에서 볼 때, 거듭난 삶은 어떤 의미에서 본질적으로 그리고 근본적으로 죄 없는 삶이다. 신자에게 있어서 죄는 비정상적이고 본질에 맞지 않는 것이다. 신자의 삶의 전체적인 경향이 죄로부터 멀어져 가는 것이다.

하지만 그리스도인들이 지상에서 죄 없는 삶을 완벽하게 경험하지 못한다는 것 또한 부인할 수 없는 사실이다. 따라서 1장 8, 10절의 언급 또한 진리인 것이다. 두 개념은 실제로 모순되지 않는다. 그리스도인은 육과의 실질적인 투쟁을 아직도 경험하고 있으며, 오직 성령의 도우심을 통해서만 그 충동을 극복할 수 있다(갈 5:16~26).

바울의 사상 또한 이러한 견해를 확증해 준다. 죄에 대한 투쟁 가운데 바울은 다음과 같은 결론에 도달할 수 있었다: "만일 내가 원하지 아니하는 그것을 하면 이를 행하는 자는 내가 아니요 내 속에 거하는 죄니라"(롬 7:20). 이렇게 하여 바울은 죄가 자기 존재의 가장 깊은 차원의 실체를 구성하는 한 부분이 아님을 인지할 수 있었다(참조, 롬 7:25). 그가 "이제는 내가 사는 것이 아니요 오직 내 안에 그리스도께서 사시는 것이라"(갈 2:20)고 말했을 때도, 그는 동일한 사실을 의미하였다. 만일 신자 안에 그리스도만 홀로 살아 계신다면, 죄는 결코 그의 경험의 일부가 될 수 없다. 신자가 하나님을 경험하는 한, 경험에는 죄가 전혀 없을 것이다(참조, 요한일서 3장 9절 주해).

3:7~8 이 두 절은 적그리스도들의 가르침 가운데 죄와 의를 혼동시키는 내용이 들어 있었음을 강력하게 시사한다. 아마도 적그리스도들은 자유로이 죄를 지으면서도 자신들의 죄책을 부인하고 스스로 의롭게 행했다고 주장했던 것 같다. 요한은 그와 같은 사상에 대해 다음과 같이 경고하였다. '아무도 너희를 미혹하지 못하게 하라'(2장 26절에서도 사용된 바 있는

헬라어 동사 '플라나오'[πλανάω: 미혹하다]이다. 같은 단어가 1장 8절에서는 '속이다'로 번역되었다). '의를 행하는 자는 그의 의로우심과 같이' 의롭다(참조, 1:9; 2:1, 29). 의로운 본성으로부터는 의로움만이 나타난다. 그와 반대로, '죄를 짓는 자는 마귀에게' 속한다. 이 주장은 액면 그대로 받아들여져야 할 것이다. 죄는 정도와 종류에 상관없이 모두가 본질에 있어서 악마적이다. 왜냐하면 '마귀는 처음부터 범죄' 했기 때문이다(참조, 요 8:44). 죄는 사탄과 더불어 시작되었으며 또한 사탄의 지속적인 활동의 결과이다. 죄에 참여하는 것은 사탄의 활동에 참여하는 것이다. 또한 이러한 행동은 '마귀의 일을 멸하려'(뤼세[λύση]: 파괴하다) 오신(나타나신. 참조, 요일 3:5; 히 9:28상) 하나님의 아들의 사역에 반대되는 것이기도 하다. 가장 작은 죄라 할지라도 그리스도의 사역에 거스르는 것은 마찬가지이다. 신자들은 여기서 '마귀'로 불리는 '악한 자'를 극복해야 하며(요일 2:13~14), 또한 그의 본성에 동참해서는 안 된다.

3:9 6절과 관련해서 지적된 바와 같이, 죄짓는 것에 관한 요한의 언급들에 '계속하다'나 '지속하다'와 같은 구절을 추가시키는 것은 헬라어 본문에 기초하여 볼 때 정당화될 수 없다. 6절에서와 마찬가지로 본 절의 언급은 절대적이다. "하나님께로부터 난 자마다(참조, 2:29; 4:7; 5:1, 4, 18) 죄를 짓지 아니하나니 이는 하나님의 씨가 그의 속에 거함이요 그도 범죄하지 못하는 것은 하나님께로부터 났음이라." '하나님의 씨'는 각 신자들이 구원받을 당시에 받게 되는 하나님의 본성이다(요 1:13; 벧후 1:4). 본 절에서의 논지는 하나님의 자녀는 아버지의 본성에 동참하게 된다는 것이다. 죄가 없는 아버지가 죄를 조금만 지은 자녀를 낳는다는 식의 사고는 저자의 마음속에 전혀 없다. 언제나 그러했듯이, 요한은 뚜렷한 대조를 끌어들인

다. 모든 죄는 마귀에게 속한 것이다(요일 3:8). 죄는 신자의 거듭난 본성, 즉 하나님의 씨로부터 나온 것이 아니며, 따라서 하나님의 자녀는 죄를 지을 수도 없고 짓지도 않는다. 본 절의 설명은 6절에서 제시된 설명과 동일한 것이다. '새 사람'(혹은 '새 자아'. 엡 4:24; 골 3:10)은 절대적으로 완전한 새로운 피조물이다. 이러한 사실을 주장함으로써 요한은 죄에 관한 잘못된 개념을 반박하고자 했다. 죄는 악마적일 뿐 다른 아무것도 아니며, 또한 그럴 수도 없다. 죄는 그리스도인이 거듭난 존재의 차원에서 갖게 되는 본성으로부터 결코 생겨날 수 없다.

3:10상 문자적으로, 10절 상반절은 다음과 같이 직역된다: "이러므로 하나님의 자녀들과 마귀의 자녀들이 드러나니." '이러므로'는 아마도 앞에서 거론한 내용 전체를 지칭하는 것으로 보인다. 죄와 의를 날카롭게 대조시킴으로써, 요한은 하나님의 자녀들이 마귀의 자녀들과 명백히 구별되는 근본적인 방식을 분명하게 했다. 그의 사상의 열쇠는 '드러나니'인데, 이것을 통해 2장 29절과 3장 1절에서 제시된 사상들이 다시 주목을 받게 된다. 하나님의 자녀는 존재의 핵심에 있어서 죄가 없기 때문에, 마귀의 자녀처럼 결코 죄를 통해 나타날 수가 없다. 구원받지 못한 죄를 통해 자신의 진정한 본성을 나타내 보일 수 있는 데 반해, 하나님의 자녀는 그럴 수가 없는 것이다. 그리스도인이 죄를 지을 때, 그는 자신이 실제로 누구인가를 '나타내기'보다 오히려 그것을 '감추게' 된다. 만일 독자들이 어떤 사람이 진정한 의를 행하는 것을 보게 된다면, 그때-그러나 단지 그때만-그들은 의로운 행위가 거듭남(2:29)의 진정한 행동임을 지각할 수 있으며, 이렇게 해서 하나님의 사랑을 볼 수 있게 된다(3:1). 이러한 고찰은 요한이 앞으로 진행시켜 나갈 주장에 결정적인 역할을 하게 된다.

C. 형제에 대한 사랑을 분별하는 법(3:10하~23)

요한은 4장 7절에 가서야 다시 언급하게 될 거듭남의 주제를 잠시 떠난다. 본 단락의 기능은 '의'를 주로 그리스도인의 형제 사랑의 측면에서 규정하고, 또한 그와 같은 사랑이 어떻게 적절히 표현되는지를 보여 주는 데 있다.

1. 사랑이 아닌 것(3:10하~15)

3:10하 10상반절을 10하반절에 대한 도입구로 이해하는 것보다는, 상반절을 이전 단락의 결론으로, 하반절을 새로운 단락의 시작으로 간주하는 것이 더 나을 것이다.(NIV에서 번역상 포함시키고 있는 '자녀'(child)가 헬라어 원문에는 없다.) "무릇 의를 행하지 아니하는 자는 하나님께 속하지 아니하니라." '하나님께 속하다'로 번역된 헬라어 구절(엑 투 데우[ἐκ τοῦ θεοῦ])은 여기서 묘사된 사람의 행동의 근거를 하나님에게서 찾을 수 없다는 의미다. 그는 행위에 있어서 '하나님께 속하지 아니하니라.' 의를 행하지 못한 것이나 자기 형제를 사랑하지 못한 것은 그 근원을 하나님에게서 찾을 수 없다는 뜻이다. 요한은 모든 죄가 그 근원을 마귀에게 두고 있음을 이미 언급했었다(8절). 요한은 이 '엑 투 테우'(하나님께 속한)라는 구절을 7회나 더 사용하였다(4:1~4, 6~7; 요삼 1:11).

의(요일 2:29~3:7에서 언급된)와 사랑(2~9절에서 언급되지 않은)의 개념을 함께 연결함으로써, 요한은 새로운 논의로의 다리를 놓았다. 그는 이제 그가 앞서 언급했던 거듭난 삶의 적절한 표현으로서의 사랑을 고찰하기 시작한다. 사랑은 행함으로 나타나는 의이다.

3:11~12 요한은 여기서 그의 훈계가 그리스도인들을 향한 것이라는 사실을 분명히 한다. "우리는(그리스도인들이) 서로 사랑할지니 이는 너희가(그리스도인들이) 처음부터 들은 소식이라." 그러나 독자들에게 사랑이 무엇인지를 정확하게 말해 주기에 앞서, 그는 사랑이 아닌 것이 무엇인지를 말해 주었다. 사랑은 가인이 아우 아벨에게 행했던 그런 종류의 행위가 아닌 것이 분명하다. 가인은 그의 아우를 죽였다(창 4:8). 그가 이런 행위를 할 때 그는 악한 자였다(엑 투 포네루[ἐκ τοῦ πονηροῦ]: '속하다'라는 번역은 오해를 불러일으킨다). 아우의 의가 뛰어난 데 대한 가인의 질투심에 찬 분개가 살인의 이유였다(창 4:2~7). 이러한 사실을 말하는 데 있어서 요한은 영적으로 민감한 신경을 건드린다. 다른 그리스도인들을 향한 증오심은 다른 사람의 삶과 자신의 삶을 비교하는 데서 갖게 되는 죄책감에 의해 자주 촉발되기 때문이다. 요한이 여기서 솔직하게 확인하고 있는 바와 같이 그와 같은 반응들은 악마적임을 기억해야 할 것이다.

3:13 증오심이나 살인과 같은 반응들은(11, 12절) 또한 세상적이다. 왜냐하면 세상이 그리스도인들을 미워하기 때문이다. 하지만 그러한 사실이 독자들을(요한일서에서는 여기서만 '형제들'로 부른다) 놀라게 해서는 안 된다. 세상이 그밖에 어떤 일을 할 수 있을 것으로 기대하겠는가? 비정상적인 것은 신자들 사이의 증오심이며, 바로 그러한 증오심에 대해 요한이 근본적인 경고를 하였던 것이다. 그런 의미에서 본 절은 다소간 삽입구적인 것으로 간주하는 것이 옳을 것이다.

3:14 하지만 요한은 세상과는 반대로 '우리는 형제를 사랑함으로 사망에서 옮겨 생명으로 들어간 줄을 알거니와'라고 말했다. '알거니와'의 주어인 '우리'는 헬라어 본문에서 매우 강조적인 형태로 되어 있으며, 따라서 '사도들인 우리'를 의미하는 것으로 보인다. 그러나 그렇다 할지라도, 저자는 이러한 사실을 아는 것이 독자들에게도 적용되는 것으로 기대했던 것이 분명하다. 자기 형제들에 대한 사랑은 그가 하나님의 삶의 영역에 들어가 있다는 사실의 증거이다(참조, 요 13:35).

'사망에서 옮겨 생명으로 들어간'이란 표현은 요한복음 5장 24절에서 신자의 개종을 가리키는 뜻으로 한 번 더 사용된다('사망에서 생명으로 옮겼느니라'). 그러나 요한의 저작 가운데 단 두 번밖에 사용되지 않은 구절을 어떤 고정된 의미로 이해하는 것은 무리일 것이다. 따라서 본 구절의 의미는 문맥에 따라 결정되어야 한다. 요한일서 3장 14절하~15절의 언급들은 여기서 '사망'과 '생명'의 영역들이 한 사람의 행위에 의해 결정되는 경험적인 것으로 간주되어야 함을 시사한다. 그렇다면 여기서는 개종의 뜻이 아닌 것이 분명하다.

'사랑하지 아니하는 자는(대부분의 사본들이 '사랑하다'의 목적어로 '형제' 혹은 '자기 형제'를 추가시키고 있다) 사망에 머물러 있느니라'는 15절과 함께 고찰해야 한다.

3:15 본 절은 증오심이 도덕적으로 살인에 해당하는 것이기 때문에, 진정한 그리스도인은 동료 그리스도인을 미워할 수 없다는 사실을 나타내는 것으로 이해되어 왔다. 그러나 자세히 살펴보면 이러한 입장은 성립될 수 없다.

요한은 '그 형제를 미워하는 자'로부터 이야기를 시작한다. 만일 요한이 구원받지 못한 자만 다른 그리스도인을 미워할 수 있다고 생각했다면 '그'는 관계를 불필요하게 인격화시킨다(참조, 2장 9절 주해). 그러나 진정한 그리스도인이 미워하거나 살인할 수 없다고 믿는 것은 허망한 환상에 불과하다. 다윗은 경건한 헷 사람 우리아를 죽이는 죄를 범하였으며(삼하 12:9), 베드로는 그리스도인 독자들에게 다음과 같이 경고했다: "너희 중에 누구든지 살인하는 자로서 고난을 받지 말려니와"(벧전 4:15. 직역하면, '너희 중 아무도 살인자로 고난 받지 않게 하라'), 요한일서 3장 15절이 구원받은 자들을 대상으로 한 언급이 아니라는 견해는 현실성을 전혀 무시한 것이다. 다른 신자를 미워하는 것은 영적 살인에 해당하는 것이요(마 5:21~22), 정욕에 찬 눈으로 보는 것은 영적 간음에 해당한다는(마 5:28) 사실은 너무도 엄연한 현실로 남아 있다.

그리고 나서 요한은 다음과 같이 주장하였다: "살인하는 자마다 영생이 그 속에 거하지 아니한다"(NIV에서는 본 구절의 가장 중심 단어라 할 수 있는 '거하다'라는 뜻의 헬라어 분사[메누산, μένουσαν]를 번역하지 않았다). 요한은 누군가가 자기 형제를 미워하면, 그는 영생을 '소유하지' 못한다고 말하는 것이 아니다. 그보다 오히려 그가 영생으로 하여금 자기 안에 '거하지' 못하도록 한 것이라고 말하는 것이다. 그러나 요한에게 있어서 그리스도 자신이 영생이기 때문에(요 14:6; 요일 1:2; 5:20), 그는 살인자는 자기 안에 그리스도를 거하도록 하지 못한다고 밝히고 있다. 이와 같이 요한이 염두에 두고 있던 바는 다시 한 번 '거함'의 경험인 것이다.

한 그리스도인이 다른 그리스도인을 향해 품는 증오심은 이처럼 도덕적 살인의 경험인 것이다. 3장 14하반절에서 시사되고 있는 바와 같이, 요한은 자기 형제를 사랑하지 못하는 그리스도인은 '사망에 머물러 있다'(메네이[μένει])고 주장한다. 따라서 그러한 사람은 세상이 살아가는 영역(13

절을 보라)과 동일한 영역 안에서 살아가고 있다고 할 수 있다. 그는 마음 속 깊이 살인자이기 때문에, '거하다'라는 단어가 주는 하나님 및 그리스도와의 밀접한 교제를 나누는 문제에 있어서 내세울 만한 경험을 전혀 가진 적이 없다. 살인의 영이 내재하는 한, 영생(즉 그리스도)이 그 마음에 내주하지 못한다. 그러한 사람은 비참하게도 주님과 격리된 상태에 있게 되며, 단지 죽음만을 경험할 뿐이다(참조, 로마서 8장 13절에 나타난 바울의 언급: "너희가 육신대로 살면 반드시 죽을 것이로되") 요한의 어투는 분명 냉혹하다. 그러나 이 구절이 신자들에게 적용되는 것을 교회가 부인할 수는 없는 처지에 놓여 있는 것이다. 기독교 교회는 수세기의 경험을 통하여 이 말씀의 경고가 얼마나 긴급하게 필요한 것인지를 봐 왔다. 이처럼 증오심은 불행하게도 구원받지 못한 자들에게만 국한되는 문제가 아니다.

2. 사랑이란(3:16~18)

3:16 그리스도인의 사랑의 진정한 특성이 증오심과는 전혀 대조적인 모습으로 나타나 있다. 사랑은 살인의 정신과 너무도 거리가 멀다. 즉 사랑의 본질은 다른 사람의 생명을 빼앗기보다 오히려 다른 사람을 위하여 자신의 생명을 내어 주는 데 있다. 이러한 모습은 예수 그리스도에게서 본보기를 발견하게 되는데, 그는 우리를 위하여 자기 목숨을 버리셨다. 그리스도인들은 이 본보기를 따라 자신들의 형제들을 위하여 희생당할 준비가 되어 있어야 한다.

3:17~18 그렇지만 다른 사람을 위해 자신의 목숨을 희생할 기회가 생

기지 않을 수도 있다. 그러나 (음식물이나 의복과 같은) '이 세상의 재물'은 생명을 지탱하는 것을 도와주는 바, 만일 그리스도인의 사랑을 진정으로 소유하였다면, 그는 형제의 궁핍함을 보고 도와줄 마음이 생겨나지 않을 수 없을 것이다. '도와줄 마음'(스플랑크나[σπλάγχνα])은 마음속 깊이 자리 잡은 다감한 관심이나 다정한 호의를 의미한다(참조, 눅 1:78; 고후 6:12; 7:15; 빌 1:8; 2:1; 몬 1:7, 12, 20). 사랑의 진짜 시험은 말로만 사랑하는 데 있지 않고('말과 혀로만 사랑하지 말고') 오히려 기꺼이 도우려는 자세 즉 행함과 진실함이 있느냐에 있다.

3. 사랑이 신자들에게서 이루는 것(3:19~23)

3:19~20 '이로써 우리가 진리에 속한 줄을 알고'는 아마도 17~18절을 두고 한 말일 것이다. 다른 사람들의 필요가 충족되는 사랑의 실천적인 행동들 때문에 그리스도인은 자신이 진리 안에 체험적으로 참여하고 있다는 사실에 대해 기본적으로 확신할 수 있게 된다.(참조, '우리가 진리에 속한'이란 구절에 대해서는 10절과 12절 주해를 보라)

19하반절과 20절은 헬라어 원문상 문장 구조가 좀 복잡하기는 하지만 다음과 같이 번역할 수 있을 것이다: 또 우리는 우리 마음을 주 앞에서 설득하여, 만일 우리 마음이 우리를 책망할지라도 하나님은 우리 마음보다 크고 또한 모든 것을 아시는 분이다. 그리스도가 신자에게 지극히 높은 기준을 설정해 주신 영역이 바로 다른 그리스도인들을 향한 사랑의 영역인데 그 기준이 너무 높기 때문에 신자도 자기 자신의 부족함과 실패를 깊이 느끼게 될 것이다. 그런데 비록 자기 마음이 자신을 책망할 일이 있어도, 신자는 자기 마음이 깨닫지 못하는 순간에도 하나님이 그 깨닫지 못하는 다른 일들까지도 이미 고려하고 계신다는 사실을 상기해야 한다. 만일 신자가 요한이 명령한 사랑을 실제로 실천해 왔다면, 죄책감으로 고통당하는 그의 마음은 진리를 향한 그의 근본적인 헌신을 이미 알고 계시다는 사실을 깨달음으로써 위로받을 수 있다. 이 구절은 "네가 나를 사랑하느냐?"라고 물으신 주님의 마지막 질문에 대한 베드로의 대답을 분명히 상기시킨다. 베드로가 근심하여 이르되 "주님 모든 것을 아시오매 내가 주님을 사랑하는 줄을 주님께서 아시나이다"(요 21:17).

3:21~22 자신을 정죄하던 마음이 하나님이 모든 것을 아신다는 사실을 깨닫게 됨으로써 일단 평정을 되찾게 되면, 하나님 앞에서 새로운 담대함을 얻는다. '담대함'은 '파레시아'($παρρησία$)를 번역한 것으로, 요한은 이 단어를 2장 28절에서 그의 주제를 제시할 때 사용한 이래 여기서 처음 사용하고 있다(참조, 4:17; 5:14). 이제 그의 논의도 중간 단계에 접어들었다. 사랑의 실제 행동들로 인해 진리에 적극적으로 참여하게 된 결과로, 그리스도인들은 자신을 비난하던 마음을 진정시킬 수 있으며 기도에서 담대함을 얻게 된다. 그들의 이러한 기도는 응답을 받게 되는데, 이는 그들이 신자로서 하나님의 뜻에 의식적으로 복종하고 있기 때문이다('그의 계명[참조, 2:3]을 지키고 그 앞에서 기뻐하시는 것을 행함이라'). 물론 이 언급은 기도의 내용이 하나님의 뜻에 따라 된 것임을 가정하고 있다(5:14~15).

3:23 요한은 담대하고 효과적인 기도 생활이 하나님의 '계명'에 순종하는 자세에 기초하고 있음을 선언했다(22절). 이제 그 계명들이 믿음과 사랑에 대한 한 가지 명령으로 요약된다. '그 아들 예수 그리스도의 이름을 믿고'는 본 서신 내에서 믿음에 관한 최초의 직접 언급을 포함하고 있다.(헬

라어 본문에는 '엔'[ἐν]이라는 전치사가 포함되어 있지 않으며, 따라서 NIV의 'believe in the name of His Son'이라는 번역은 'believe the name of His Son'이 되어야 할 것이다.) 문맥상 그 믿음은 진정한 그리스도인의 기도와 관련된 그리스도의 이름에 대한 믿음을 포함하는 것이 분명하다(요한복음 14장 12~15절과 16장 24절을 보라).

우선, 요한복음 3장 23절은 18절에서 시작된 본 단락의 절정을 이루고 있다. 그리스도인이 사랑의 행위들에 적극적으로 참여할 때(18절), 그리고 그가 하나님 앞에서 기도의 담대함을 얻게 될 때(21절), 그는 곧 하나님이 명하신 것들을 하고 있는 것이다(참조, 2:3; 3:24; 5:2~3). 즉, 그리스도의 이름에 대해 확신을 가지고 사랑으로 단단히 묶여 살아가는 것이다(3:23. 참조, 3:14; 4:7, 11, 21). 이처럼 믿음과 사랑은 함께 따라다니는 것으로 간주되기 때문에, 이러한 종류의 삶은 단일한 계명에 대해 복종하는 삶으로 이해된다.

D. 내주하시는 하나님을 분별하는 법(3:24~4:16)

2장 28절에서 주제가 언급된 이래, 요한의 논의는 두 단계에 걸쳐 진행되어 왔다: (1) 하나님의 자녀가 된 자는 의로움을 통해서만 그 자녀 됨을 나타내 보일 수 있다(2:29~3:10상). (2) 의로움은 그리스도가 그렇게 하셨듯이 형제에 대한 사랑의 모습으로 나타나는데, 이러한 사랑을 행하는 자는 기도에서 담대함을 얻게 된다(3:10하~23). 이제 요한은 이러한 삶을 통하여 하나님이 신자 안에 거하시고 또한 신자가 하나님 안에 거한다는 사실이 증거 된다는 점을 제시한다.

1. 진리의 영을 분별하는 법(3:24~4:6)

3:24 본 절에서 두 가지 새로운 주제가 나타나고 있다. 첫째, 순종하는 각 그리스도인 안에 내주하시는 하나님 혹은 그리스도에 대한 본 서신의 첫 번째 언급이다. "그의 계명(참조, 2:3; 3:23; 5:2~3)을 지키는 자는 주 안에 거하고(메네이[μένει]) 주는 그의 안에 거하시나니." 내주하는 삶이 이러한 성숙한 삶을 가져온다는 사실은 포도나무와 가지의 비유에서도 분명히 나타나 있다(요 15:4~5, 7).

둘째, 성령에 대한 언급이다. 본 서신에서는 성령에 대한 명백한 언급이 6회에 걸쳐 나타나고 있는데, 본 절의 언급이 그 첫 번째 것이다(참조, 요일 4:2, 6, 13; 5:6, 8. 2장 20절의 '거룩하신 자'). 신자가 하나님이 자기 안에 거하심(메네이[μένει])을 확증할 수 있는 방법은 그의 삶에 나타나는 하나님의 영의 역사로 말미암는다. 요한은 하나님의 영이 믿음(4:1~6)과 사랑(4:7~16)–즉, 3장 23절에서 두 부분으로 제시된 계명의 두 가지 측면–의 영이라는 사실을 보여 준다.

4:1~3 우선 하나님의 영은 거짓 영들로부터 구별되어야 한다. 구별함이 특별히 필요한 것은 '많은 거짓 선지자가 세상에' 나왔기 때문이다. 이러한 영들(거짓 선지자들)을 시험할 시금석은 예수 그리스도의 성육신된 인성에 대한 태도이다. '예수 그리스도께서 육체로 오신 것을 시인하지'(호몰로게이[ὁμολογεῖ]: 고백하다. 참조, 1:9; 2:23; 4:15) 않는 태도는 적그리스도의 영이 바로 드러나는 바인데, 적그리스도에 대해서는 요한이 독자들에

게 이미 경고한 바 있다(2:18~27. 참조, 요이 1:7).

4:4~6 요한은 그의 사랑하는 '자녀들'(참조, 테크나[τέκνα], 2장 12절 주해), 즉 그의 독자들에게 그들이 지금에 이르기까지 적그리스도들을 잘 이겨 왔다는 사실을 확신시켜 주었다. 독자들은 '그들 안에 계신 이'(이는 의심할 여지없이 성령을 가리킨다. 참조, 3:24; 4:2)의 도움으로 적그리스도들(거짓 선지자들)에 성공적으로 저항해 왔다. 하나님에게 의지함은 이단에 대해서, 그리고 어떤 다른 유혹에 대해서도 이기는 승리의 비결이다. 내주하시는 분-각 신자 안에 내주하시는 이(3:24; 4:13; 롬 8:9), 즉 '너희 안에 계신 이'이신 성령-은 세상에 있는 이, 즉 사탄보다 더 강하시다(참조, 요일 5:19). 사탄은 '세상의 임금'(요 12:31), '이 세상의 신'(고후 4:4) 및 '공중의 권세 잡은 자'(엡 2:2) 등으로 불리고 있다.

적그리스도들은 '세상에 속한 고로 세상에 속한 말을' 한다. 이러한 이유 때문에 그들은 세상으로부터 좋은 반응을 얻는다. 악마적 정신으로 가득 찬 사상이 세상 사람들의 마음을 특별히 사로잡는다는 것은 언제나 변함없는 사실이다. 그러나 '하나님께 속한'(참조, 엑 투 테우[ἐκ τοῦ θεοῦ]: 하나님의. 요한일서 4장 4절의 '하나님께 속하였고', 5절의 '세상에 속한', 3장 12절의 '악한 자에게 속하여') 자들은 사도들의 말을 듣는다. 4~6절을 시작하는 대명사들(너희는, 그들은, 우리는)은 헬라어 본문에서 강조형으로 되어 있는데, 이는 다음 세 무리를 지칭하는 것이 분명하다: 독자들, 적그리스도들 그리고 사도들. 하나님께 속한 자(즉, 하나님에 의해 움직이고 영향을 받는 자), 곧 하나님을 아는 자로 규정될 수 있는 자는 누구든지 사도적 음성에 귀를 기울인다. 교회 역사에서 사도적 교리는 언제나 '진리의 영과 미혹의 영을' 효과적으로 분간해 내는 수단이 되어 왔다. 진정한 기독교는 사도적 기독교이다.

2. 하나님의 사랑을 분별하는 법(4:7~16)

4:7~8 요한은 사랑의 주제로 돌아간다. 사랑은 하나님의 아들을 믿는 믿음과 마찬가지로(13절) 성령의 산물이다. 그리스도의 성육신한 인성에 대한 신앙고백이 하나님에 의해 움직이는(즉, '하나님께 속한'. 4, 6절) 자로서의 모습을 나타내 보여 주듯이 사랑도 그러하다. 왜냐하면 사랑은 하나님께 속한 것이기 때문이다. 그렇기 때문에(기독교적 의미에서) '사랑하는 자마다 하나님으로부터 나서(참조, 2:29; 3:9; 5:1, 4, 18) 하나님을 안다.' 사랑은 거듭난 본성으로부터 생겨나며, 또한 하나님과의 교제로부터 생겨나는데, 하나님과의 교제는 그를 아는 지식을 가져온다(2장 3~5절을 보라). 사랑의 결여는 하나님을 알지 못한다는 사실에 대한 증거이다. 여기서 주목해야 할 사실은 요한이 그의 같은 사람을 하나님으로부터 나지 않은 사람으로 말하지 않았다는 점이다. 즉 8절의 부정적 언급에서는 7절의 긍정적 언급의 마지막 부분(하나님을 아는 것)만이 반복되고 있는 것이다. '하나님은 사랑'이시기 때문에, 그를 깊이 아는 지식은 사랑을 산출해 낸다. 빛과 마찬가지로(1:5), 사랑은 하나님의 성품과 본성에 있어서 본질적인 것이며, 따라서 하나님을 깊이 아는 자는 그의 빛 가운데 행한다(1:7).

4:9~11 만일 하나님이 그의 사랑을 어떻게 보여 주셨는지를 알고자 한다면, 그는 단지 '하나님이 자기의 독생자(모노게네[μονογενῆ]. 참조, 요 1:14, 18; 3:16)를 세상에' 보내셔서 우리가 그로 말미암아 영생을 얻도록 하게 하신 사실만 바라보면 된다. 더욱이 이 사랑은 인간의 사랑에 대

한 보응이 아니며, 오로지 하나님 편에서 주도권을 가지신 사랑이다(요일 4:10). 이 사랑 때문에 그 아들이 '우리 죄를 속하기 위하여 화목 제물 (힐라스몬[ἱλασμόν]. 참조, 2장 2절 주해)이 되셨다. 그리스도 안에 나타난 하나님의 사랑이야말로 그리스도인들이 서로를 향해 가져야 할 사랑의 모델인 것이다. 요한의 논의에 있어서 중요한 점은 4장 9절에서 '하나님의 사랑이 우리에게 이렇게 나타난 바'된 것으로 언급되고 있다는 점이다. 12~16절에서 그는 그리스도인들 가운데서 경험된 이러한 사랑이 그들에게 하나님을 어떻게 가시적으로 보여 줄 수 있는지를 제시해 주었다.

4:12~13 신적 본성과 본질상 하나님은 어떤 살아있는 사람에게도 결코 보이신 적이 없었다(참조, 요한복음 1장 18절에 나타난 요한의 유사한 언급). 그렇지만 신자들 가운데 나누어지는 서로간의 사랑의 경험 가운데 눈에 보이지 않는 하나님은 실제로 '우리 안에 거하시고 그의 사랑이 우리 안에 온전히' 이루어진다. '거하다'는 요한을 특징짓는 단어인 메노(μένω)를 번역한 것으로 내주하는 삶을 가리킨다. 요한일서 2장 5절에서와 마찬가지로, 하나님의 사랑이 한 신자 안에서 온전함에 도달하게 된다는 사상은 사랑의 깊고 충만한 경험을 의미하는 것으로 보인다(참조, 4:17).

13절의 언급은 지금 막 표현된 사상들과 밀접하게 연관되어 있다. "그의 성령을 우리에게 주시므로 우리가 그 안에 거하고(메노멘[μένομεν]) 그가 우리 안에 거하시는 줄을 아느니라." 신자가 하나님 안에 거하고 또한 하나님이 신자 안에 거하시는, 상호 내주의 사실은(참조, 요 15:4~7) 신자들이 성령을 경험하는 것에 의해 증거된다. '성령을'로 번역된 헬라어 구절(엑 투 프뉴마토스[ἐκ τοῦ πνεύματος])은 하나님의 영 안에 참여하는 것을 시사한다(문자적으로는, '그가 그의 영으로부터 우리에게 주셨다'이다).

요한일서 3장 24절에서도 동일한 문장 구조가 나타난다. 신자가 사랑할 때, 그는 하나님의 영으로부터 사랑을 이끌어 내는 것인데(참조, 롬 5:5), 그 영은 또한 그리스도에 대한 신자의 신앙고백의 근원이기도 하다(요일 4:2). 이처럼 3장 23절에서 이중 계명으로 함께 묶인 믿음과 사랑은 신자 안에서 이루어지는 성령의 역사하심의 산물인 것이다. 신자가 성령의 인도 하심을 받아 순종의 삶을 살아가는 것은, 그가 요한이 기록하고 있는 바 하나님과의 상호 내주의 관계를 누리고 있다는 사실의 증거가 된다.

4:14 사도 요한은 이제 그의 논의의 정점에 도달했다. 그는 바로 전에 다음과 같은 내용을 기록했었다: '만일 우리가 서로 사랑하면' 아무도 본 적이 없는 하나님이 '우리 안에 거하시고 그의 사랑이 우리 안에 온전히 이루어지느니라.' 이러한 경험의 결과는, '아버지가 아들을 세상의 구주로 보내신 것을 우리가 보았고 또 증언'한다는 사실이다. 7~13절에서 사용된 일인칭 복수 대명사가 독자들까지 포함한 것이 분명하기 때문에, 본 절의 '우리'도 독자들을 포함한다. 서로 사랑하는 그리스도인 공동체 가운데 그 임재하심을 드러내 보여 주고 내주하시는 하나님은, 이와 같이 어떤 의미에서는 믿음의 눈에 진정으로 보이게 된다. 아무도 하나님을 '본 적이'(테데아타이[τεθέαται]) 없지만(12절), 그 안에 내주하는 신자들은(13절) 서로 사랑하는 그리스도인들 가운데 나타나시는 분으로서의 아들을 '보았다'(테데아메다[τεθεάμεθα]). 이러한 나타나심을 바라본 그리스도인들은 '아버지가 아들을 세상의 구주로' 보내셨다는 근본적인 진리를 실제로 보았고 또한 증언할 수 있다. 이 위대한 진리는 그리스도인의 사랑의 수단을 통해 나타내 보일 수 있다. 이러한 언급들과 더불어 요한은, 그가 서언에서 선언했던 목표(1:1~4), 즉 독자들이 사도들의 경험을 함께 나누어 갖

게 되리라는 제안에 도달하게 되었다. 사도들은 '아버지와 함께 계시다가 우리에게 나타내신 바 된'(1:2) 생명을 보았다(헤오라카멘[ἑωράκαμεν]). 서로 사랑하는 그리스도인 공동체 가운데 신자들 역시 그 생명을 볼 수 있다. 1장 2절의 '생명'은 물론 성육신하신 그리스도를 지칭하기는 하지만, 그럼에도 불구하고 저자 요한에 의해 주의 깊게 선택된 것이었다. 독자들이 증언할 수 있는 바는 그들의 동료 그리스도인들 가운데 나타나는 거듭남의 표현인 것이다. 그러나 그가 2장 29절 이래 주장해 왔던 바와 같이, 그리스도인들이 중생으로 말미암아 소유하게 되는 '생명'은 본질에서 죄가 전혀 없는 것이며, 의와 그리스도가 보여 주신 바와 같은 사랑을 통해서만 표현될 수 있다. 그와 같은 일이 일어날 때, 사도들이 육체로 보았던 그리스도는 실제로 그러나 영적인 의미에서 다시 '보이게' 되는 것이다(4:14).

4:15~16 바로 앞에서 묘사된 상황 가운데 예수님을 하나님의 아들로 시인하는 신앙고백은(참조, 1:9; 2:23; 4:3) 그가 하나님과 상호 내주하는 관계를 누리고 있다는 사실의 증거가 된다. 이 단락은 '하나님이 우리를 사랑하시는 사랑을 우리가 알고 믿었노니'(문자적으로는 '믿게 되었다')라는 확언과 더불어 마무리된다. 그리스도인의 상호 사랑의 분위기 가운데서 살아가는 삶은 하나님의 사랑에 대한 인격적인 지식을 산출해 내며, 또한 그 사랑 안에서 신선한 믿음의 체험을 얻게 해 준다. 하나님은 사랑이시므로(참조, 8절), 사랑 안에 거하는 자는 하나님 안에 거하고(메네이[μένει]) 또한 하나님도 그 안에 거하시는 것이다. 16절의 마지막 부분은 새로운 단락의 시작보다는 지금까지 단락의 결론으로 이해하는 것이 더 타당하다. 요한은 사랑을 실천하는 모든 그리스도인에 의해 체험되고 있는 내주하는 삶의 실체를 다시 한 번 확언한다.

E. 주제가 실현됨(4:17~19)

저자 요한은 그가 2장 28절에서 소개했던 그리스도의 재림 때 담대함(파레시아[παρρησία])의 주제로 되돌아간다. 논의의 중간 부분에서, 그는 기도의 담대함에 대해 언급했었다(3:21~22). 그러나 이제 한 단계 더 나아간다. 사랑을 실천하는 그리스도인들은 주님이 돌아오실 때 그리스도의 심판대 앞에서도 담대할 수 있는 것이다.

4:17 "이로써 사랑이 우리에게 온전히 이루어진 것은 우리로 심판 날에 담대함을 가지게 하려 함이니." 여기서 요한은 각 신자의 운명이 미결 상태에 놓인 최후의 심판에 대해 언급하고 있는 것이 아니다. 신자에게는 그러한 심판이 있을 수 없다(요 5:24). 신자의 삶은 그리스도의 심판대 앞에서 평가를 받게 될 것이다(고전 3:12~15; 고후 5:10). 그렇지만 그와 같이 엄숙한 순간에도, 신자가 세상에서 사는 동안 사랑을 실천함으로써 주와 같은 삶을 살았다면, 하나님이 자신의 삶의 가치를 인정해 주시리라는 담대함(파레시안[παρρησίαν]. 참조, 요일 2:28; 3:21; 5:14)을 가지게 될 것이다. 주님과 달리 사랑을 실천하지 못한 그리스도인은 주의 심판대 앞에서 꾸지람을 듣게 될 것과 자신을 위해 마련된 상을 상실하게 될 것을 내다볼 것이다. 그러나 사랑을 실천한 신자는 그 안에서 하나님의 사랑의 사역이 온전히 이루어진(참조, 2장 5절과 4장 12절의 동일한 단어) 자이며, 그 열매는 그를 심판하실 이 앞에서 담대함을 갖는 것이다. 이렇게 해서 그는 2장 28절에서 제시된 바와 같이 주님 앞에서 아무런 수치도 없는 담

대함의 목표를 달성하게 된다.

4:18~19 만일 신자가 그리스도의 심판대를 공포 속에 내다보고 있다면, 이는 하나님의 사랑이 그의 안에서 아직 온전함에 도달하지 못했기 때문이다. 여기서 '온전한'으로 번역되는 단어들은 2장 5절과 4장 12절에서 제시된 '온전하게 됨'의 개념과 의미상 전혀 다를 것이 없다. 하나님의 사랑에 대한 성숙한 체험은(이는 서로를 사랑하는 행위 가운데 얻어지게 되는데) 두려움과 양립할 수 없으며 그 마음으로부터 두려움을 몰아낸다.

'두려움에는 형벌이 있음이라'는 문자적으로 '두려움은 형벌을 소유한다'이다. 두려움은 일종의 고뇌를 수반하며, 그것이 곧 형벌이 된다. 기이하게도 사랑을 실천하지 않는 그리스도인은, 죄책감을 느끼며 심판주를 만날 것을 두려워하기 때문에 형벌을 경험한다. 그러한 두려움은 온전하게 된 사랑을 방해한다('두려워하는 자는 사랑 안에서 온전히 이루지 못하였느니라'). 그러나 사랑을 실천하는 그리스도인은 두려워할 것이 없으며, 따라서 사랑을 실천하지 못함으로써 생겨나는 내적 고통도 피하게 된다. 그럼에도 불구하고, 신자의 사랑은 본질적으로 파생적인 것이다.

"우리가 사랑함(대부분의 사본들이 '사랑하다'의 목적어로 '그를'(Him)을 추가하고 있다)은 그가 먼저 우리를 사랑하셨음이라." 다른 신자들을 사랑하는 신자는 하나님도 사랑하며, 따라서 사랑하는 이로서 심판주를 대하게 된다. 그러한 경험에는 두려움이라는 것이 있을 수 없다. 그렇지만 그는 하나님에 대한 자신의 사랑이 원래 그에 대한 하나님의 사랑으로부터 기원되었음을 인식하게 된다.

V. 결론(4:20~5:17)

본 서신은 4장 11~19절에서 최고 절정에 도달한다. 그러나 여기서 묘사되는 경험은, 심판날 담대함을 갖는다는 놀라운 개념과 더불어, 가장 실제적인 방법에 의해서만 얻어질 수 있다. 결론에서 요한은 자기가 말하는바 사랑이 무엇을 의미하는지에 대해서 그리고 그 사랑이 한 개인의 삶 가운데서 어떻게 실천될 수 있는지에 대해서 구체적으로 설명하고 있다.

A. 사랑이 규명됨(4:20~5:3상)

간략하면서도 절정을 이루는 4장 19절의 진술은(대다수의 사본들을 따르면) 하나님을 '향한' 사랑을 처음으로 언급하였다. 그러나 하나님을 사랑한다고 해서 다른 신자들을 사랑하지 않아도 좋다는 말은 아니다. 바로 이러한 원리에 근거해서 요한은 자신의 주장을 전개해 나갔다.

4:20~21 누구든지 하나님을 사랑하노라 하고 그 형제를 미워하면 이는 거짓말하는 자이다. 즉, 그는 잘못된 주장을 펼치는 것이다. 요한은 '거짓말하는 자'라는 표현을 자주 사용함으로써 그릇된 주장들을 지적해 왔다: 1:10; 2:4, 22; 4:20; 5:10(참조, 1장 6절의 '거짓말을 하고'). 보이지 않는 하나님을 향한 사랑(참조, 4:12)은 눈에 보이는 그리스도인 형제에 대한 사랑에 의해서만 구체적으로 표현될 수 있다. 더욱이 하나님의 계명(21절,

참조, 2:3; 3:23~24; 5:3)은 두 종류의 사랑(즉, 하나님을 향한 사랑과 형제를 향한 사랑)을 함께 연결시키고 있다.

5:1~3상 만일 어떤 사람이 그의 그리스도인 형제자매가 누구인지를 묻는다면, 그에 대한 대답은 다음과 같다: "예수께서 그리스도이심을 믿는 자마다 하나님께로부터 난 자니"(참조, 3:9; 4:7; 5:4, 18). 한 신자가 존경을 받을 만한 삶을 살든지 못 살든지 간에, 그는 자기의 동료 그리스도인들의 사랑의 대상이 되어야 한다. 이 사랑은 그것을 받는 사람의 인격 내에 사랑을 받을 만한 어떤 것이 있으므로 생겨나는 것이 아니라 동일한 아버지를 가졌다는 사실로부터 생겨난다. 왜냐하면 '낳으신 이를 사랑하는 자마다 그에게서 난 자를 사랑'하기 때문이다. 뿐만 아니라 하나님의 자녀에 대한 사랑은 단순한 감정이나 말의 표현에 머무는 것이 아니라(참조, 3:18) 하나님을 사랑하는 것 그리고 그의 계명들을 지키는 것과 불가분의 관계에 있다(5:2. 참조, 2:3; 3:22, 24; 5:3).

만일 '하나님을 사랑하는 것이 무엇을 의미하는가'라는 질문이 던져진다면, 대답은 그의 계명들을 지키는 것이다. 이와 같이 사도 요한은 일련의 진술들을 통해 하나님과 그의 동료 그리스도인들에 대한 사랑을 근본적인 차원에서 규명하고 있다. 하나님의 계명을 지키는 자는 하나님에 대해서 그리고 그의 동료 신자들에 대해서 옳은 일을 행하는 것이며, 따라서 하나님과 동료 신자들을 사랑하는 것이다. 그러나 이 사랑은 자기 형제를 위해 희생당할 준비가 되어 있는 자세까지를 포함한다는 사실을 기억해야 한다(참조, 3:16~17).

B. 사랑의 능력(5:3하~15)

하나님과 동료 그리스도인들을 향한 사랑의 핵심이 하나님의 계명들을 지키는 것이라면, 계명들은 어떻게 지켜질 것인가? 계명을 지키는 것은 신자들의 능력 밖의 일은 아닌가? 이 단락에서 요한은 승리하는 순종의 삶의 비결로 믿음을 지적한다.

5:3하~5 사실상 하나님의 계명들은 무거운 것이 아니다(참조, 마 11:30). 이는 '하나님께로부터 난 자마다' 승리의 원리가 내재되어 있기 때문이다. 그와 같은 사람은 모두 세상을 이미 이기었다(참조, 요일 4:4). 그리스도에 대한 그들의 믿음(그들은 이 믿음으로 중생하였다)은 사탄에게 속하여 복음에 대해 눈이 먼 세상을 이기는 것을 수반한다(참조, 고후 4:3~4). "예수께서 하나님의 아들이심을 믿는 자가 아니면 세상을 이기는 자가 누구냐." 이 반어적 질문과 더불어, 요한은 신자가 그리스도에 대한 믿음으로 말미암아 세상 정복자가 되었다는 사실을 확증하였다. 이는 그와 같은 믿음이 신자의 지속적인 승리의 비결이며 그 때문에 하나님의 계명들을 지키는 것은 무거운 것이 아니라는 사실을 보여 준다.

5:6~8 그러나 믿음의 대상은 언제나 '물과 피로 임하신 이시니 곧 예수 그리스도' 한 분이어야 한다. '물'은 그의 공생애가 시작되었던 세례를 지칭하는 것으로 이해하는 것이 가장 간편한 방법일 것이다(마 3:13~17; 막 1:9~11; 눅 3:21~22). 그렇다면 '피'는 그의 공생애가 종결되었던 죽으심

을 지칭할 것이다. '물로만 아니요 물과 피로 임하셨고'라는 요한의 주장은 그가 케린투스에 의해 주장되던 그릇된 사상을 반박하고 있음을 시사한다(서론을 보라). 케린투스는 하나님이신 그리스도가 인간 예수가 세례 받을 때 그에게 내려와 그가 십자가에 못 박히기 직전에 그를 떠났다고 가르쳤다. 이와 같이 그는 예수 그리스도라는 한 인격체가 물과 피로 오셨다는 사실을 부인하였다. 케린투스 혼자만이 그와 같은 견해를 주장했을 것으로 보이지는 않으며, 따라서 요한은 당시 많은 지지를 얻고 있던 그러한 견해가 성령의 진정한 증거에 상반되는 완전히 거짓된 견해라고 강력히 주장했던 것이다. 사실상 "증언하는 이가 셋이니 성령과 물과 피라 또한 이 셋은 합하여 하나이니라." 성령의 증거는(세례 요한을 포함한) 선지자들을 통하여 온 것으로 생각될 수 있을 것이다. 그렇다면 성령의 증거는 물과 피의 사건에 관련된 역사적 실체들에 의해 논증되었다. 예수님의 세례와 십자가 사건은 모두 확실한 역사적 사건들로 확증된다(참조, 요 1:32~34; 19:33~37). 세 증인들 모두(물과 피가 의인화되고 있다) 예수 그리스도라는 단일한 신적 인격체가 두 사건들에 공히 연관되었다는 사실에 의견을 같이 한다.

5:9~12 따라서 사람들은 그리스도의 위격에 대한 '하나님의 증거'를 받아들이지 않을 만한 이유는 아무것도 갖고 있지 않다. '사람들의 증언'도 충분한 근거가 제시될 때 받아들여질 수 있을진대(신 19:15) 하물며 하나님의 증거는 더욱 크시기 때문에 마땅히 받아들여져야 한다. '하나님의 증거는 이것이니 그의 아들에 대하여 증언하신 것이니라'는 내용이 약간 축약된 새로운 신학의 전개로 이해하는 것이 좋을 것이다. 이 구절은 다음과 같이 풀어서 번역할 수 있을 것이다: "그러니 여기 그의 아들에 관한

하나님의 증거가 있다(그 증거가 크기 때문에 우리는 받아들일 수밖에 없다).”

그러나 하나님의 증거의 내용이 무엇인가를 규정하기에 앞서(이는 요한일서 5장 11~12절에서 나타난다), 요한은 이 증거를 받아들이는 것이 하나님을 믿는 자 안에서 체득되는 것이라는 사실을 삽입구적으로 언급하였다. 믿는 자마다 하나님의 진리를 자기 안에 소유한다. 이와 반대로 하나님을 믿지 아니하는 자는 하나님을 거짓말하는 자로 만든다(참조, 1:10). 요한에게 있어서 중간 지대란 없다. 즉, 하나님의 증거를 믿기도 하고 믿지 않기도 하는 상태란 있을 수 없다. 다시 말해서 하나님의 진실성을 믿든지 아니면 배척하든지 양자택일의 방법밖에 없다는 것이다.

이러한 사실을 언급한 후, 요한은 증거의 내용에 관한 언급으로 돌아간다: "하나님이 우리에게 영생을 주신 것(참조, 5:13, 20)과 이 생명이 그의 아들 안에 있는 그것이니라 아들이 있는 자에게는 생명이 있고 하나님의 아들이 없는 자에게는 생명이 없느니라." 2장 25~26절에 비추어 볼 때(해당 주해를 보라), 아마도 하나님의 증거에 대한 요한의 진술은, 독자들이 하나님의 아들을 통해 실제로 영생을 얻지 못하였다고 하는 어떤 적그리스도들의 주장을 염두에 둔 것으로 보인다. 그러나 하나님은 영생이 그가 그의 아들을 통해 주었던 바로 그것이라는 사실을 직접 확증해 주셨다. 이를 부인하는 것은 하나님을 거짓말하는 자로 만드는 것이다.

5:13 요한이 이것을 쓴 것은 믿음을 가진 독자들로 하여금 자신이 영생을 가졌다는 사실을 알게 하려 함이었다(참조, 12, 20절). '이것'은 서신 전체를 지칭하는 것으로 종종 잘못 이해되어 왔다. 그러나 2장 1, 26절에서 이와 유사한 표현들이 바로 앞에서 언급된 내용을 지칭하고 있으며 본 절

에서도 역시 그러하다. 요한이 하나님의 증거에 대해 지금 막 기록한 내용은(5:9~12), 적그리스도들이 무슨 말을 했을지라도 신자들은 진실로 영생을 소유하였다는 사실을 독자들에게 확신시키는 것을 목표로 하고 있다. 사실상 한 개인의 구원에 대한 확신은 언제나 하나님이 신자에게 주시는 직접적인 약속들에 근본적으로 의거한다는 점, 그리고 약속들에 의거하는 것만으로 충분하다는 점이 지적되어야 할 것이다. 다시 말해서, 신자의 확신은 하나님의 증거에 의거한다는 것이다.

대부분의 헬라어 사본들은 '너희에게 영생이 있음을'이란 구절 다음에 '하나님의 아들의 이름을 믿는'을 추가했다(흠정역과 NIV, 개역개정도 추가된 것을 번역했음–편집자 주). 아마도 본 구절이 초기 필사자나 편집자에게는 중복된 언급으로 보였을 것이며, 그런 이유에서 본 구절을 자기 사본에서 삭제했을 가능성이 있다. 그러나 이 구절은 하나님의 아들을 통하여 영생을 얻은 자들의 편에서 하나님의 아들을 계속해서 신뢰하라는 초대로 이어지는 기도에 대한 토론에 실질적인 기반을 제공해 준다. 기도 역시 하나님의 아들의 이름에 대한 신뢰의 표현이다(3장 23절 주해를 보라).

5:14~15 예수 그리스도의 이름을 믿는 자는 기도에 있어서 하나님을 향하여 '담대함'(파레시아[παρρησία])을 갖는다(참조, 3:21). 하나님의 뜻을 따라 행한 간구는 하나님으로부터 응답을 받을 것이며, 신자는 그러한 간구들이 응답받게 될 것을 확신할 수 있다. 오늘날 그리스도인들은 자연스럽게 성경 말씀을 통해 하나님의 뜻을 분간하며, 그 뜻을 따라 구한다. 그러나 5장 3하반절로부터 시작되는 사상의 흐름은, 하나님의 아들을 믿는 믿음이 세상에 대한 영적 승리의 비결이기 때문에 하나님의 계명

들은 무거운 짐이 아니라는 사실에 초점을 맞추어 왔다. 그렇다면 이런 문맥 가운데 요한은 특별히 그리스도인이 하나님의 계명들을 지키는 데 있어서 하나님의 도우심을 요구할 권리가 있음을 생각했으리라고 추정하는 것은 자연스러운 일이다. 그런 종류의 기도는 분명히 '그의 뜻대로' 하는 기도이다. 이처럼 승리의 삶에서, 그리스도인은 하나님의 아들의 이름을 믿는 믿음에 기초한 기도를 통하여 짐을 덜게 된다.

C. 사랑이 실천됨(5:16~17)

그러나 만일 그리스도인 자신의 필요가 예수님의 이름에 기대어 기도하는 것으로 충족된다면, 다른 그리스도인들의 필요에 관해서는 어떠한가? 기도에 관한 그의 논의를 확장시켜 나가는 가운데 요한은 믿음과 사랑이라는 이중 주제를 다시 한 번 종합한다. 자기 형제자매를 진정으로 사랑하는 그리스도인은 그들의 영적 필요에 대해 무관심할 수가 없다.

5:16 16~17절은 많은 논란의 대상이 되어 왔다. 그러나 그렇게 어려운 구절로 간주되어서는 안 될 것이다. 때때로 그리스도인이 너무 중대한 죄를 범함으로써 하나님이 그 죄를 즉각적인 육체적 죽음으로 심판하시는 경우가 있다: 이는 '사망에 이르는 죄'이다. 아나니아와 삽비라의 경우가 그러했다(행 5:1~11). 그러나 우리가 대하는 그리스도인 형제가 범하는 대부분의 죄는 그러한 성격의 것들이 아니며, 우리는 그러한 경우들을 자주 접하게 된다. 그런 상황에서 신자는 기도해야 한다. 어떤 죄든지 오래 계

속되면 동료 그리스도인의 생명을 위협하게 되리라는 사실을 알기 때문이다(참조, 약 5:19~20; 잠 10:27; 11:19; 13:14; 19:16). 이처럼 형제의 영적 상태를 회복시켜주는 것은 그의 육체적 생명까지도 보전시켜 주게 된다.

'사망에 이르지 아니한 죄'는 오해를 쉽게 불러일으킨다. 모든 죄는 궁극적으로 사망에 이르게 된다. 그러나 '사망에 이르지 아니한'(메 프로스 다나톤[μὴ πρὸς θάνατον])이라는 표현은 '죽음의 벌을 받지 않는'이란 뜻으로 이해되어야 한다. 이 표현은 결과적으로 죽음이 신속하게 임하는 죄와 그렇지 않은 죄를 구별해 준다.

한 그리스도인이 다른 그리스도인의 범죄를 봤는데, 그 죄가 치명적인 것이 아니라면 그는 죄를 범한 그리스도인을 위해 기도하도록 명령받고 있으며, 그러할 때 하나님이 '그에게 생명을 주시리라'고 한다(헬라어 원문에는 '하나님'이 나타나 있지 않지만, 번역상 NIV에서처럼 첨가되는 것이 적절하다는 것이다). 하지만 요한은 독자들에게 '사망에 이르는(즉, 사망의 형벌을 받는) 죄'가 있다는 사실도 되새겨 준다. 죄(sin)에 부정관사 a를 붙일 필요가 없다. 요한은 여기서 어떤 한 종류의 죄만을 생각하고 있었던 것 같지 않다. 앞서 인용되었던 신약성경의 본보기(행 5:1~11)는 그리스도인 공동체의 성결함을 깨뜨려 버린 극악한 범죄였다. 많은 극악한 범죄들이 신속한 죽음을 초래하지 않는다는 사실을 인지한 그리스도인이라면, 극악한 범죄마다 반드시 신속한 죽음으로 형벌을 받게 된다는 확신을 가질 필요는 없다. 오히려 그는 신속한 죽음에 의해 벌 받지 않은 죄들에 대해 기도해야 하는 명령을 받고 있다. 보다 엄청난 심각성을 띤 다른 죄들에 대해서까지도 그리스도인들은 기도할 자유를 가진다. 사망에 이르게 하는 죄에 관한 요한의 언급은 다음과 같다: "이에 관하여 나는 구하라 하지 않노라." 그러나 이 언급은 가장 중대한 경우들에 있어서까지도

기도를 금지하는 것은 분명히 아니다. 그러한 경우들에 있어서 신자들은 당연히 자신의 기도를 하나님의 뜻에 굴복시킬 것이다. 이에 반해, 신속한 죽음으로 형벌 받지 않은 죄들에 관해서 그리스도인들은 본 절에 기초하여 확신을 두고 기도할 수 있어야 한다.

5:17 본 절은 요한이 16절에서 명령한 기도에 진정한 영역이 있음을 확언한다. '모든 불의(아디키아[ἀδικία])가 죄로되' 방대한 죄의 영역 가운데는 (신속하게) '사망에 이르지 아니하는 죄도 있도다'. 본 구절은 성경 해석자들이 어떤 종류의 죄가 신속한 죽음으로 벌을 받는지에 관한 질문에 관심을 집중시킴으로써 많은 논란의 대상이 되어 왔다.

하지만 요한이 강조하는 바는 죄 문제이지 형벌 문제가 아니다. 그리고 신자는 바로 죄 문제를 두고 기도해야 하는 것이다. 만일 그가 그렇게 하면 자기 형제에 대한 사랑을 나타내 보이는 것이요, 그렇게 함으로써 본 서신에서 반복되고 있는 '사랑하라'는 명령에 순종하는 것이다. 그와 동시에 그는 하나님의 아들의 이름에 대한 자신의 믿음을 실천하는 것이 된다. 왜냐하면 형제를 사랑하라는 요구는 예수의 이름 안에 있는 요구이기 때문이다. 따라서 죄를 범한 형제를 위해 기도하는 것은 3장 23절의 양면성을 가진 단일한 명령에 대한 복종이다.

VI. 결어(5:18~21)

간략한 결어 가운데, 사도 요한은 그의 서신에서 제시했던 몇몇 기본 진리들을 재강조하고자 한다. 결어 전체를 통해 나타나는 '우리'(6회)는 서언에서도 그러하였듯이, 아마도 근본적으로 사도적 '우리'일 것이다(1:1~4. 참조, 요 21:24). 그러나 의심할 여지 없이 저자 요한은 독자들도 그가 제시한 주장들에 대해 동질감을 온전히 느끼게 되기를 기대하고 바랐을 것이다. 헬라어 원문상 요한일서 5장 18~20절은 각각 '우리가 안다'(오이다멘[οἴδαμεν])로 시작된다.

5:18 3장 6, 9절에서처럼(해당 주해를 보라) NIV의 '계속하다'(continue to)라는 번역은 헬라어 원문에 의해 정당화되지 못한다. 요한은 '하나님께로부터 난 자'마다 그의 진정한 내적 본성이 본래적으로 죄 없는 자라는 사실을 확언했을 뿐이다(참조, 2:29; 3:9; 4:7; 5:1, 4).

'하나님께로부터 난 자'에 관한 부가 언급은 혹자들이 자주 제안한 것처럼 그리스도에 대한 언급이 아니다. 요한은 어느 곳에서도 그리스도를 이와 같은 식으로 지칭한 적이 없다. 따라서 그는 계속 거듭난 사람에 대해 언급하고 있는 것이다. 이러한 견해로 볼 때, '그를 지키시매'에서 '그' 대신에 '자기를'로 읽어야 할 것이다. 이렇게 해서 요한은 '하나님께부터 난 자가 자기를 지킨다'고 확언하였다(헬라어 원문에는 NIV의 '안전하게'(safe)에 해당하는 표현이 없다). 이는 3장 9절의 진리를 약간 다른 형태로 재언급한 것이다. 신자의 '새 사람'(혹은 새 자아. 엡 4:24; 골 3:10)은 근본적으로 죄에 대해 물 샐 틈 없이 무장되어 있으며, 따라서 '악한 자'(참조, 요일 2:13~14; 3:12), 즉 사탄은 '그를 만지지도 못하느니라'.

5:19 거듭난 사람의 새로운 본성에는 본래 죄가 없다(18절). 왜냐하면 하나님의 씨가 그 안에 있기 때문이다(3:9). 진리에 대한 지식은 우리가 하나님께 속한 것을 안다는 신념을 동반한다(헬라어 원문에는 NIV의 '자녀들'(children)에 해당하는 단어가 없다). 이 확신은(신자마다 하나님의 증거에 근거하고 있는데[5:9~13]) '온 세상은 악한 자 안에 처한 것'이라는 사실을 일깨워 주는 깨달음을 동반한다(18절). 요한은 요약적 언급을 통해 독자들에게 자신이 사탄의 지배를 받는 세상으로부터 구별되어 있으며, 또한 사탄의 권세로부터도 기본적으로 자유롭다는 사실을 더욱더 확실하게 인식하도록 하고자 했다. 그들은 적그리스도들에 의해 발상된 세상적 사상들에 귀를 기울일 필요가 없다(3:7~8). 뿐만 아니라 세상적 욕망에 굴복할 필요도 없다(참조, 2:15~17).

5:20 더욱이 하나님의 아들의 오심은 신자들에게 하나님의 지식을 알 수 있게 해 주는 지각을 베풀어 주셨다. 요한과 그의 동료들은 '참된 자' 안에 있었다(또한 그의 독자들도 '내주함'으로써 그의 안에 있게 되었다). 그런데 하나님 안에 내주하는 것은, 또한 그의 아들 예수 그리스도 안에 내주하는 것이기도 하다. 이 문제와 관련해서 예수 그리스도 자신은 '참 하나님이시요(참조, 요 1:1, 14) 영생이시라(참조, 요일 1:2; 2:25; 5:11~13)'. 그리스도의 신성에 관한 이 같은 장엄한 확언과 더불어 요한은 적그리스도들의 거짓에 대응하는 사도적 진리의 요약을 결론 맺는다.

5:21 서신의 최종적 충고가 '자녀들아(테크니아[τέκνια]. 참조, 2:1, 12, 28; 3:7, 18; 4:4) 너희 자신을 지켜 우상에게서 멀리하라'로 끝나는 것이 이상하게 보일지도 모른다. 그러나 '우상'을 상징적 의미로 이해할 필요가

없다. 요한이 살던 그리스-로마 세계에서는 세상적 안목들과의 어떤 도덕적 타협도 우상숭배에 연루되기 쉬웠다. 왜냐하면 우상숭배가 이교적 삶의 모든 방면에 걸쳐 뿌리내리고 있었기 때문이다. 참 하나님과 영생(5:20)을 신봉하는 것, 그리고 하나님의 자녀로서 기본적으로 죄 없는 본성을 표현하고자 하는 것은 필연적으로 우상숭배 및 그에 따르는 도덕적 방탕을 멀리하는 것을 의미했을 것이다. 이와 같이 사도의 마지막 충고는 그의 초기 독자들에게 적절한 것이었다.

Ὁ πρεσβύτερος ἐκλεκτῇ κυρίᾳ καὶ τοῖς τέκνοις αὐτῆς, οὓς ἐγὼ ἀγαπῶ ἐν ἀληθείᾳ, καὶ οὐκ ἐγὼ μόνος ἀλλὰ καὶ πάντες οἱ ἐγνωκότες τὴν ἀλήθειαν, διὰ τὴν ἀλήθειαν τὴν μένουσαν ἐν ἡμῖν καὶ μεθ' ἡμῶν ἔσται εἰς τὸν αἰῶνα. ἔσται μεθ' ἡμῶν χάρις ἔλεος εἰρήνη παρὰ θεοῦ πατρὸς καὶ παρὰ Ἰησοῦ Χριστοῦ τοῦ υἱοῦ τοῦ πατρὸς ἐν ἀληθείᾳ καὶ ἀγάπῃ.

The Bible Knowledge
Commentary 25

2 John
서론

서론

요한이서는 표준 크기 파피루스 한 장에 다 기록해 넣을 수 있을 정도로 간략한 서신이다. 이 간략한 서신이 보존된 것은 의심할 여지 없이 영성과 영감 때문일 것이다.

저자

본 서신의 저자는 전통적으로 사도 요한인 것으로 인정되어 왔다. 그러나 저자는 자신을 '장로'라고만 밝히고 있다. 이 호칭은 지역 교회의 장로직을 지칭하는 것으로 보이지는 않는다. 그의 독자들이 저자를 부를 때 보통 사용했던 호감어린 존칭(프레스뷔테로스[πρεσβύτερος]: 노인. 참조, 딤전 5:1~2; 벧전 5:5; 요삼 1:1)이었을지도 모른다. 하지만 장로라는 호칭이 주 예수의 생애와 가르침을 직접 목격했던 사도들이나 다른 증인들을 지칭하는 데 사용될 수도 있었다는 고대의 근거들이 존재한다. 요한일서와 이서의 문체와 내용이 눈에 띄게 유사하다는 점을 감안할 때, 요한일서의 사도 저작권에 대한 주장들은 요한이서에도 그대로 적용된다. 전통적으로 요한이서의 저자를 사도 요한으로 규정한 데 대해 문제를 제기해야 할 특별한 이유는 없다.

배경

본 서신은 '택하심을 받은 부녀와 그의 자녀들에게' 보내진 것이다(1절. 참조, 4~5절). 본 서신 가운데 개인의 이름은 전혀 발견되지 않는다. 수신자의 이름이 엑클렉타('택하심을 받은'으로 번역된 엑클렉테[ἐκλεκτῇ]로부터 파생됨)나 퀴리아(부녀)라는 주장은 별로 신빙성이 없다. 이런 점에서 요한이서는 세 명의 이름을 포함하고 있는 요한삼서와 대조를 이룬다. 그래서 사도인 저자가 요한이서에서 특정한 교회를 '택하심을 받은 부녀'로 의인화하고, 그 교인들을 '그의 자녀들'로 부르는 문학 형식을 채용했다는 주장이 있어 왔다. 국가나 도시를 여성으로 의인화하는 경우는 성경에서 자주 찾아볼 수 있으며(참조, 시온의 딸), 교회도 자주 '그리스도의 신부'(참조, 엡 5:22~33; 고후 11:2; 계 19:7)로 지칭된다.

요한이서가 한 교회에 보내진 것이라는 결론은, 헬라어 원문에서 저자가 5절 이후부터 대명사에 단수 표시를 빠뜨렸다가 13절에 가서 다시 사용하고 있다는 점에 의해 더욱 지지를 얻는다. 실제로 서신의 전반적인 성격은 공동체에 가장 잘 어울린다. 이처럼 요한이서가 특정한 그리스도인 여인에게 보내졌으리라는 가능성을 완전히 배제해 버릴 수는 없을

지라도, 이 서신을 한 교회에 보냈던 것으로 간주하는 것이 더 적절할 것이다. 그럴 경우 교회가 직면한 문제들은 요한일서의 독자들이 직면해 있던 문제들과 크게 다를 바 없다. 여기서도 저자는 적그리스도들을 경고하였다(요이 1:7. 참조, 요일 2:18, 22). 그들이 저질렀던 실책은 요한일서에서와 마찬가지로 그리스도의 인성을 부인하는 것이었다(요이 1:7. 참조, 요일 2:22~23; 4:1~3). 또한 본 서신은 하나님의 계명들, 특히 서로 사랑하라는 계명에 순종할 것을 주장하고 있다(요이 1:5~6. 참조, 요일 2:3~9; 3:14~18, 23; 4:7, 11, 20~21).

저작 연대

요한이서의 저작 연대를 추론하는 데 근거할 만한 독립적인 자료는 전혀 없다. 그러나 본 서신에서 전제하고 있는 상황은 요한일서에 깔려 있는 명백한 상황과 유사하다. 따라서 본 서신의 저작 연대도 요한일서의 저작 연대로 제시된 시기와 대략 동일한 것으로 보인다. 이러한 가정하에 요한이서도 팔레스타인에서 로마인들에 대항한 유대인들의 전쟁이 발발한 AD 66년보다 이전에 쓰였을 것으로 추정할 수 있다. 이렇게 볼 때, AD 60년대 초반이 요한이서의 저작 연대로서 가장 적절한 시기일 것이다.

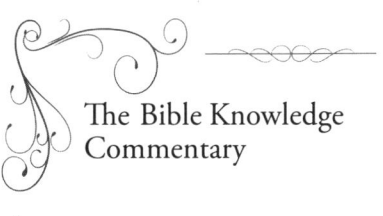

개요

I. 머리말(1~3절)

II. 본문(4~11절)

    A. 진리가 실천됨(4~6절)
    B. 진리가 수호됨(7~11절)

III. 인사(12~13절)

Ὁ πρεσβύτερος ἐκλεκτῇ κυρίᾳ καὶ τοῖς τέκνοις αὐτῆς, οὓς ἐγὼ ἀγαπῶ ἐν ἀληθείᾳ, καὶ οὐκ ἐγὼ μόνος ἀλλὰ καὶ πάντες οἱ ἐγνωκότες τὴν ἀλήθειαν, διὰ τὴν ἀλήθειαν τὴν μένουσαν ἐν ἡμῖν καὶ μεθ' ἡμῶν ἔσται εἰς τὸν αἰῶνα. ἔσται μεθ' ἡμῶν χάρις ἔλεος εἰρήνη παρὰ θεοῦ πατρὸς καὶ παρὰ Ἰησοῦ Χριστοῦ τοῦ υἱοῦ τοῦ πατρὸς ἐν ἀληθείᾳ καὶ ἀγάπῃ.

The Bible Knowledge Commentary 25

2 *John* 주해

주해

I. 머리말(1~3절)

본 서신은 고대 편지들이 보통 시작하던 방식대로 시작하고 있다. 저자는 자신을 알리고 수신자(들)가 누구인지를 밝힌 후 인사를 전했다. 그러나 서론에서 주목한 바와 같이 요한은 '택하심을 받은 자'의 이름을 지칭하지 않았으며, 따라서 수신자를 한 교회로 간주하는 것이 본문에 가장 적절하고 자연스러운 해석일 것이다. 머리말은 진리와 사랑이 본 서신과 요한삼서의 주된 두 가지 관심사임을 강조하고 있다(진리: 1절[2회], 2~4; 사랑: 1, 3, 5~6[6절에 2회]).

1~2절 장로(서론의 저자에 관한 논의를 보라)는 그가 교회(참조, '택하심을 받은 부녀'. 5절의 '부녀여')와 교인들('그의 자녀들'. 참조, 4절)을 '참으로' (NIV에서는 '진리 안에서'(in the truth)로 번역함) 사랑한다고 선언하는 것으로 편지를 시작한다. 뿐만 아니라 '진리를 아는 모든 자' 그리하였다. 이는 본 서신이 보내졌던 교회가 그리스도인들 사이에 잘 알려져 있었음을 시사한다.('택하심을 받은' 교회로 불린 것은 하나님의 택하심을 입은

자들, 즉 그리스도인들로 구성되었기 때문이다.) 신자들로 구성된 집단에 대한 요한과 다른 이들의 사랑은 하나님의 진리 위에 기초하고 있었다. 그 사랑이 생겨난 것은 '우리 안에 거하여 영원히 우리와 함께 할 진리로 말미암음'이었다. 그리스도인의 사랑은 단순한 감정이나 인간적인 연민이 결코 아니며, 오직 그리스도 안에서 계시된 진리를 아는 지식으로부터 우러나온다. 진리는 사랑의 기초이다. 교회는 그 자신이 그로 말미암아 사랑을 받게 된 진리를 주의 깊게 지켜 나가야 한다.

3절 요한은 독자들에게 은혜와 긍휼과 평강을 단순히 기원했던 것이 아니라, 그들이 이것들을 진리와 사랑 가운데 실제로 경험하게 될 것을 단언했다(참조, 1절).(흥미롭게도 바울과 베드로는 자신의 서신의 인사말에서 '은혜와 평강'만을 사용하였다. 단, 디모데전후서에서는 '은혜와 긍휼과 평강'이란 인사말이 사용되었다[참조, 로마서 주석 1:1~7]). 그러나 진리와 사랑은 요한이 그의 독자들에게 지키도록 명하였던 것들이다. 만일 그들이 진리와 사랑을 지킨다면, 그들은 '하나님 아버지와 아버지의 아들 예수 그리스도께로부터' 온 '은혜와 긍휼과 평강'을 누릴 것을 기대할 수 있다. 이러한 축복의 근원으로 아버지와 아들을 공히 제시하는 것은 그리스도의 신성을 확증해 주는 것이다. 아버지의 아들은 좀 색다른 표현이다 (참조, 요이 9절의 '아버지와 아들'). 하나님의 축복(즉, 호의[카리스: χάρις]와 연민[엘레오스: ἔλεος]과 내적 조화 혹은 평온[에이레네: εἰρήνη])은 진리와 사랑이 지배하는 상황하에 누릴 수 있는 것이다. 요한은 진리가 '우리와 함께 할' 것이라고 말했다(2절). 그는 이제 '은혜와 긍휼과 평강이 우리와 함께 있으리라'고 첨언하고 있다.

II. 본문(4~11절)

요한은 본문에 들어서자마자 그의 두 가지 관심사를 피력했다: (a) 교회는 하나님에게 계속해서 순종할 것이며 (b) 신자들은 거짓 선생들의 모든 침입을 저항해 나갈 것이다. 물론 두 가지 사항은 불가분의 관계이다.

A. 진리가 실천됨(4~6절)

4절 요한은 어느 곳에선가 교인들을('너의 자녀들 중에'. 참조, 1절) 만났었고 그곳에서 그들이 진리에 순종하는 것을 보고 기뻐했던('심히 기쁘도다'. 참조, 요삼 1:3~4) 것이 분명하다. 그는 자신이 관찰했던 그들의 충성심을 긍정적인 출발점으로 삼았다. 그들이 행하고 있던 것은('진리를 행하는'. 참조, 요삼 3~4절) 바로 '아버지께 받은 계명'이었다. '진리를 행하는' 것은 하나님이 보여 주신 진리에 순종하는 것이다. 요한은 온 교회가 그렇게 하기를 바랐다.

5절 요한은 교회를 의인화하여 부르는(13절까지의) 마지막 언급에서, 교회를 '부녀여'라고 부르면서 자신의 명령을 전하였다. 그가 교회에 써 보낸 것은 새로운 요구 사항이 아니라 교회가 '처음부터 가진 것'이었다(참조, 6절. 이와 동일한 생각에 대해서는 요한일서 2장 7절을 보라). 그것은 다름 아닌 '서로 사랑하자'는 계명인 것이다. 요한일서에서와 마찬가지로, 사도 요한은 그의 독자들이 적그리스도들이 새로 고안해 낸 사상들을 대적할 수 있도록 도와주려는 의도에서 옛 신앙을 그대로 따르길 격려했다(요이 1:7).

6절 그러나 '서로 사랑하는 것'의 의미는 무엇인가? 그 대답은 다음과 같다: '사랑은 이것이니 우리가 그 계명을 따라 행하는 것이요.' 요한일서 5장 2~3상반절에서 그러하였듯이, 요한은 그리스도인의 사랑을 하나님에 대한 순종의 견지에서 규정했다. 형제자매에 대한 하나님의 최선을 진정으로 추구하는 그리스도인은 하나님이 그에게 명하신 바를 순종함으로써만 그렇게 할 수 있다. 하나님이 계시하시는 의지에 의해 인도함을 받지 못한 사랑은 현명하지 못한 감정적 행위로 전락하기 쉽다. '진리를 행하는' 신자들(요이 1:4), 즉 하나님이 계시하신 바에 따라 살아가는 자들은 서로 사랑한다. 형제애는 하나님이 계시하고 명하신 진리의 한 부분이다.

6하반절의 헬라어 원문은 해석하기가 어렵다. NIV의 번역은 기본적으로 정확하다(물론 헬라어의 '엔 아우테'[ἐν αὐτῇ: 그것 안에서]를 풀어서 '사랑 가운데서'(in love)로 번역하고 있기는 하다). 다른 한 가지 가능한 번역은 '계명은 이것이니 너희가 처음부터 들은 바와 같이 그 가운데서 행하라 하심이라'이다(개역개정의 번역은 후자를 따르고 있다–역자 주). 이러한 문장 구조 속에서 요한은 하나님의 계명들에 순종하는 것은 '처음부터' 전달된 형태 그대로, 받은 명령을 충실히 지키는 것임을 의미한다는 사실을 확증하였다. 이러한 방식으로, 요한의 단어들은 적그리스도들이 그러하듯이 하나님의 뜻을 재해석하려는 시도에 대해 경고하도록 고안되었다.

복수형 '계명들'(6상반절. 개역개정은 단수로 번역하였다–역자 주)에서 단수형 '계명'으로 전환된 것은 저자 요한에게 있어서 지극히 자연스러운 것이었다(참조, 요일 3:22~23). 하나님의 뜻의 여러 구체적인 사항들이 단 하나의 의무로 생각될 수 있기 때문이다.

B. 진리가 수호됨(7~11절)

7절 헬라어 원문에서 본 절은, 사상의 흐름에 있어서 6절과 밀접하게 연관되어 있다(NIV는 이 연관성을 충분히 보여 주지 못한다). 헬라어 접속사 호티(ὅτι, 왜냐하면)가 NIV에서는 번역되지 않았다(개역개정에서도 마찬가지다-역자 주). 요한의 이전 권면의 이유는 다음과 같은 사실 때문이다: "미혹하는 자가 세상에 많이 나왔나니 이는 예수 그리스도께서 육체로 오심을 부인하는 자라." 요한일서에서와 마찬가지로, 사도 요한은 많은 거짓 선생들이 일어난 것에 대해 관심을 표하였다(참조, 요일 2:18; 4:1). 이러한 선생들은 '미혹하는 자'(플라노이[πλάνοι]. 참조, 요한일서 2장 26절과 3장 7절의 플라나오[πλάναω, 미혹시키다])들이다. 바로 그 무리가(그들의 다양한 잘못된 사상들과 더불어) 교회에 실질적인 위협의 존재로 나타났다(요한이서가 보내진 교회도 바로 그런 위협을 받고 있던 교회들 중의 하나였다). 거짓 선생들과 그들의 견해를 함께 묶어주었던 것은 그리스도의 성육신을 믿지 않거나 부정하는 것이었다.

('육체로 오심'이라는 구절에서) 현재 분사 '오심'은 성육신에 내포된 원리에 초점을 맞춘다: 예수님은 인간의 본성을 입고(오시어) 계속 유지하고 계신다(참조, 요일 4:2). 육체로 오신 예수 그리스도에 대한 진리는 미혹하는 자들이 부인하였던 바이다. 어떤 이들은 예수의 육체가 진짜 인간

의 육체가 아니었다고 가르쳤다: 즉, 예수님은 단지 육체를 입은 것처럼 보였을 뿐이라는 것이다. 두말할 나위 없이 그런 가르침은 예수 그리스도가 온전히 하나님이었을 뿐 아니라 온전히 인간이었다는 성육신의 진리와 어긋난다(골 2:9).

그와 같이 성육신을 부인하는 것은 미혹하는 자뿐 아니라 적그리스도의 증거가 된다(요한일서 2장 18절 주해를 보라). NIV의 미혹하는 자와 적그리스도 앞에 붙은 정관사(the)는 오해를 불러일으킬 수 있다. 이름이 밝혀지지 않은 개인을 지칭하는 것으로 보일 때, 헬라어의 정관사를 영어의 부정관사 a로 번역하는 것이 때때로 적절하다. 본 절에서도 요한은 '이런 자'를 마지막 때에 적그리스도로 알려질 유일무이한 인물로 말한 것이 아니었다.

8절 미혹하는 자들의 출현 때문에 독자들은 그들의 사상과 타협함으로써 발생하게 될 영적 파멸의 결과들에 대해 삼가 경계할 필요가 있었다. 물론 그 위험이란 구원의 상실이 아닌 상(賞)의 상실이다. NIV에서는 본 절의 세 진술을 모두 2인칭(너희)으로 번역하였다. 그러나(대부분의 사본들을 따라) '우리'로 번역하는 것이 더 적절하다: "우리가 우리의 일한 것을 잃지 않고 우리가 온전한 상을 얻도록 하라"(흠정역). 초기 필사자들과 편집자들은 우리를 너희로 바꿈으로써 사도 요한도 상을 상실할 수 있다는 가능성을 배제하고자 했던 것으로 보인다. 그러나 저자 요한의 문체는 섬세하면서도 겸손하다. 그는 자기 자신을 독자들의 동역자로 간주하였으며, 따라서 만일 그들이 거짓 교리에 효과적으로 대항하지 못한다면 그로 말미암은 손실을 자신도 나누게 될 것이라고 생각했다. 적그리스도들은 요한과 그의 독자들이 상호 협력하여 노력을 기울이던 주님의 사역에 위협이 되었다. '온전한 상을 받으라'는 독자들의 실패가 그들로부터 상을 완전히 빼앗아 가 버리지는 않으리라는 사실을 보여 준다. 하나님은 그들이 하나님을 위해 행했던 일들을 잊어버리지 않으신다(참조, 히 6:10). 그러나 그들의 온전한 상(참조, 고전 3:11~15)은 적그리스도들의 속임수에 의해 위협당하고 있었다.

9절 이제 그 위험이 분명하게 제시된다. "지나쳐(NIV에서는 '앞서 가서'[프로아곤, προάγων]; 대부분의 사본들은 파라바이논[παραβαίνων: 길을 잘못 들다]으로 되어 있다) 그리스도의 교훈 안에 거하지 아니하는 자는 다 하나님을 모시지 못하되." 이 구절은 사도 요한이 진리를 한 번 소유하였다가 저버린 자들을 염두에 두고 있었음을 강력히 시사한다. NIV에서 '계속 이어지다'(continue)로 번역된 헬라어 동사 메노(μενω: 개역개정에서는 '거하다'로 번역됨—역자 주)는 요한일서에서 '거하는' 삶을 언급할 때 자주 사용되어(23회) 우리에게 친숙한 단어이다. 어떤 것 안에 '계속 거하지 못하는' 자는 분명 한 번은 그 안에 있었을 것이다. 신약성경 저자들은 진정한 그리스도인들도 이단의 희생물이 될 수 있다는 가능성에 대해서 현실주의자들이었으며, 따라서 그 가능성에 대해 경고하였다(참조, 히브리서 주해). 요한은 바로 앞에서 그의 독자들에게 상을 상실할 수 있는 가능성에 대해 언급했었다(요이 1:8). 따라서 그들은 이제(9절) 건전한 교리의 테두리를 넘어가지 말고, 그들이 있는 곳에 거하며, '그리스도의 교훈(디다케[διδαχῆ]. 참조, 10절) 안에 거하도록' 경고받는다. 진리로부터 벗어나는 것은 하나님을 멀리 떠나는 것이다. 하나님은 그러한 자들과 함께 계시지 않는다. 물론 이는 구원의 상실을 가리키는 것이 아니다. 대신에 불순종을 수반하는 교리적 탈선을 지적하는 것이다.

진리로부터 벗어난 자들과 대조적으로, '교훈 안에 거하는 그 사람은 아버지와 아들을 모시느니라'. 이는 하나님이 그리스도에 관한 진정한 교리를 고수하는 자들과 함께하신다는 사실을 보여 준다(여기서도 그리스도의 신성에 대한 확증이 어렴풋이 나타나 있다. 참조, 3절). 그러나 요한은 의심할 나위 없이 단순한 교리적 정통성 이상의 것을 염두에 두고 있었던 것이 분명하다. 그는 요한서신에서 성부 및 성자와의 사귐의 삶을 묘사하는 데 사용한 특징적인 단어 메노(μενω)를 본 절에서 두 번째로 사용한다. 서신들이 지닌 중요성의 근간이 요한복음 8장 31절과 15장 1~7절과 같은 본문들에서 발견된다. 요한에게 '교훈 안에 거하는 그 사람'은 그곳을 '자기 집으로 정한' 사람이다. 그가 진리와 갖는 연관은 생명력이 있고 역동적이며, 따라서 그에게 계명을 주신 하나님과 역동적인 관계를 갖게 된다(참조, 요한복음 14장 21~23절에서는 이런 종류의 관계가 다른 표현으로 제시되어 있음). (교훈 안에) 거함과 순종은 요한의 사상 체계 속에서 불가분의 관계를 갖는다.

10~11절 그러나 예수 그리스도에 관한 진리 안에 계속 거하는 것은 거짓 교리의 조달자가 되어 버린 자들에 대한 확고한 적대 반응을 요구한다. 따라서 요한은 다음 내용을 첨언하였다: "누구든지 이 교훈을 가지지 않고 너희에게 나아가거든 그를 집에 들이지도 말고 인사도 하지 말라." 요한이 살았던 그리스-로마 세계에서 떠돌이 철학자나 종교 교사는 일상적으로 접할 수 있는 대상이었다. 그리스도인 설교자들도 여행을 다니면서 지역 신자들의 후원과 호의에 힘입어 일했던 것 또한 사실이다(요삼 1:5~8). 그러나 요한이서의 독자들은 이 일에 있어서 분별력을 가질 것을 권고받는다. 만일 어떤 이가 건전한 교훈(디다켄[διδαχήν])을 소유하지

않고서 그들에게 '나아올' 경우(순회 설교자의 자격으로 나아옴을 암시한다), 그들은 그에게 도움 주는 것을 거절해야 한다. '가지지(않고)'는 헬라어 동사 페로(φέρω: 가지고 가다)를 번역한 것으로, 역시 여행의 요소를 지닌 단어이다. 만일 진리가 그의 수하물의 일부가 아니라면, 진리에 충실한 자들은 그에게 아무런 호의도 베풀어서는 안 되는 것이다(이와 반대로, 참된 신자들에게는 호의를 베풀어야 한다[요삼 1:5, 8]). 그러나 미혹하는 자에게는 인사마저도 해서는 안 된다. 그에게 인사하는 것은 '그 악한(포네로이스[πονηροῖς]. 참조, 요한일서 2장 13~14절의 '악한 자'[토 포네론, τὸ πονηρόν]) 일에 참여하는' 것이 되기 때문이다. NIV의 '그를 환영하다'(welcome him; 요이 10~11)는 문자적으로 '그에게 인사하다'이다. '(그에게) 인사하는'으로 번역된 카이레인(χαίρειν)은 카이로(χαίρω: 즐거워하다, 기뻐하다)라는 동사로부터 파생되었다. 카이레인은 만나거나 작별할 때 사용되던 '만나서 반갑습니다' 혹은 '잘되길 바랍니다'와 같은 다정한 인사말이다(참조, 행 15:23; 23:26; 약 1:1).

오늘날 어떤 이들에게는 이러한 명령이 과도하게 엄격하고 가혹하게 보일지도 모른다. 하지만 우리가 직면하고 있는 중대한 문제 중 많은 부분이 종교적 상이점들에 대한 지나친 관용에서 기인한다. 우리는 신약성경의 저자들이 이런 관용의 정신을 가르치고 있지 않다는 사실을 솔직하게 받아들여야 한다. 진리에 대한 그들의 헌신과 종교적 오류의 위험성에 대한 의식은 거짓 선생들에 대해 단호한 비난을 숱하게 불러일으켰다. 이단의 위험성에 대한 의식이 감소되어 가는 현 시대가 진리에 대한 확신을 상실해 가고 있다는 사실은 그렇게 놀라운 일이 아니다.

그러나 본 구절은 저자의 의도를 넘어 적용되어서는 안 된다. 그는 오류를 유포하는 일에 적극적으로 참여하는 거짓 선생들에 대하여 생각하고 있었다. 이런 일을 하는 한 그들에게 어떤 도움도 베풀어서는 안 된다. 그들에게 베푸는 인사 한 마디까지 그들에게는 잘못 이해될 소지가 충분하다. 본 서신의 독자들은 그들이 거짓 선생들의 활동에 대해 아무런 너그러움도 보여 주지 않음으로써 분명히 무관심해야 한다. 이러한 태도는 오늘날에도 그대로 적용되어야 한다. 그러나 요한은 거짓 선생들을 잘 설득함으로써 진리로 이끄는 노력에 관한 문제에 대해서는 직접적으로 언급하지 않았다. 그렇지만 그러한 노력이 어떤 형태로든 그들의 오류에 동의하는 것으로 혼동될 소지를 남겨서는 절대 안 된다.

Ⅲ. 인사(12~13절)

저자의 인사말은 요한삼서 13절의 인사말과 유사하다("내가 네게 쓸 것이 많으나 먹과 붓으로 쓰기를 원하지 아니하고"). 편지의 전체 체제와 마찬가지로 그러한 결론들은 아마도 전형적이었던 것 같다. 그럼에도 불구하고 이런 인사말이 진실성이 없는 것으로 받아들여질 이유는 없다.

12절 요한은 그들에게 쓸 것이 많으나 대면하여 이야기하는 것을 더 바랐다고 했다. 그는 곧 방문하기를 기대했고, 그때 가서 그들과 더 자세하게 이야기를 나누려고 했다. 그와 같은 직접 방문은 그의 '기쁨(카라[χαρά])을 충만하게' 해 줄 것이다. 만일 그가 가서 그들을 만날 계획이 없었다면, 그가 썼을 편지 내용은 요한일서의 내용에서 추측해 볼 수 있다. 사실 어떤 관점에서 보면, 요한이서는 요한일서의 요약이라고 할 수 있다. 요한일서에서 했던 방법대로 그의 권면들을 증폭시킬 수도 있었을 것이다.

13절 요한은 '택하심을 받은 네 자매의 자녀들'의 작별 인사를 전하였다. 만일 이 편지가 실제로 한 그리스도인 여인에게 보내진 것이라면, 이 인사는 자매의 자녀에게서보다는 자매에게서 직접 보내지는 것이 더 자연스러울 것이다. 사람들이 모두 익명으로 지칭되고 있기 때문에, '자매' 교회 성도들(자녀들. 참조, 1절)이 본 서신의 수신자 교회(서론을 보라)에게 보낸 인사로 추론하는 것이 또한 가장 무난할 것이다. 이들 두 '부녀' 교회들은 하나님의 지극하신 은혜로 택하심을 받은 교회들이다. 그럴 경우, 본 서신은 신앙의 초기 시대에 다른 교회들의 성도들을 하나로 연합시켜 주었던 기독교적 관심과 염려의 연락망에 대한 증거가 된다.

Ὁ πρεσβύτερος Γαΐῳ τῷ ἀγαπητῷ, ὃν ἐγὼ ἀγαπῶ ἐν ἀληθείᾳ.
Ἀγαπητέ, περὶ πάντων εὔχομαί σε εὐοδοῦσθαι καὶ ὑγιαίνειν, καθὼς εὐοδοῦταί σου ἡ ψυχή.
μειζοτέραν τούτων οὐκ ἔχω χαράν, ἵνα ἀκούω τὰ ἐμὰ τέκνα ἐν τῇ ἀληθείᾳ περιπατοῦντα.

The Bible Knowledge Commentary 25

3 John 주해

서론

요한삼서는 가이오란 이름의 한 특정 인물에게 보내졌던 개인적인 편지이다. 요한이서가 한 교회에 보내졌던 편지로 간주된다면, 요한삼서는 빌레몬서와 더불어 신약성경의 유일한 개인적인 편지이다. 목회서신(디모데전후서, 디도서)은, 비록 개인들에게 보내지기는 했지만, 공식석상에서 읽히도록 의도되었던 서신들로 보인다. 따라서 가이오에게 보낸 사도 요한의 서신은 초기 기독교 서신 왕래의 한 면모를 보여 주는 값진 단편인 것이다. 그 영적 특성 또한 분명하다.

저자

요한이서와 마찬가지로 수신자는 자신을 단순히 '장로'로 부를 뿐이다. 가장 그럴듯한 추정은 이 호칭이 연장자(프레스뷔테로스[πρεσβύτερος]: 노인)로서의 그의 지위를 나타내 줄 뿐 아니라 그리스도의 생애의 목격자로서의 권위도 시사해 주는 것으로 이해하는 것이다.

본 서신의 문체는 요한일서의 문체와 명백히 같으며, 따라서 이들 세 서신 모두가 한 저자에 의해 쓰인 것이라는 사실을 부정하려는 어떤 시도도 신빙성이 없다. 다른 두 서신들뿐 아니라 본 서신도 사도 요한이

썼다고 하는 고대의 견해는 무리 없이 받아들일 수 있다. 요한일서의 사도 저작권을 지지하는 주장들은 명백한 문체적 연관성에 의거하여 이 작은 서신에도 그대로 적용할 수 있다. 요한삼서의 저자가 자신의 권위에 대해 자신감 넘치는 태도를 갖고 있는 점(참조, 10절) 또한 사도에게 어울린다.

배경

가이오(1절)가 살았던 곳에 대해서는 별로 설명되어 있지 않다. 그는 아마도 로마령 아시아(서부 터키) 어느 곳엔가 위치해 있던 한 교회에 소속되었던 것으로 보인다. 요한계시록에서와 마찬가지로, 전승은 사도 요한이 이 지역에서 중요한 역할을 담당하고 있었다고 전한다. 저자는 순회 설교자였던(5~8절) 데메드리오(12절)에게 후한 대접을 해 주라고 가이오에게 부탁하고 있다. 데메드리오는 본 서신의 전달자였을 가능성이 있다.

사도 요한이 가이오에게 데메드리오를 후원해 주도록 직접 부탁한 데는 분명한 이유가 있었다. 가이오가 속해 있던 교회가 순회하는 형제들을 환대하는 일을 제한하고 있던 디오드레베에게 장악되어 있었기 때문이다(9~10절). 사실 디오드레베는 순회하는 형제들을 환대한 자들을 출교시키려고까지 했다. 가이오가 이 교회의 교인이었다고 추정할 때, 그도 역시 디오드레베의 분노를 살 위험 부담을 안고 있었을 것이다. 그러나 가이오는 교회로부터 쉽사리 쫓겨나지 않을 만한 정도의 재력을 갖춘 인물이었던 것 같다. 가이오가 디오드레베와 다른 교회에 속해 있었을 것이라는 주장은 9절로 미루어 볼 때(다른 수식어 없이 교회를 지칭함) 별로 신빙성이 없는 것으로 보인다.

디오드레베는 아마도 초기의(별로 바람직하지 못한) 군주적 감독의 한 예인 듯하다. 동등한 권한을 가진 장로들로 구성된 집단이 회중을 관할해 가던 초대교회의 상황으로부터, 다른 장로들보다 뛰어난 권한을 가진 한 사람이 감독(bishop. 장로와 어원이 같다)이 되는 체계가 생겨났다. 이러한 과정은 강력한 성품을 가진 한 인물이 다른 지도급 인물들을 압도하는 힘을 갖출 때 자연적으로 발생하는 경우가 많았다. 그러나 가이오가 속해 있었던 것이 분명한 그 교회 내에서 그 과정이 권위주의적 사고방식에 젖은 한 개인이 스스로 앞장서 교회 일을 주도해 나가는 형태로 발전되었다. 디오드레베가 순회하는 형제들을 대접하기를 거절했던 이유에 대해서는 특별히 명시되어 있지 않다. 의심할 여지 없이 디오드레베는 자신의 방침을 어떤 방법으로든 합리화시켰을 것이다. 그러나 사도 요한은 디오드레베가 취한 방침이 그릇되었다는 사실을 분명히 했다(참조, 11절). 그는 자기가 교회에 도착하였을 때 상황을 바로잡기를 기대하였다(10절).

저작 연대

요한이서의 경우와 마찬가지로 요한삼서의 저작 연대를 추정할 만한 근거 자료가 없다. 요한서신 모두가 AD 60년대 초반에 기록되었을 것으로 보는 주장이 가장 이해하기 쉽다.

개요

I. 문안(1~4절)

II. 본문(5~12절)
- A. 가이오를 칭찬함(5~8절)
- B. 디오드레베를 정죄함(9~11절)
- C. 데메드리오를 추천함(12절)

III. 인사(13~15절)

Ὁ πρεσβύτερος Γαΐῳ τῷ ἀγαπητῷ, ὃν ἐγὼ ἀγαπῶ ἐν ἀληθείᾳ.
Ἀγαπητέ, περὶ πάντων εὔχομαί σε εὐοδοῦσθαι καὶ ὑγιαίνειν, καθὼς εὐοδοῦταί σου ἡ ψυχή.
μειζοτέραν τούτων οὐκ ἔχω χαράν, ἵνα ἀκούω τὰ ἐμὰ τέκνα ἐν τῇ ἀληθείᾳ περιπατοῦντα.

The Bible Knowledge Commentary 25

3 John 주해

I. 문안(1~4절)

1절 '장로'(서론의 저자 부분을 보라)는 이 편지의 수신자에게 간단하지만 다정하게 문안하였다. 이 문안은 대부분의 신약성경 서신들과 달리 은혜와 평강에 대한 기원을 포함하고 있지 않다. 하지만 마지막 인사는 '평강이 네게 있을지어다'라는 기원을 포함하고 있다(15절).

'사랑하는'은 아가포([ἀγαπῶ]: 나의 사랑하는)라는 동사와 관련된 헬라어 '토 아가페토'([τῷ ἀγαπητῷ]: 사랑하는 자)를 번역한 것이다. 가이오에 대한 장로의 태도에는 그리스도인의 사랑의 정신이 가득 차 있다. 가이오가 데메드리오와 같은 순회 설교자들에게 보여 주도록 요청받았던 것이 바로 이런 정신이다. 저자는 가이오를 의미심장한 호칭으로 세 번이나 더 불렀다(2, 5, 11절).

더욱이 가이오에 대한 사도 요한의 사랑은 '참으로'(in the truth) 갖는 사랑이었다. 즉 하나님의 진리와 일치하는 참된 사랑이었던 것이다. 이와 마찬가지로 가이오는 그리스도인으로서의 사랑을 진리에 대한 후원의 호의로 표현하도록 권고받았다(참조, 8절). 요한의 처음 두 서신에서와 마찬가지로 본 서신의 사상은 그리스도인이 체험하게 되는 진리와 사랑에 대한 관심으로 가득 차 있다(진리: 1, 3[2회], 4, 8, 12절; 참된: 12절; 사랑: 1, 6절).

2절 장로는 가이오의 영적 상태에 대해 만족해 하고 있었으며, 그래서 가이오가 육체적으로도 강건하게 되기를 바랐다. 2~6절이 보여 주는 바와 같이, 가이오는 눈에 띄게 영적인 사람이었던 것이 분명하다. '네가 범사에 잘되고 강건하기를 내가 간구하노라'는 상투적인 기원에 불과한 것이 아니다. 사도 요한은 신자들의 영적 부요함뿐 아니라 세상일에서도 잘되기를 바라는 관심이 있었음을 보여 주는 표현이다. 그는 이러한 관심을 예수님으로부터 직접 배웠던 것이 분명하다(예수님의 관심에 대해서는 사복음서가 모두 잘 증거해 주고 있다). 이는 오늘날 그리스도인들이 동료들의 현세적 필요를 위해 기도할 분명한 성경적 근거가 된다.

3절 장로는 몇몇 형제들로부터 가이오의 진리에 대한 충성 소식을 듣고 기뻐하였다(참조, 4절). NIV의 '진리에 대한 너의 신실함에 관해 말하되'라는 번역은 헬라어 원문의 '너의 진리에 대해 증거하되'를 의역한 것으로, 사도는 가이오가 진리의 사람이라는 사실을 전해 들었음을 말하고 있다. 요한에게 이러한 증거를 가지고 왔던 '형제들'은 가이오로부터 후한 대접을 받았던 자들일 가능성이 높은데, 저자는 데메드리오를 위해서도 동일한 대접을 해 줄 것을 촉구하고 있다(10절). '네가 진리 안에서 행한다'는 형제들이 가이오에 관해 이야기했던 바를 보충 설명해 준다. 가이오의 생활양식(그의 행함)은 하나님의 진리와 일치한다.

4절 그의 '자녀들이 진리 안에서 행한다 함을 듣는 것보다' 요한을 더 즐겁게 해 주는 일은 없었다. 이 구절은 요한이서 4절에 나타난 구절과 유사하다. 요한은 가이오를 그의 자녀 중 한 명으로 부름으로써, 가이오가 자신이 개종시킨 자라는 사실을 의미하려 했을 가능성이 충분히 있다(바울은 이러한 용법을 다음 구절들에서 사용하였다: 고전 4:14; 갈 4:19; 빌 2:22). 하지만 나이 든 사도가 아버지와 같은 관심과 사랑을 가지고 돌보는 자들을 단순히 '자녀들'로 불렀을 가능성도 있다.

II. 본문(5~12절)

가이오의 일반적 행위를 칭송한 후, 저자는 당면 문제에 대한 언급으로 곧바로 옮아간다. 진리를 전파하기 위해 여행하는 자들은 여행지에 있는 그리스도인들의 후원을 필요로 한다. 디오드레베와 달리 가이오는 후원을 베풀었으며, 사도 요한은 그가 베푼 후원이 적절한 행위였음을 그에게 확신시키고자 했다. 흥미롭게도 그의 이러한 관심은 요한이서 10~11절에서 거짓 선생들에게 호의를 베풀지 말 것에 대한 강조와 좋은 대조를 이룬다.

A. 가이오를 칭찬함(5~8절)

5절 가이오를 또다시 '사랑하는 자여'(참조, 1, 2, 11절)로 부르면서, 저자는 그를 찾아온 그리스도인들에게 호의를 베풀 것을 명하였다. NIV는 형제와 나그네를 동일시한 본문을 채택하였다(개역개정도 마찬가지이다-역자 주). 그러나 많은 사본들은 '형제에게와 나그네들에게'로 되어 있다. 이러한 본문을 따를 경우, 저자는 순회 설교자들을 형제로 지칭했을 것이며, 그에 반해 먼 곳으로부터 찾아온 낯선 사람들(아마도 그리스도인들)을 나그네로 지칭했을 것으로 보이는데, 요한은 나그네들에게까지 호의를 베풀라고 가이오에게 명하고 있는 것이다(나그네들을 맞아들이는 그리스도인의 의무에 대해서는 히브리서 13장 2절을 보라). 이러한 종류의 일에 대해 사도 요한은 다음과 같이 선언한다: '네가(그렇게) 행하는 것은 신실한 일'이다. 다시 말해서 칭송받을 만한 행위이다. 왜냐하면 하나님의 진리에 충성하는 행위이기 때문이다. 요한이서 1~2절에서 언급한 것처럼 사랑은 진리로부터 우러나온다.

6절 가이오의 호의(너의 사랑)에 대한 보고가 요한이 당시 속해 있던 교회에 전해졌다. 만일 이 서신이 BC 66년 이전에 쓰였다면(요한일서가 그보다 전에 쓰였으리라는 가능성에 대한 논의에 대해서는 요한일서 서론을 보라), 이 교회는 예루살렘에 있던 교회였을 것이 거의 분명하다. 만일 그렇다면, 가이오는 그처럼 존경의 대상이 되어 있던 예루살렘 교회 교인들이 하나님의 종들에 대한 봉사에 대해 들었었다는 사실을 알게 되었을 때 매우 기뻐했을 것이 당연하다. 그러나 요한은 권면과 더불어 다음과 같은 격려를 덧붙인다: '네가 하나님께 합당하게 그들을 전송하면 좋으리로다.' '좋으리로다'는 헬라어 원문에서 숙어적으로 쓰인 표현으로, 실제로 '제발'이라는 말과 같은 의미를 갖는다. '전송하다'(프로펨프사스 [προπέμψας])라는 동사는 일반적인 용법에 있어서 손님들이 집에 방문하여 머물러 있을 동안이나 떠날 때에 그들에게 필요한 것들을 충분히 공급해 주는 것을 의미한다. 사도 요한의 의도는 가이오에게 순례하는 형제들에게 너그러운 호의를 보여 줄 것을 촉구하는 데 있었다. 그러한 관용보다 '하나님께 합당한' 것은 아무것도 없을 텐데, 하나님은 자기 아들을 주심으로써 최고의 관용을 보여 주신 분이다.

7절 그와 같은 행위의 이유는('이는'. 가르[γάρ]) 가이오가 도와주어야 할 자들이 '주의 이름을 위하여' 나갔기 때문이다. 여기서 '이름'은 모든 이름 위에 뛰어난 예수의 이름이다(빌 2:9~11). 그 이름을 위하여 나가는 것은 최고의 영예이다(참조, 그 이름을 위해 받는 고난의 영광에 대해서는 사도행전 5장 41절을 보라). 따라서 그러한 자들이 주의 이름을 믿지도 높이지도 않는 자들로부터 후원받기를 구하는 것은 부적절하다. 그래서 주의 종들은 '나가서 이방인에게 아무 것도 받지 아니함이라.' 오늘날에도 복음을 전하는 설교자가 자신이 하나님의 무상 구원을 전한 자들에게서 후원을 청하는 것은 꼴사나운 일이다.

8절 그러나 신실한 그리스도인 설교자들이 구원받지 못한 자들로부터 아무런 도움도 구하지 않는다는 사실은 그리스도인들이 그들을 후원해야 할 특별한 임무를 띠고 있음을 의미한다. 필요한 도움을 이처럼 확대시켜 나감으로써(즉, '이같은 자들을 영접'함으로써), 가이오와 같은 그리스도인들은 '진리를 위하여 함께 일하는 자'가 될 수 있었다.(마지막 구절은 NIV의 번역보다 NASB의 '진리와 더불어 동역자가 되다'라는 번역이 더 나은 것으로 보인다.) 여기서 의도하는 사상은 진리가 사람들의 마음과 삶 가운데 동반하게 되는 동료 의식이다. 이는 가이오가 따를 고상한 목표였다.

B. 디오드레베를 정죄함(9~11절)

9절 하지만 모든 사람이 이 가치 있는 목표를 함께 나누지는 못하였다. 요한은 다음과 같이 언급하였다: '내가 두어 자를 교회에 썼으나 그들 중에 으뜸되기를 좋아하는 디오드레베가 우리를 맞아들이지 아니하니.' '교회'

라는 간단한 언급은, 이 교회가 가이오 자신이 속해 있던 교회임을 강력히 시사한다. 이는 가이오가 그 교회에 보내졌던 요한의 편지에 관해 알고 있는 것으로 간주함이 보이기 때문이다. 디오드레베는 그 편지를 감추어 버린 후 교회가 편지에 관심을 갖지 못하게 했을지도 모른다. 요한은 디오드레베가 교회에서 으뜸이 되기를 바라는 욕망의 노예가 되었음을 관찰하였다. 욕망의 노예가 된 교회 지도자들이 디오드레베 이후에도 계속 출현했음은 부인할 수 없는 사실이다. 그리스도인 모임에서의 역할을 자기만족의 수단으로 사용하려는 유혹은 하나님의 모든 종들이 저항해 나가야 할 실질적인 유혹으로 계속 존재한다. 그의 개인적인 욕망 때문에 디오드레베는 사도의 바람들을 거절하였다(NIV의 '우리와 아무 상관이 없을 것이다'[will have nothing to do with us]라는 표현은 '우리를 손님으로 맞이하지 않는다'(does not welcome us as guests)로 번역할 수 있을 것이다). 사도 요한은 디오드레베가 교회를 방문했던(아마도 본 절에서 언급된 편지를 가지고) 순례하는 형제들(5절)에게 호의 베풀기를 거절했던 일을 생각하고 있었던 것 같으며, 그래서 디오드레베가 형제들을 거절한 것을 자기 자신을 거절한 것으로 간주하였던 것이다. 디오드레베는 사도 요한을 개인적으로 대적할 생각은 없었을 것이다. 그러나 그가 요한의 보냄을 받은 대표자들을 거절함으로써 요한 자신을 거절하는 결과를 초래했던 것이다(참조, 요 13:20).

10절 하지만 저자 요한은 자신이 이 문제를 직접 다룰 수 있을 것으로 내다봤다: '그러므로 내가 가면 그 행한 일을 잊지 아니하리라.' 이 주장은 아마도 절제의 표현으로 간주해야 할 것이다. '휘폼네소'(ὑπομνήσω)라는 동사는 기본적으로 '기억해 내다' 혹은 '상기하다'라는 뜻이다. 본 구절은 디오드레베의 일이 적절하게 다루어지게 될 것이라는 뜻을 분명히 드러내 보여 주는 바, '내가 그의 일들을 기억해 내리라'라고 번역할 수 있을 것이다.

요한은 디오드레베가 세 가지 죄를 범하였다고 주장했다. 첫째, '그가 악한 말로 우리를 비방'하였다(NIV는 '우리에 대해 악의에 찬 험담을 하였다'(gossiping maliciously about us)로 번역하였다; 플뤼아론[φλυαρῶν: 거짓 비난을 하다]는 신약성경 전체를 통해 여기서 한 번밖에 사용되지 않는다). 의심할 여지 없이 자기 의지가 강한 고집 센 지도자는 자기가 받아들일 준비가 되어 있지 않은 자들(9절에서처럼 '우리'는 주로 요한의 대리인들을 지칭할 것이다)의 평판을 있는 힘을 다해 깎아내리려 할 것이다.

둘째, 그러나 디오드레베는 단순한 악담에 그치지 않았다. '오히려 부족하여 형제들을 맞아들이지도 아니하고.' 이는 그의 두 번째 그릇된 행동이다. 그의 악의에 찬 지껄임이 실제로 대접하기를 거절하는 기초를 놓아주었을 것은 분명하다(이는 가이오의 대접과 좋은 대조를 이룬다).

셋째, 디오드레베는 그의 시대 이래로 다른 많은 교회 독재 지도자들이 그러하였던 것처럼, 자신의 생각을 다른 사람들에게 강요하는 데 총력을 기울였다: '맞아들이고자 하는 자를 금하여 교회에서 내쫓는도다.' 스스로 내세운 자신의 권위를 사용하여 높은 지위를 차지한(9절) 그는 다른 신자들에게 대접하지 말 것을 강요하였으며, 만일 그들이 그의 강요를 받아들이지 않으면 그들을 교회 집회로부터 내쫓기까지 하였다.

아마도 가이오는 이러한 사실들 대부분을 이미 알고 있었던 것 같다. 요한은 가이오가 진리를 위해 수고하는 자들을 영접하는 데 있어서 감수해야만 했던 눈에 보이지 않는 어려움들을 간접적으로 상기시켜 주고 있는 듯하다. 그러나 가이오가 영접하는 일에 헌신하였다는 분명한 사실은

(5~6절) 그가 상당한 재력을 가진 사람으로서 디오드레베의 권위에 저항하기에 유리한 위치에 있었음을 시사해 준다. 가이오는 요한이 그곳에 도착하였을 때 디오드레베를 적절히 다루리라는 약속에 의해 격려를 받았을 것이다.

11절 여하튼 가이오는 '악한 것을 본받지 말고 선한 것을' 본받아야 했다. 디오드레베의 행동은 본받아서는 안 될, 피해야 할 것이었다. 한 개인의 행위는 하나님과의 관계를 분명하게 반영한다. '선을 행하는 자는 하나님께 속하고.' '하나님께 속하고'는 '엑 투 데우'(ἐκ τοῦ θεοοῦ, 하나님으로부터)를 번역한 것으로, 요한일서에서 수차례에 걸쳐 사용되었다(예를 들면, 3:10; 4;1~4, 6~7). 이는 한 사람의 행동이나 태도의 근원이 하나님 안에 있음을 시사한다. 이에 반해, '악을 행하는 자는 하나님을 뵈옵지 못하였느니라.' 이 구절은 요한일서 3장 6절의 언급과 비교되어야 할 것이다(요한일서 3장 6절 주해에 나타난 논의를 보라). 이 주장은 모호하게 처리되어서는 안 된다. 악은 하나님에 대한 진정한 영적 지각력으로부터 생겨나는 일이 결코 없으며, 언제나 어두운 마음의 소산이요, 하나님에 대한 무지의 결과인 것이다. 요한은 여기서 디오드레베의 구원에 대한 의문을 제기하고 있는 것이 아니다. 그는 단지 디오드레베의 행위가 하나님에 대한 진정한 무지를 나타내 보여 준다는 사실을 확언하고 있는 것이다. 가이오는 그러한 경험을 피하는 데 주의를 기울여야 한다.

C. 데메드리오를 추천함(12절)

12절 만일 가이오가 참으로 선한 것을 본받으려 한다면(참조, 11절) 그는 데메드리오에게도 환대를 베풀어야 할 것이다. 이것이 드러나게 요청되고 있지는 않다. 그러나 요한이 데메드리오를 추천한다는 사실이 그러한 요청을 암시하고 있음이 분명하다. 유대인의 증인법(신 19:15)에 따라 사도 요한은 데메드리오에 대해 삼중 증거를 제시한다. (1) 그는 '뭇 사람에게도' 증거를 받았다. (2) 또한 '진리에게서도 증거를' 받았다. 여기서 진리는 '증인'으로 의인화되어 있으며, 요한은 데메드리오의 성품과 교리가 진리와 완전한 조화를 이루고 있기 때문에 진리 자체가 실제로 그를 대변해 주는 것이나 마찬가지라는 사실을 전하고자 했던 것이 분명하다. (3) 세 번째 증거로, 요한은 다음과 같이 기록하였다: '우리도 증언하노니 너는 우리의 증언이 참된 줄을 아느니라.' 요한 자신도 그의 가치를 개인적으로 보증할 수 있었다. 따라서 가이오는 그가 다른 사람들에게 보여 주었던 호의를 데메드리오에게도 보여 주기를 망설일 이유가 전혀 없었다(본 서신에서 데메드리오를 복음의 대적인 사도행전 19장 24절의 데메드리오와 혼동해서는 안 된다).

Ⅲ. 인사(13~15절)

13~14절 요한은 그가 이 짤막한 편지에서 쓰고자 했던 바를 이제 끝마친다. 그러나 아직도 가이오에게 쓸 것이 많이 남아 있었다. 그는 편지로 더 많은 것을 쓸 수도 있었다. 하지만 요한이서에서 그랬던 것처럼 속히 만나서 대면하여 그런 일들을 말할 수 있게 되기를 바랐다.

15절 사도 요한은 가이오에게 평강이 있기를 기원하였으며, 여러 친구들로부터의 문안을 전하였다. 마찬가지로 그는 가이오가 그곳에 있는 '친구들의 이름을 들어 문안'해 주기를 바랐다. 맺는말에서 '친구'라는 단어를 2회에 걸쳐 사용한 것은, 아마도 그리스도인은 어느 곳에 있든지 필요가 발생하면 언제든지 서로 도울 수 있는 친구의 관계를 형성하고 있으며, 또한 그렇게 되어야 할 것을 가이오에게 마지막으로 상기시키려 한 것인지도 모른다. 전에 전혀 본 적이 없던 사람을 집에서 멀리 떨어진 곳에서 만났을지라도, 함께 나누는 믿음을 통하여 즉각적으로 우호의 결속을 가질 수 있다는 것이 기독교의 진수의 한 부분일 것이다.

참고문헌

- Baker, Glenn W. "1, 2, 3 John." In *The Expositor's Bible Commentary*, vol. 12. Grand Rapids: Zondervan Publishing House, 1981.
- Brooke, A. E. *A Critical and Exegetical Commentary on the Johannine Epistles.* The International Critical Commentary. Edinburgh: T.& T. Clark, 1912.
- Brown, Raymond E. *The Epistles of John.* The Anchor Bible. Garden City, N.Y.: Doubleday & Co., 1983.
- Burdick, Donald W. *The Epistles of John.* Everyman's Bible Commentary. Chicago: Moody Press, 1970.
- Dodd, C.H. *The Johannine Epistles.* New York: Harper & Row, 1946.
- Marshall, I. Howard. *The Epistles of John.* The New International Commentary on the New Testament. Grand Rapids: Wm. B. Eerdmans Publishing Co., 1978.
- Mitchell, John G. *Fellowship: Three Letters from John.* Portland,

Ore.: Multnomah Press, 1974.
- Pentecost, J. Dwight. *The Joy of Fellowship: A Study of First John*. Grand Rapids: Zondervan Publishing House, 1977.
- Stott, John R. W. *The Epistles of John: An Introduction and Commentary*. The Tyndale New Testament Commentaries. Grand Rapids: Wm. B. Eerdmans Publishing Co., 1964.
- Vaughan, Curtis. *1, 2, 3 John: A Study Guide*. Grand Rapids: Zondervan Publishing House, 1970.
- Vine, W. E. *The Epistles of John: Light, Love, Life*. Grand Rapids: Zondervan Publishing House, 1970.
- Westcott, Brooke Foss. *The Epistles of St. John: The Greek Text and Notes*. 1882. Reprint. Grand Rapids: Wm. B. Eerdmans Publishing Co., 1966.
- Wiersbe, Warren W. *Be Real*. Wheaton, Ill.: SP Publications, Victor Books, 1972.

Ἰούδας Ἰησοῦ Χριστοῦ δοῦλος, ἀδελφὸς δὲ Ἰακώβου, τοῖς ἐν θεῷ πατρὶ ἠγαπημένοις καὶ Ἰησοῦ Χριστῷ τετηρημένοις κλητοῖς·
ἔλεος ὑμῖν καὶ εἰρήνη καὶ ἀγάπη πληθυνθείη.
Ἀγαπητοί, πᾶσαν σπουδὴν ποιούμενος γράφειν ὑμῖν περὶ τῆς κοινῆς ἡμῶν σωτηρίας ἀνάγκην ἔσχον γράψαι ὑμῖν παρακαλῶν ἐπαγωνίζεσθαι τῇ ἅπαξ παραδοθείσῃ τοῖς ἁγίοις πίστει.

The Bible Knowledge Commentary 29

Jude
서론

서론

저자

공동서신의 마지막 서신인 유다서의 저자는 자신에 관한 간단한 한 마디 언급으로 편지를 소개한다: "예수 그리스도의 종이요 야고보의 형제인 유다는"(1절).

유다가 누구인가? 세 가지 가능성이 있다. (a) 그리스도의 [의붓] 형제 유다, 혹은 (b) 사도 유다, 혹은 (c) 초기 예루살렘 교회의 지도자 유다. 마지막 유다는 바울과 바나바와 실라와 함께 안디옥으로 보냄을 받았었다(행 15:22). 그의 성(姓)은 바사바인데, 이는 그가 가룟 유다를 대체하기 위해 지명되었던 두 명의 후보 중 하나인 요셉 바사바의 형제였을 가능성을 보여 준다(행 1:23). 이렇게 해서 교회에 알려지게 되었을 것이다. 그러나 그가 이 서신의 저자라는 것을 보증해 줄 만한 증거는 전혀 없다.

사도 유다가 저자였는지에 관해서, 본 서신의 17절은 그가 자기 자신을 사도로 간주하지 않았음을 시사하는 것으로 보인다. 물론 그의 겸손함이 그와 같은 표현을 사용하도록 했을 가능성은 얼마든지 있다. 하지만 그가 언급하고 있는 주제의 중요성으로 미루어 볼 때, 만일 그가 실제로 사도였다면 그의 언급의 권위를 위해서라도 자기 자신의 신분을 사도로

드러내 보였을 것이다.

    가장 타당성이 있어 보이는 주장은, 그리스도의 [의붓] 형제, 즉 예수님의 출생 이후 마리아와 요셉 사이에서 태어난 아들 중의 하나로 간주하는 것이다. '종'이란 호칭도 이에 어울릴 것이다. 비록 처음에는 예수님의 형제들이 그를 믿지 않았지만(요 7:5), 후일 그들이 부활하신 그리스도를 보았을 때 신앙을 갖게 되었기 때문이다(행 1:14). 이들 중 한 사람이 유다였고 그는 자기 자신을 예수 그리스도의 '형제'로 불리기에 합당하지 않다고 생각했으며, 그래서 예수 그리스도의 종으로 불렀다.

    유다가 그의 형제라고 부르는 야고보 또한 주님의 [의붓] 형제로서(마 13:55; 막 6:3), 예루살렘 교회의 지도자일 뿐 아니라(행 15:13) 그의 이름으로 되어 있는 서신의 저자이다(약 1:1).

    유다는 사랑과 이해하는 마음으로, 그리고 권위가 있으면서도 관심 어린 어조로 본 서신을 써 내려 갔다. 그는 즐거운 주제, 즉 '우리가 일반으로 받은 구원'(유 1:3)에 대해 쓰기를 원했지만, 매우 우울한 문제를 다루지 않을 수 없었다. 잠식해 들어오는 대적들 때문에 위협을 당하고 있는 신자들을 보고, 그들을 향한 사랑 때문에 그는 더 유쾌한 주제로부터 엄중한 경고 쪽으로 전환하지 않을 수 없었다.

문체

유다는 많은 비유적 표현들, 예를 들어 12절의 목자, 구름 및 나무나 13절의 물결, 별들을 사용하여 역동적인 문체로 본 서신을 써 나갔다.

유다는 삼중 표현법을 자주 사용하였다. 어떤 주석가들은 무려 18회에 걸친 삼중 표현을 발견해 냈다. 그중 두드러진 예는 다음과 같다: 종이요…형제인…유다(1절); 긍휼과 평강과 사랑(2절, 문안 인사); 경건하지 아니하여… 하나님의 은혜를 바꾸고… 예수 그리스도를 부인하는 자(4절, 배교자들에 대한 묘사); 백성을 애굽에서 구원하여…천사들…소돔과 고모라와 그 이웃 도시들(5~7절, 심판을 당한 배교자들의 본보기); 육체를 더럽히며… 권위를 업신여기며… 영광을 비방하는도다(8절, 이교적인 '꿈꾸는 사람'에 대한 묘사); 가인의 길에 행하였으며… 발람의 어그러진 길로 몰려 갔으며… 고라의 패역을 따라 멸망을 받았도다(11절, 정교한 묘사).

유다는 배교자들에 대한 공격을 강조하기 위해 삼중 표현법을 넘어서 비유에 비유를 더하였다. 그는 배교자들을 다음과 같이 불렀다: 암초요…[이기적인] 목자요…물 없는 구름…열매 없는 가을 나무…거친 물결…유리하는 별들(12~13절).

다른 삼중 표현들 중에서 유다는 '원망하는 자'와 '불만을 토하는 자'에 대해 다음과 같이 말하였다: '그 정욕대로 행하는 자라 그 입으로 자랑하는 말을 하며 이익을 위하여 아첨하느니라'(16절). 이러한 자들은 다음과 같이 특징지어진다: '분열을 일으키는 자며 육에 속한 자며 성령이 없는 자니라'(19절). 유다의 독자들은 '긍휼히 여기라…어떤 자를 불에서 끌어내어 구원하라…(다른) 자들을 긍휼히 여기라'(22~23절).

유다는 구약성경을 자주 언급한다. 그는 출애굽(5절), 광야에서 죽은 많은 이스라엘 백성(5절), 소돔과 고모라(7절), 모세의 시체(9절), 가인(11절), 발람(11절), 고라(11절), 에녹(14절) 및 아담(14절)에 대해서 언급하였다.

저작 연대

학자들은 이 책의 저작 연대에 대해 의견의 일치를 보지 못하고 있다. 왜냐하면 저자가 본 서신을 보내는 회중이나 그가 다루고 있는 이단 집단에 대해 정확하게 밝히고 있지 않기 때문이다. 하지만 대부분의 주석가들은 AD 67년부터 80년 사이를 저작 연대로 잡는다. 유다는 베드로의 영향을 받았던 것으로 보이는데, 베드로는 그의 두 번째 서신을 AD 67~68년 경에 썼다(베드로는 거짓 선생들이 일어나게 될 것을 예견한 데 반해[벧후 2:1; 3:3], 유다는 그들이 너희 가운데 '가만히 들어왔다'고 말한다[유 1:4]). 그리고 반율법주의적 영지주의 이단(유다는 아마도 이 집단을 공격했던 것 같다)은 1세기경에 이미 영향력을 발휘하기 시작하였다.

저작 목적

본 서신을 특징짓는 한 가지 신학은 '배교자들을 주의하라'이다. 이 경고에 따라 유다는 독자들에게 '믿음의 도를 위하여 힘써 싸우라'(3절)는 권면을 들려주었다. 영지주의라는 이단이 이미 머리를 치켜들었다. "후기 영지주의화 되어 가는 주요 특징들이 미발달한 형태로 나타나고 있다―즉, 도덕의 요구로부터 해방된 지식의 강조, 무지몽매한 교회 지도자들을 향한 오만함, 천사론에 대한 관심, 불화, 음탕함이 그것이다" (Michael Green, *The Second Epistle General of Peter and the General Epistle of*

Jude, p. 39).

유다가 경고하고 있는 이 초기 단계의 영지주의는 그리스도의 주(主) 되심을 부인하였고(4절), 죄악 된 방종의 삶을 살았으며(4, 8, 16절), 권위에 대항하였고(8, 11, 18절), 그 정욕대로 행하였으며(16, 19절), 자신의 유익에만 관심이 있었고(11~12, 16절), 분열을 일으켰으며(19절), 불만을 토하고(16절), 자랑하였다(16절).

영지주의는 영은 선하고 물질은 악하다고 선언하였다. 따라서 영적인 것은 선한 성향을 추구하는 자유와 더불어 신장되고 양육되어야 한다. 그뿐 아니라 영지주의자들은 육체의 욕망을 표출하는 데 있어서 자유분방하였다. 이와 같이 배교자들의 마음은 하나님의 은혜를 방종과 음란으로 바꾸어 버렸다. 유다는 그릇된 행동과 거짓 교리의 이중적 배교 현상을 경고하기 위해 이 편지를 썼다.

수신자

본 서신의 어조는 애초의 수취인이 팔레스타인에 거하던 그리스도인 유대인들이었음을 보여 준다. 그들은 친교를 위해 지역에 따라 함께 모였던 것 같다. 구약성경에 나타난 사건들이나 성경 외적 문학에 대한 언급들은 수취인의 설명 없이도 그것을 이해할 수 있는 사람들이었음을 보여 준다. 애굽, 소돔과 고모라, 모세, 가인, 발람, 고라, 에녹, 아담 그리고 타락한 천사들 모두가 구약성경의 역사와 아마도 묵시 문학에 익숙해 있던 사람들이 수취인이었음을 가리킨다.

적용

본 서신은 사방에 있는 그리스도인들에게 주는 엄중한 경고이다. 그들 모두가 동일한 교리적, 실천적 오류의 대상이 되기 때문이다. 물론 배교에 관한 주제가 특별히 1세기 유대교 그리스도인들과 관련된 것이기는 하지만, 이 메시지는 모든 그리스도인에게 적용된다. 모든 신자는 그리스도의 주(主)되심을 부인하고 육체적 정욕을 난잡하게 추구한다거나, 권위를 대적하고, 당을 지으며, 자신을 위해서만 살아가려는 등의 함정에 빠질 일을 피해야 한다.

개요

I. 문안(1~2절)

II. 배교자들에 대한 경고(3~4절)

III. 배교의 위험에 대한 경고(5~16절)

    A. 과거 배교자들의 실례들(5~7절)

        1. 애굽(5절)

        2. 천사들(6절)

        3. 소돔과 고모라(7절)

    B. 현재 배교자들의 행위들(8~16절)

        1. 권위를 대적함(8~10절)

        2. 그릇된 길로 행함(11절)

        3. 거짓으로 인도함(12~13절)

        4. 자신만을 즐겁게 함(14~16절)

Ⅳ. 배교를 피하기 위한 지침들(17~23절)

　　A. 사도들의 가르침을 기억함(17~19절)
　　B. 자기 자신들을 양육함(20~21절)
　　C. 다른 사람들을 긍휼히 여김(22~23절)

Ⅴ. 배교에 대한 승리(24~25절)

Ἰούδας Ἰησοῦ Χριστοῦ δοῦλος, ἀδελφὸς δὲ Ἰακώβου, τοῖς ἐν θεῷ πατρὶ ἠγαπημένοις καὶ Ἰησοῦ Χριστῷ τετηρημένοις κλητοῖς·
ἔλεος ὑμῖν καὶ εἰρήνη καὶ ἀγάπη πληθυνθείη.
Ἀγαπητοί, πᾶσαν σπουδὴν ποιούμενος γράφειν ὑμῖν περὶ τῆς κοινῆς ἡμῶν σωτηρίας ἀνάγκην ἔσχον γράψαι ὑμῖν παρακαλῶν ἐπαγωνίζεσθαι τῇ ἅπαξ παραδοθείσῃ τοῖς ἁγίοις πίστει.

The Bible Knowledge Commentary 29

Jude
주해

주해

I. 문안(1~2절)

1절 저자는 자기 자신을 '예수 그리스도의 종이요 야고보의 형제인 유다'로 간단히 소개한다. 그는 독자들에게 자기 자신의 개인적인 권위에 기초하여 호소하지 않았다. 자신을 예수 그리스도의 '종'(둘로스[δοῦλος]: 노예)으로 규정하는 것에 만족하였다(유다가 누구인지에 대한 토론에 대해서는 서론을 보라).

유다서신은 '부르심을 받은 자 곧 하나님 아버지 안에서 사랑을 얻고 예수 그리스도를 위하여 지키심을 받은 자들에게' 보내졌다. 하나님의 백성에 대한 삼중 묘사는 이 서신에서 나타나는 많은 삼중 표현법들 중 하나이다. '부르심을 받은 자'라는 첫 번째 표현은 하나님의 은혜적 선택 가운데 구원을 향해 하나님이 주권적으로 부르신 과거의 일을 반영한다(참조, 롬 1:6; 8:30; 고전 1:24; 엡 4:4; 벧후 1:3). '하나님 아버지 안에서 사랑을 얻고'는 현재에 대한 언급이다. '사랑을 얻고'라는 분사는 하나님의 사랑이 과거에 나타났었고 현재까지도 계속되고 있음을 시사한다. '예수 그리스도를 위하여 지키심을 받은'(NIV에서는 '예수 그리스도에 의해 지켜

진'[by Jesus Christ]으로 번역됨-역자 주)이라는 세 번째 묘사는 미래에 관련된 가장 적극적인 확신을 표현한다. 왜냐하면 그리스도는 자신이 다시 올 때까지 그를 신뢰하는 자들을 지켜 주실 것이기 때문이다(살전 5:23; 딤후 1:12; 벧전 1:5; 유 1:24). 부르심은 성령의 활력 있는 사역이다. 사랑은 성부로부터 나온다(참조, 고후 13:14). 지키시는 일은 성자의 사역이다. 이처럼 유다의 문안 가운데 삼위 전체가 포함되어 있다. 하나님의 부르심과 사랑하심과 지켜 주심에 대한 지식은 배교의 시대를 살아가는 신자들에게 확신과 평안함을 제공해 준다.

유다의 문안에 나타난 삼중 표현의 하나하나가 뒤의 본문 가운데 다시 언급될 것 같다. 예를 들어, 부르심은 '우리가 일반으로 받은 구원'(3절)에서 암시되어 있고, 사랑하심은 21절에서 언급되며, 예수의 지키시는 권능은 '영생에 이르도록 우리 주 예수 그리스도의 긍휼을 기다리라'(21절. 참조, 24절)에 나타나 있다.

2절 유다의 문안 가운데 포함된, 하나님이 주시는 '긍휼과 평강과 사랑'은 배교적 가르침의 음탕한 환경에서 살아가는 그리스도인들에게 꼭 필요하다. 하나님의 긍휼은 어려운 때에 그들을 보전시켜 준다(히 4:16). 하나님의 평강은 악이 횡행할 때도 미묘한 평정심을 줄 수 있다(롬 15:13; 빌 4:7). 하나님의 사랑은 위험에 처한 신자들을 보호하며 안전을 보장해 줄 수 있다(롬 5:5; 요일 4:12, 15~16).

문안의 내용은 저자의 태도를 반영한다. 유다의 단어 선택은 독자들에 대해 마음속 깊이 자리 잡고 있는 동정심과 관심을 보여 준다. 그는 그들이 하나님의 '긍휼과 평강과 사랑'을 최대한 알 수 있게 되기를 바랐다. 하나님의 긍휼과 평강과 사랑에 대해 아무것도 알지 못하면서 교회에 들어와 파괴하려는 자들에 관해 신자들에게 경고하면서도 그와 동시에 신자들에 대한 사랑으로 충만해 있었던 것이다.

II. 배교자들에 대한 경고(3~4절)

3~4절 유다는 구원에 관해 더 유쾌한 주제에 대해 쓰기를 바랐지만, 달갑지 않은 급박한 주제에 대해 쓰지 않을 수 없었다. 비상 대책의 강구를 요구하는 상황이 발생했던 것이다. 유다는 쌍방이 인식하고 있는 문제에 대해 적극적인 자세로 언급을 시작하며 신자들이 긍정적인 반응을 보여줄 것을 촉구했다.

유다는 곧바로 문제로 들어갔다: '믿음의 도를 위하여 힘써 싸우라.' 그러고 나서 독자들에게 그가 왜 그런 관심을 갖게 되었는지에 대해 설명해 나갔다. 경건하지 아니한 자가 그들 가운데 가만히 들어왔다. 그들은 실제로는 원수들이면서도 신자들의 모임에 속한 듯 가장하고서 가담했던 것이다.

유다의 편지는 믿음과 구원을 함께 나눈 자들을 위해 쓰였다. 그의 편지는 신자들에게 배교자들을 조심하라는 경고를 주기 위해 쓰였는데, 배교자들은 지역 교회들 안에 스며들어서 교회가 기초해 있는 믿음의 근거를 가능한 한 파괴해 버리고자 하였다.

하나님이 '성도에게 단번에 주신 믿음의 도'는 사도들이 가르친 진리의 본체이다. '믿음'이란 단어가 갈라디아서 1장 23절과 디모데전서 4장 1절에서도 사용되고 있는데, '믿어지는 것'을 가리킨다. 배교자들의 거짓 교훈들 때문에, 신자들은 경건하지 않은 자들이 파괴하려고 노력하는 그 진리들을 고수하는 데 있어서 온 힘을 기울여 싸워야 한다(에파고니제스다이 [ἐπαγωνιζεσθαι]: 진지하게 고뇌하다). 사실상 유다는 다음과 같이 말한 것이다: "우리가 믿는 도리를 굳게 잡을지어다"(히 4:14).

난봉꾼들의 침입은 배척되어야만 할, 교회를 오염시키려는 외부자들과 관련이 있다. 이 배교자들은 일시적으로 실수를 범한 그리스도의 신자들이 아니라 그리스도에게 전혀 속하지 않은, 신자들의 신앙을 파괴하는 침입자들이었다.

'옛적부터 이 판결을 받기로 미리 기록된' 이들은 구약성경의 예언들과 관련 있다(예를 들면, 사 8:19~22; 렘 5:13~14). 이런 자들의 최후는 신약성경에도 예언되어 있다(예를 들면, 살후 2:6~10; 벧후 2:3).

'경건하지 아니한'(아세베이스: ἀσεβεῖς. 불경스런. 참조, 유 1:15) 배교자들은 두 가지 특성에 의해 판명된다: 하나님의 은혜를 왜곡시키는가와 하나님의 아들을 배척하는가이다.

그리스도 안에서의 자유를 주장하는 그들은 하나님의 은혜를 육체가 원하는 바를 아무 거리낌없이 행해도 되는 면허쯤으로 해석하였다. 그들의 방종주의는 은혜를 야만적인 음탕함으로 바꾸어 놓았다. 이들 반율법주의자는 육체란 하나님에 의해 창조된 것이 아니므로 육체의 욕망에 굴복하는 것은 문제 될 것이 없다고 선언하였다. 행위상의 왜곡이 교리상의 왜곡을 동반하게 된 것은 지극히 당연한 결과였다-즉, 그들은 예수 그리스도의 인성과 권위를 부인하기에 이르렀던 것이다.

III. 배교의 위험에 대한 경고(5~16절)

유다는 배교의 위험성에 대해, 멸망한 과거 배교자 중 세 가지 실례를 우선 인용함으로써(5~7절) 그리고 현재 배교자들에게 임할 심판에 대해 묘사함으로써(8~16절) 독자들에게 경고하였다.

A. 과거 배교자들의 실례들(5~7절)

1. 애굽(5절)

5절 '애굽'은 출애굽한 대부분의 이스라엘 백성들이 신실하지 못했다는 사실을 되새겨 주기 위해 언급되었다. 그들의 불신앙 때문에 세대 전체가 광야에서 멸망했던 것이다(참조, 히 3:16~19).

2. 천사들(6절)

6절 '천사들' 중에는 그들의 처음 처소에 그대로 남아 있으면서 하나님께 복종하던 자들도 있었다. 그러나 다른 천사들은 하나님을 거역하였고, 그래서 그들의 처음 지위를 떠나 이제 '큰 날의 심판까지 영원한 결박으로 흑암에' 있게 된 것이다.

이 언급에 대한 유다의 근거 자료에 대해서는 논란이 있어 왔다. 어떤 이들은 창세기 6장 1~4절을 근거 자료로 생각한다. 그들 견해에 따르면,

땅 위의 '사람의 딸들'과 함께 거하던 '하나님의 아들들'이 하나님께 불순종하여 '자기 처소를 떠난' 천사들이었다는 것이다(창세기 6장 1~4절 주해를 보라). 다른 이들은 유다가 외경인 에녹서를 사용했다고 생각한다. 유다가 그의 근거 자료를 밝히지 않았기 때문에 어떤 견해를 따르건 추측에 불과하다. 천사들에 관한 유다의 언급 방식은 이러한 진리가 그의 독자들에 의해 무리 없이 받아들여지고 있었기 때문에 더 이상의 설명을 가할 필요가 없었음을 보여 준다.

3. 소돔과 고모라(7절)

7절 유다의 세 번째 실례는 '소돔과 고모라와 그 이웃 도시들'에 관한 것으로, 자신의 육욕적인 본성을 따르기 위해 하나님으로부터 돌아선 자들에게 어떤 일이 일어나는지에 대한 무시무시한 본보기를 보여 준다. 두 도시에 살았던 불신자들의 운명(창 19:1~29)은 하나님의 진리를 부인하고 그의 경고들을 경시하는 자들의 운명을 예시한다. 소돔과 고모라의 패역한 시민들 위에 내렸던 불 심판은 거짓 선생들이 경험하게 될 지옥의 '영원한 불'을 분명히 보여 준다.

B. 현재 배교자들의 행위들(8~16절)

1. 권위를 대적함(8~10절)

8절 유다는 이제 교회 내의 배교자들 문제로 돌아간다. 여기서 그는 5~7절에서의 역사적 언급의 순서를 약간 바꾼다. 그들의 '육체를 더럽히는' 자들은 소돔과 고모라와 같다. '더럽히다'로 번역된 미아이누신(μιαίνουσιν)의 문자적 의미는 '망치다, 부패시키다'인데, 다른 곳에서는 디도서 1장 15절과 히브리서 12장 15절에서밖에 사용되지 않았다. '권위를 업신여기는' 자들은 모세와 여호와의 권위를 모두 거역했던 불신앙적인 이스라엘 백성들과 같다. '영광을 비방하는' 자들은 천국을 포기해 버렸던 천사들을 상기시킨다. 이들 세 행위는 육체적 부도덕성(참조, 롬 1:24, 26~27; 엡 4:19), 지적 반항 그리고 영적 불경으로 대변되는 그들 내면의 태도를 드러내 보여 준다. '꿈꾸는 사람들'로서, 그들은 자신의 방식이 만족을 가져오리라고 생각하는 비실제적인 사람들인 것이다.

9절 '천사장 미가엘'이 모세의 시체를 묻도록 보냄을 받았다. 그러나 유대교의 전통에 의하면(위경, 모세 승천기), 미가엘이 '시체에 관하여 마귀와 다투어 변론'했는데, 시체의 처분권을 주장했던 것이다. 그러나 미가엘은 자신에게 권능과 권위가 있었음에도 불구하고, 사탄에게 '감히 비방하는 판결을 내리지 못하고 다만 말하되 주께서 너를 꾸짖으시기를 원하노라'라고 말함으로써 그 문제를 하나님의 손에 맡겼다. 유다가 언급하고 있는 거짓 선생들은 권위나 천사들에 대한 아무런 존경심도 갖고 있지 않았다. 배교자들이 천상의 것, 즉 '영광'(8절)을 비방하는 것은, 타락한 천사들의 우두머리인 사탄을 감히 비방하려 하지 않았던 천사장 미가엘과 좋은 대조를 이룬다.

10절 미가엘이 감히 마귀를 공격하지 않았던 데 반해, 이들 배교자들은 '그 알지 못하는 것을 비방'하였다. 이러한 모욕적인 언사는 그들 천사들에 대한 비방(8절)을 나타낸다. 그들의 이해력은 저하되어 있었다. 왜냐하면 동물적 본능에만 충실했기 때문이다. 배교자들의 이성은 '이성 없는 짐승' 수준이었다. 그들 위에 있는 존재(천사들)를 이해하는 대신에 오히려 그들 아래 있는 존재(짐승들)를 이해했던 것이다. 이와 같이 유다는 자신의 지식이 더 우월한 것이라는 영지주의자들의 주장을 뒤엎었다. 육체를 더럽히는(8절) 그들의 이성은 소돔의 죄와 같이 스스로를 파괴시키는 것이다.

2. 그릇된 길로 행함(11절)

11절 유다는 또다시 삼중 표현법을 사용하였다. 배교자들은 세 가지 측면에서 실책을 범하였으며, 그래서 유다는 그들에게 '화 있을진저'라고 했다.
   '가인의 길에 행하였으며.' 이는 그들이 가인과 마찬가지로 (a) 반항적으로 그들만의 예배 방식을 고안해 냈고, (b) 다른 사람들을 시기하였으며 (c) 다른 사람들을 죽일 듯이 미워했다는 뜻일 것이다(참조, 요일 3:12).
   '삯을 위하여 발람의 어그러진 길로 몰려 갔으며.' 발람은 하나님을 섬긴다는 미명하에 다른 사람들에게 죄를 짓도록 장려하였으며, 그와 동시에 그들의 실수를 미끼로 금전적 이득을 추구하였다(벧후 2:15~16; 민 22:21~31). 이와 마찬가지로 유다 시대의 거짓 지도자들은 돈에 대한 탐욕 때문에 자기 행동의 위험성을 깨닫지 못한 채 다른 사람들을 범죄의 길로 인도하였다.

'고라의 패역을 따라 멸망을 받았도다.' 고라는 하나님이 모세와 아론에게 권위를 위임하신 것을 인정하지 않고 그들에 대항하여 반역을 행하였다(민 16장). 따라서 그의 반역은 실제로 하나님께 대한 반역이었다. 그와 마찬가지로 유다가 언급하고 있는 사람들(아마도 지역 교회 지도자들)도 하나님의 권위에 맞서 반역한 것이며, 그 결과 갑작스럽게 패망하게 될 것이다. 그 패망은 너무도 분명하기 때문에 유다는 '멸망을 받았도다'라는 과거 시제를 사용하였다.

3. 거짓으로 인도함(12~13절)

12절 유다는 배교자들이 얼마나 교묘하게 교회 안에 들어와 있는지를 지적하였다. 그들은 '애찬'(신자들의 가장 긴밀한 의식이었다)에까지 참여했었다('너희와 함께 먹으니'로 나타남). 아마도 애찬 다음에는 보통 성찬이 행해졌던 것 같다. 이들 거짓 선생들은 외적으로는 그러한 의식에 참여하면서도 내적으로는 주님을 부인하였다(4절하). 이는 가장 엄청난 신성모독일 것이다. 그러한 사람은 '암초'로서, 교회의 내적 아름다움을 망쳐 놓았다. 더욱이 그들은 '기탄없이' 혹은 거침없이 잠입해 들어왔다(참조, 4절의 '가만히 들어오다'). 암초는 스필라데스([σπιλάδες]: 흠집)를 번역한 것으로서, 참고로 23절의 에스필로메논([ἐσπιλωμένον]: 오염된)에서 파생된 동사이다. 다른 사람들을 더럽힘으로써(12절) 그들 자신도 더럽혔다(23절).

　게다가 이들 불신자는 목자 역할을 취하였으나 '목자'의 기능은 하지 못했다. 하나님의 양 떼를 먹여 기르는 대신에 이기적으로 자기 몸만을 기르려 했던 것이다. 목자가 주요 책임인 그의 양 떼를 기르지 않는다는 것은 얼마나 이상한 일인가! 그들의 지도력은 가짜였다. 왜냐하면 그것은 속임수로 가득 차 있었고, 굳어져 있었으며, 이기적이었기 때문이다.

　지도자들로서 배교자들은 '바람에 불려가는 물 없는 구름'이었다. 이는 12~13절에 나타난 자연계로부터 끌어낸 생생한 대조적 표현들 4가지 중 첫 번째이다. 이러한 자들은 목마른 영혼들에게 줄 물을 갖지 못하였다. 그들은 단지 가지고 있는 것으로 가장했을 뿐이다. 그리고 그들은 바람에 불려가는 구름처럼 곧 사라져 버릴 불안정한 자들이었다.

　지도자들로서 배교자들은 영적으로 죽어 있었다. 가을철에(즉, 나무들로부터 열매를 거둬들이는 때) 열매가 없는 나무는 죽은 것 같거나 이미 죽은 것이다. 그리고 '뿌리까지 뽑힌 열매 없는' 나무는 완전히 죽은 나무이다. 배교한 지도자들의 죽은 상태는 다음 두 가지 사항에 의해 암시되었다: (a) 그들은 다른 사람들에게서 영적 열매를 맺지 못한다 (b) 그들은 영적 뿌리를 갖지 못하였으므로 심판을 맞이할 수밖에 없다.

13절 앞뒤로 사납게 몰아치지만, 물가에 부딪혀 '거품을 뿜는 바다의 거친 물결'처럼, 배교자들은 거품만 일으킬 뿐 전혀 견고하지도 못하고 남을 교화시키거나 도와주지도 못하므로 남을 양육시키는 일이란 상상도 할 수 없는 자들이다. 그들이 만들어 내는 것이라곤 그들 행위로 말미암은 수치뿐이다.

　'유리하는 별들'(즉, 유성)은 하늘을 가로지르며 잠깐 반짝 빛나지만,

그 후에는 아무런 빛도 내지 못하고, 또는 방향을 제시해 주지도 못한 채 사라져 버린다. 항성들은 항해자들에게 방향을 제시해 주지만 유성은 그들에게 아무런 쓸모가 없다. 만일 선장이 유성을 좇아 항해해 나갈 만큼 어리석다면, 그는 필연코 그릇된 항로로 들어설 것이다. 이와 마찬가지로 배교한 지도자들의 두드러진 특성은 단명하고 쓸모없으며 그릇되다는 것이다. 그들은 추종자들을 잘못된 길로 이끄는 데 지칠 줄 모른다. 그러면서도 짐짓 그렇지 않은 것처럼 가장한다. 따라서 그들은 '영원히 예비된 캄캄한 흑암으로 돌아갈' 것이다. 영원한 심판이 그들에게 반드시 임할 것이다.

배교자들은 그리스도의 심판대 앞에서 하늘의 상급을 얻지 못할, 열매 맺지 못한 신자들과 동일시 되어서는 안 된다. 오히려 그들은 자신의 악한 행위에 따라 심판받게 될 사기꾼들이었다.

4. 자신만을 즐겁게 함(14~16절)

14~15절 4~7, 13절에서 이미 언급되었던 바, 배교자들에 대한 심판은 '아담의 칠대 손 에녹'(창5:4~20)에 의해 행해졌던 홍수 이전의 예언에 대한 언급으로 확증되었다. 하지만 학자들은 구약성경에 에녹에게 주어졌던 이 예언에 대한 언급이 없다는 것 때문에 고심해 왔다. 유다의 언급이 외경인 에녹서(BC 110년 이전에 쓰였으므로 초기 그리스도인들에게 널리 알려져 있었을지도 모른다)의 한 구절(1:9)과 매우 유사하므로 많은 사람은 유다가 에녹서로부터 인용하고 있다고 간주한다. 다른 이들은, 유다의 언급과 에녹서의 구절 사이의 차이점이 유다가 에녹에 관한 정보를 하나님으로부터 직접 받았거나 아니면 신적 영감의 영향력 하에 유다가 구

전(口傳)을 기록하였음을 보여 준다고 주장한다. 이러한 견해 중 어떤 것도 영감론에 불리한 영향을 미치지는 않는다. 유다가 만일 외경을 인용하였다면, 그는 단지 예언의 진리성만을 확증하려는 것일 뿐 에녹서 전체의 권위를 인정한다는 것은 아니다(디도서 1장 12절에서 바울이 크레테 시인 에피메니데스를 인용하고 있는 것을 참조하라).

에녹의 예언은 '주께서 그 수만의 거룩한 자(천사들)와 함께' 임하실 것(마 24:30; 살후 1:10)을 지적해 주었다. 그때 그가 오신 목적은, '뭇 사람을 심판하사(살후 1:7~10) 모든 경건하지 않은 자가' 경건하지 않게(아세베이스, ἀσεβεῖς: 불경한. 참조, 유 1:4) 행한 그들의 행위와 태도와 말의 반박할 수 없는 증거로 정죄하려는 것이다. 유다가 '경건하지 않은'이란 단어를 4회에 걸쳐 반복 사용하고 있는 것은 그들의 본성에 대한 그의 묘사를 재강조한다. 진정한 영적 지도자가 되기는커녕, 그들은 그들이 부인하는 예수 그리스도에 대해 악한 말을 했었다(참조, 10절의 '비방하다').

16절 여기서 유다는 배교자들을 4중으로 묘사하였다. 이러한 묘사들은 에녹이 그들을 경건하지 않다고 한 사실을 정당화시킨다: (a) 그들은 다른 사람들의 결점은 비난하면서도 정작 자신의 약점은 보지 못하는 '원망하는 자며 불만을 토하는 자'였다. (b) 그들은 탐욕스럽게 '그 정욕대로 행하는 자'였다(참조, 8, 10, 18~19절). (c) 그들은 '그 입으로 자랑하는 말을 하는' 자들이었다(베드로후서 2장 18절과 본 절에서만 사용되는 휘페롱카[ὑπέρογκα]는 '득의양양하다, 부풀리다'의 뜻이다). (d) 그들은 자신의 사악한 '이익을 위하여 아첨'하는 자들이었다. 불만에 가득 찬 목소리와 자기중심적인 죄악과 이기주의적인 허풍 그리고 남을 속이는 아첨하는 배교자들은 예나 지금이나 그러한 것들로 특징지어진다.

이처럼 유다는 단호한 어휘들을 사용하여 배교자들을 규정하였으며, 그와 동시에 신자들에게 그들의 진정한 본성과 최종적 운명을 경고해 주기 위해 그들의 특성을 들추어 내었다. 이렇게 함으로써 그는 독자들에게 경건하지 못한 사람들과 그들의 행실들에 대처하도록 촉구하는 기초를 놓았다.

Ⅳ. 배교를 피하기 위한 지침들(17~23절)

배교자들에 대해, 명백한 언어로 그 정체를 밝혀 주었기 때문에, 이제 유다는 신자들에게 그들의 오류들을 어떻게 피할지에 대한 지침을 마련해 준다. 거짓 선생들을 인지하는 것만으로는 충분하지가 않다. 그들의 오류들에 빠져드는 것을 피하는 것도 필요한 것이다.

A. 사도들의 가르침을 기억함(17~19절)

17~19절 유다는 그의 독자들에게 '사도들이 조롱하는 자들에 대해 미리 한 말을 기억하라'고 명한다. 에베소에서 바울은 양 떼를 파멸시키고 진리를 왜곡하려고 들어온 '사나운 이리'에 대해 경고하였다(행 20:29~30). 그는 배교에 대한 유사한 경고를 디모데에게도 주었다(딤전 4:1; 딤후 3:1~5; 4:3~4). 베드로도 동일한 주제에 대해 언급하였다(벧후 2:1~3; 3:3~4). 유다서 18절의 인용구는 베드로후서 3장 3절을 대충 옮겨 적은 것으로 동시에 바울의 경고들을 요약한 것이다.

유다서 18~19절에 언급된 바와 같이 이들 침입자는 (a) 조롱하였고(참조, 10~15절) (b) '자기의 경건하지 않은 정욕대로'(참조, 16절) 그리고 '육에 속한'(참조, 10, 16절) 채 행하였으며 (c) 분열을 일으키려 하였다. 그러한 자들은 '성령이 없는 자'임이 분명하며, 따라서 거듭나지 못한 자들이다(롬 8:9).

B. 자기 자신들을 양육함(20~21절)

20~21절 사도들이 배교자들에 관해서 언급했던 바를 기억하는 일에 덧붙여서, 유다의 독자들은 자기 자신에게도 관심을 기울여야 했다. 여기에 그의 메시지의 핵심이 있다: "너희는 너희의 지극히 거룩한 믿음 위에 자신을 세우며 성령으로 기도하며 하나님의 사랑 안에서 자신을 지키며 영생에 이르도록 우리 주 예수 그리스도의 긍휼을 기다리라."(NIV에서는 세 가지 훈계만 있는 것처럼 번역하였다. 그러나 헬라어 원문에는 네 개의 평행 분사가 나타나 있다: 세우고, 기도하며, 지키며, 기다리라.) 이러한 행동들이 조롱하는 자들과 뚜렷한 대조를 이룬다는 사실이 '그러나 너희는'(휘메이스데[ὑμεῖς δε]; 개역개정에서는 '그러나'(but)가 생략되었다-역자주)이라는 표현으로 소개되었다. 유다는 그의 독자들을 세 번째로 '사랑하는 자들아'로 불렀다(3, 17, 20절).

개인적인 교화(즉, 자신을 세우는 것)는 '너희의 지극히 거룩한 믿음'에 대한 지식 가운데서 진척된다. '성도에게 단번에 주신 믿음의 도'(3절)는 이제 성경책에 기록되었으며 연구되어야 할 사도들의 가르침이다(행 20:32;

딤후 2:15).

'성령으로 기도하는 것'은 방언으로 말하는 것이 아니라, '성령의 내주와 조명을 받으며 성령 충만한 마음과 영혼으로 기도하는 것'을 의미한다(George Lawrence Lawlor, *Translation and Exposition of the Epistle of Jude*, p. 127). 즉 성령의 능력을 힘입어 기도하는 것이다(참조, 엡 6:18).

'하나님의 사랑 안에서 자기를 지키며'(21절)는 구원을 자기 자신의 노력에 의존한다는 뜻이 아니다. 왜냐하면 다른 성경 구절들과 상반되기 때문이다(예, 24절). 그보다 신자는 하나님에 대한 사랑으로 가득찰 때, 그리고 그와 교제하는 관계를 가질 때 성숙할 수 있다(참조, 요 15:9~10. '나의 사랑 안에 거하라').

축복의 소망, 즉 교회를 위한 그리스도의 재림을 '기다리는'(프로스데코메노이[προσδεχόμενοι]: 기대를 하고 기다리다) 것은 개인적 성숙의 네 번째 수단이다. 기다림은 휴거가 그의 긍휼에 대한 최종적인 증거가 될 것이라는 의미에서, '우리 주 예수 그리스도의 긍휼을 기다리는' 것이다. 유다는 이 사건이 너희를 '영생에 이르도록', 즉 하나님의 보좌 앞에서 끝없는 생명을 즐길 수 있도록 해주리라는 사실을 첨언하였다(참조, 벧전 1:5, 9, 13).

C. 다른 사람들을 긍휼히 여김(22~23절)

22~23절 배교자들의 혼동시키는 말 때문에 아마도 많은 신자는 그들을 따라야 할지 말아야 할지에 대해 의심했을 것이다. 유다는 기록하길,

그러한 자들은 비방이나 비판의 대상이 되어서는 안 된다고 하였다. 주님이 그러하셨던 것처럼(참조, 21절) 그들을 사랑과 긍휼로 다루어야 한다. 그들에게는 비판보다 격려가 필요했고, 부서뜨림보다 세움이 필요했다.

또 '어떤 자', 즉 구원을 받지 못한 자들은 영원한 지옥 불에 빠지려는 상태에 있었다(참조, 7절). 유다는 그의 독자들에게 그들을 '불에서 끌어내어 구원하라'고 권고하였다.

또 어떤 자들, 세 번째 부류의 사람들에 대해서 신자들은 긍휼을 보여 주어야 한다. 그러나 두려움의 태도로, 즉 조심해서 해야 했다. 그래서 거의 포기된 이단자의 죄악에 의해 오염되는 것을 예방해야 했던 것이다 (Michael Green, *The Second Epistle General of Peter and General Epistle of Jude*, p. 188). 그러한 사람들은 너무 부패해서, 죽음의 악취가 그들과 심지어 그들의 옷까지도 더럽혔으며 그래서 부패한 육체의 악취를 풍긴다(12절의 '암초'에 대한 주해를 보라).

짤막한 서신에서 유다는 신자들에게 일곱 가지를 명령하였다.

1. 믿음의 도를 위해 힘써 싸우라(3절).
2. 사도들의 가르침과 경고를 기억하라(17절).
3. 너희 자신을 지극히 거룩한 믿음 위에 세우라(20절).
4. 성령으로 기도하라(20절).
5. 하나님의 사랑 안에서 자신을 지키라(21절).
6. 영생에 이르도록 주의 긍휼을 기다리라(21절).
7. 어떤 의심하는 그리스도인들을 긍휼히 여기고, 불신자들을 불에서 끌어내어 구원하며, 부패한 자들에게도 조심스럽게 긍휼을 보이라 (22~23절).

V. 배교에 대한 승리(24~25절)

24~25절 마지막 문단에서 유다는 매우 위엄 있는 송영을 발함으로써 표현되지 않은 질문에 대해 답하였다. 그 질문은 다음과 같았을 것이다. "그런데 누가 우리를 배교자들과 또한 의심 없는 순진한 자들을 끌어들여 가는 그 배교사상으로부터 구출해 줄 것인가?" 유다의 선언은 다음과 같다: '능히 너희를 보호하사 거침이 없게 하시는' 분께 찬송을 돌릴지어다. 배교 사상에 대한 승리는 예수 그리스도 안에서 발견된다. 그는 신자들을 '지켜 주시는' 분이다. 그리스도가 신자들을 아버지 앞에 '흠이 없이 기쁨으로 서게 하실' 것이다(그 '기쁨'은 그리스도 자신과 신자들 모두에 대한 기쁨이다. 히 12:2; 벧전 1:8). 여기에 가장 위대한 승리의 주제가 선포되어 있고, 최고의 찬양과 찬미가 있으며, 구원받은 자들에 대한 최고의 확신이 있다. 유다는 '우리 구주 홀로 하나이신 하나님께' '영광과 위엄과 권력과 권세'를 돌린다. 그런데 이 모든 것은 승리자 '우리 주 예수 그리스도로 말미암아' 모든 그리스도인이 누릴 수 있게 되었다. 이처럼 높은 하나님의 지위는 영원 전과 현재와 영원한 미래에도 언제나 변함이 없다.

이렇게 함으로써 유다는 가장 즐거운 말로 쓰려고 했던 그의 간절한 마음의 소망(3절)을 성취하였다. 그리스도 안에는 승리의 소망이 있으며, 이 소망은 신자들에게 즐거움과 확신을 주기 때문이다.

참고문헌

- Bigg, Charles. *A Critical and Exegetical Commentary on the Epistles of St. Peter and St. Jude*. The International Critical Commentary. Edinburgh: T.&.T.Clark, 1902.
- Blum, Edwin A. "Jude." In *The Expositor's Bible Commentary*, vol. 12. Grand Rapids: Zondervan Publishing House, 1981.
- Coder, S. Maxwell. *Jude*. Everyman's Bible Commentary. Chicago: Moody Press, 1967.
- Green, Michael. *The Second Epistle General of Peter and the General Epistle of Jude: An Introduction and Commentary*. The Tyndale New Testament Commentaries. Grand Rapids: Wm. B. Eerdmans Publishing Co., 1968.
- Ironside, H.A. *Exposition of the Epistle of Jude*. Rev. ed. New York: Loizeaux Brothers, n.d.
- Lawlor, George Lawrence. *Translation and Exposition of the Epistle of Jude*. Nutley, N.J.: Presbyterian and Reformed Publishing Co., 1976.
- Lenski, R.C.H. *The Interpretation of the Epistles of St. Peter, St. John and St. Jude*. Minneapolis: Augsburg Publishing House, 1966.
- MacArthur, John, Jr. *Beware the Pretenders*. Wheaton, Ill.:

Scripture Press Publications, Victor Books, 1980.
- Manton, Thomas. *An Exposition on the Epistle of Jude*. Reprint. London: Banner of Truth Trust, 1978.
- Mayor, Joseph B. *The Epistle of St. Jude and The Second Epistle of St. Peter*. London: Macmillan Co., 1907. Reprint. Minneapolis: Klock & Klock Christian Publishers, 1978.
- Pettingill, William L. *Simple Studies in the Epistles of James, First and Second Peter, First, Second and Third John and Jude*. Findlay, Ohio: Fundamental Truth Publishers, n.d.
- Plummer, Alfred. *The General Epistles of St. James and St. Jude*. The Expositor's Bible. New York: Hodder & Stoughton, n.d.
- Sadler, M.F. *The General Epistles of James, Peter, John, and Jude*. 2d ed. London: George Bell & Sons, 1895.
- Wand, J.W.C., ed. *The General Epistles of St. Peter and St. Jude*. London: Methuen & Co., 1934.
- Wolff, Richard. *A Commentary on the Epistle of Jude*. Grand Rapids: Zondervan Publishing House, 1960.

comforter
Jesus
Prince
Peace
Messiah